中國學術思想 研究輯刊

四十編
林慶彰 主編

第 **8** 冊

張之洞「通經致用」教育思想研究

江燕媚 著

花木蘭文化事業有限公司

國家圖書館出版品預行編目資料

張之洞「通經致用」教育思想研究／江燕媚 著 -- 初版 -- 新
北市：花木蘭文化事業有限公司，2024〔民113〕
序 2+ 目 2+248 面；19×26 公分
（中國學術思想研究輯刊 四十編；第 8 冊）
ISBN 978-626-344-772-1（精裝）
1.CST：（清）張之洞 2.CST：學術思想 3.CST：教育哲學
030.8   113009257

ISBN-978-626-344-772-1

9 786263 447721

中國學術思想研究輯刊
四十編　第八冊　　　　　　ISBN：978-626-344-772-1

張之洞「通經致用」教育思想研究

作　　　者　江燕媚
主　　　編　林慶彰
總 編 輯　杜潔祥
副總編輯　楊嘉樂
編輯主任　許郁翎
編　　　輯　潘玟靜、蔡正宣　美術編輯　陳逸婷
出　　　版　花木蘭文化事業有限公司
發 行 人　高小娟
聯絡地址　235 新北市中和區中安街七二號十三樓
　　　　　　電話：02-2923-1455 ／傳真：02-2923-1452
網　　　址　http://www.huamulan.tw 信箱 service@huamulans.com
印　　　刷　普羅文化出版廣告事業
封面設計　劉開工作室
初　　　版　2024 年 9 月
定　　　價　四十編 15 冊（精裝）新台幣 40,000 元　　版權所有‧請勿翻印

張之洞「通經致用」教育思想研究

江燕媚　著

作者簡介

江燕媚，自離開學校後從事編輯出版工作多年。在偶然機會下，報讀香港新亞研究所（農甫道）歷史系碩士班，畢業後獲研究所聘為助理研究員。其後追隨台灣近代史學者胡春惠教授攻讀博士，對近代史研究產生進一步的興趣。

讀碩士、攻博士，均非生命所預期，放下書本十數年再重投讀書界，其中甘苦實不為人道，但仍自勉要努力攻堅，盼今後於史學領域繼續探索，用報恩師的栽培。

提　要

張之洞是晚清政治、教育體制改革的主要推動者。本文主要圍繞張氏的教育舉措和思想，以其「通經致用」思想和實踐為中心進行探討。全文分六章。第一章，旨在說明研究動機等問題，第二章介紹張的生平及其教育思想形成過程；在第三至五章，則分別研討其「通經致用」思想之內涵，及如何用此來培養現代治事人才，乃至其實踐過程之種種。按張氏所釋，所謂「通經致用」，即須「以中學固其根柢，端其識趣」，其通經要旨，是「以明我中國先聖先師立教之旨」，換言之，他要培養的是德才兼備之治國良才。然後再根據他的著述：《輶軒語》、《書目答問》、《勸學篇》，分析其教育思想內涵及其變化軌跡：由初期之重中輕西，到其後專重西學而輕中學；同時也檢視他在當學政時期的教育舉措、在湖廣總督任內如何推進新式教育的過程，他是如何課士、如何養育治國專才；當他發現中學遭社會冷落時，又如何回頭來力倡創辦存古學堂，志在保存國粹；此外，也探討張氏在積極倡導西學的過程中，面對新舊兩派思想之衝突、之勢成水火時，他是如何應變：他首先強調要在不失本體下——力保中學之不墜，方可引入西學，於此基礎上提出了「中學為體，西學為用」作為融和新舊兩派觀念歸於一的主張，冀合全國力量，齊習西方之精華：無論是政治體制、教育體制或各類工藝科技等，為己所用，並以「融貫中西，研精器數」為標的，幫助中國擺脫貧弱，走向富強。這便是張氏「通經致用」作為救國的教育核心。

只可惜，張氏的「通經致用」教育理想，隨著時代的流轉，已無法實現；他的「中學為體，西學為用」主張，反使西學日隆，中學日受凌夷，因其「以中國之倫常名教為原本，輔以諸國富強之術」的中體西用思想，遭實利主義者冷待而無法展開，其種瓜得豆的結果，致中國道德日漸淪喪，是張氏所不曾預料的。

序

李學銘

一

　　張之洞（1837～1909）一生，經歷清代道光、咸豐、同治、光緒、宣統五朝，是一位曾影響晚清政局的重要人物。他雖銳於新政，忙於政事，但同時熱心辦學，對教育事業特別用心用力。他注重經史實學，辦學以「通經致用」為宗旨，這個宗旨，對當時和以後的中國教育思想，都有大影響。多年前，江燕媚同學隨友人來新亞研究所（香港）聽課，對史學逐漸產生濃厚興趣，後來就註冊入學，正式成為史組碩士班的學生，最後以《張之洞「通經致用」教育思想研究》為題，完成她的碩士論文。

二

　　江同學的論文，內容主要涉及幾方面：其一是探討張之洞的生平事功，特別是論證他的「通經致用」教育思想，在現實環境下的變化和演進。其二是透過張氏的著述，如《輶軒語》、《書目答問》、《勸學篇》等等，發掘其中「通經致用」的教育思想內涵。其三是述說張氏任撫督期間，如何在地方上積極興辦教育事業。其四是述說張氏晚年，如何擘畫晚清政教的發展，而在創新學制、廢除科舉、推行普及教育、擴大西學範圍等方面，更是多所用心；後來他又提倡設立存古學堂，意在保存國粹、制衡西學。

三

　　我忝屬江同學的論文導師，知道她在撰寫論文的過程中，非常勤奮認真，努力搜集多量參考資料，並用心爬疏、整理相關資料，再從而作辨析及綜合的

述論。細察這篇論文的內容，其中既有述證、辨析，又有裁斷、評論，可說是一篇內容充實、言而有據、有所考、有所見的學術論著。據知在論文答辯時，當時的校外評審者胡春惠教授（珠海學院文學院院長兼文史研究所所長）對江同學的研究成果，甚為推許，論文答辯完成後，即推薦她入讀珠海學院文史研究所的博士課程（最近江同學已順利取得博士學位）。另一位評審者，則是剛自台北中央研究院史語所退休來新亞研究所出任所長的廖伯源教授，他對江同學的論文表現，也給予好評。

四

時隔多年，現在已有博士名銜的江同學，把她的碩士論文稍作調整、修訂，成為書的形式，請花木蘭文化事業有限公司代為出版，並邀我為她的書寫序。我是她的碩士論文導師，當然義不容辭，就寫了這篇短文作介紹，讓讀者在閱讀本書時，有一個初步的印象。不過，讀者要切實了解本書的內容，還得要自己來閱讀。

李學銘

於新亞研究所（香港）

2024 年 2 月

前　圖

張之洞像（1837～1909）。

四川尊經書院遺址。

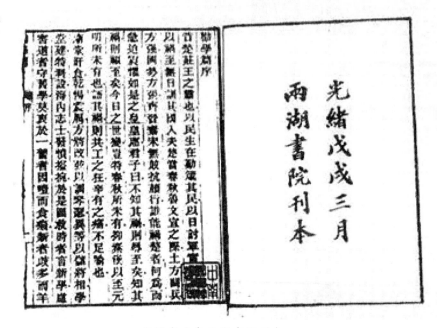

光緒戊戌年兩湖書院刊本。

張之洞手跡：書與仁霽。

張之洞手跡：致盛杏蓀。

第一章 緒 論

第一節　研究動機和目的

　　張之洞（1837～1909）是近代中國歷史上的風雲人物，也是一位左右晚清政局的大臣，他對近代中國發展的影響，可謂既深且鉅。計其一生，可說與清季衰世相始終，跨越了道光、咸豐、同治、光緒、宣統五朝。出身於科舉的他，從翰林編修、一省學官、清流健將，到洋務殿軍和晚清新政主角，在政治、教育、文化、工商實業、軍事諸方面，他都孜孜追求，在整個仕宦生涯中，他辦了不少大事業，且有不少創新之舉。在眾多事業中，教育，是他一生用力最深、始終予以關懷的事務。在臨終之際，他關注的仍然是人才培育。養才育才、富民實國的思想，始終貫穿他的一生。他任官四十餘年，每到一地，必以興學育才為要務。因而在近代教育史上，他辦教育的經驗與實踐，對近代中國教育的推動起了良好示範作用，貢獻也巨。

　　張氏一生固守中學，辦學宗旨不離「通經致用」範圍，只是在不同時期有不同的表述，在環境逆轉時，他有通權達變以應世的靈活性；面對西力衝擊，不得不講求西學以振興中國時，他積極大辦洋務事業、大興實業教育，求強求富的願望充分體現在他「實用主義」思想的一面〔註1〕；處在新舊思想對壘、社會分崩離析一刻，他採納眾說，把當時的中體西用觀加以改良，用更系統的理論提出了「舊學為體，新學為用」的主張，希望化解內部的衝突，在不離中

〔註1〕參閱蘇雲峰《張之洞與湖北教育改革》，臺灣中研院近史所，1976年，頁9。

國本體的基礎上引入西學，使中西之學彼此融合變化成新的學問、新的思想，冀用這種新思想帶領社會走出紛爭困局，導上下一心致力於求國強民富，充分展示了一位儒臣「利民濟世」的情懷。

但是晚清末季，社會出現了一個三千年未有過的大變局，外患頻仍，內亂不已，尤其是庚子事變一役，清廷的不得民心，使民心日益向背，導致排滿革命日趨激烈，由此加劇了政體的動搖，日俄在國土上的爭戰，使局勢更動盪更分裂。而清廷卻在國力最衰弱的時刻，推出一連串重大改革措施，包括政治變革、學制改革以及廢科舉這一系列新政，受清廷倚重的張氏，正是贊襄新政推出的積極角色。他在庚子後的銳進表現，一反其以往穩健謹慎、對改革持緩進態度的作風。改革學制、廢除科舉，無疑為近代中國教育現代化發展提供了理想藍圖，也確實做出一定成效和貢獻，不過，這些改廢也埋下了無法預估的隱患，流播至今，相信其影響仍然存在。上述種種，是引起我探究張之洞教育思想的動機，特別是他始終堅持要以「通經致用」作為課士育才的教育宗旨，也嘗試從他辦教育事業四十年來的實踐與成效，探討他教育思想深層一面，同時分析其中優劣，找出他的教育理想最後為何不能得到實現的原因；用教育救國，特別是讀儒家經典作為教育中心內容的這一理想是否純屬空想，還是有其可以採摘、吸收、轉化再生長的地方，這也是本文研究的當中目標。另一設想是通過研究張之洞教育思想，從側面一窺近代中國教育發展變化的歷史進程，進而思考百年前的教育改革，廢除科舉，對現代教育發展的本質是否仍有著某些潛移默化的影響或積極意義？特別是日甚一日的道德缺失、追求私利的風氣日漸張大，都是我亟待追尋的一個重要元素。

到底晚清的教育改革、廢除行之千年的科舉制度，完全改變中國舊教育傳統的模式，是一如許多研究般，給予肯定評價，視舊傳統為守舊、迂腐、要不得而予以一筆抹殺掉，還是有值得保存的部分價值？經百年冷靜期去驗證，再思考，會發現一個行之千年的教育系統，其所以能夠流轉不息，自有其優點，雖然「法久而弊起」[註2]，但問題是一個國家賴以生存的文化傳統若一旦被連根拔起，遭全盤丟棄，而新傳統尚在發酵、孕育階段，這就是一個極端危險的舉措。可惜當時的愛國分子、激進改革者乃至革命派，大都以摒棄傳統文化

[註2] 參閱《勸學篇·變科舉第八》，苑書義、孫華峰、李秉新主編《張之洞全集》第12冊，河北人民出版社，1998年，頁9749。（以後凡引用此書將省略出版社及年份等資料）。

為改革更張的指標，盲目地追求西方的一切，以為由此即可以進富強，連一直對中國文化最具信心的衛道者張氏，最後亦經不起這股熱潮的衝擊，失去了應有的自信，助清廷在國體最衰弱的時期，來個「新政」補元湯，要為病入膏肓的晚清政府大補元氣〔註3〕，可謂犯了急病亂求醫、藥石亂投的大忌。銳進與漸進的改革模式，其效果如何，在悠長的歷史發展進程裏，其實早有答案，只是人類善忘，加上人類無法改變急切求進的本能，始使歷史不斷地重複，人類社會只能在不斷挫折、喪失許多人命財產以至虛耗不少生命中艱難地前進。

第二節　研究範圍與方法

讀書在知人，知人在論世，這是評價歷史人物的一個基本原則。因此考察張之洞的一生，研究其「通經致用」的教育思想，從「頌其詩，讀其書」開始，然後由此路探求其內在思想，並透過考察其行事作風以及相關的教育活動、施政舉措，來檢視其整體思想與言行之間是否一以貫之，彼此合一，進而「以論其世」〔註4〕，這是本研究使用的主要方法。

一個人的成長背景、所植根的教育、個人際遇、學術取向，乃至當時的社會風氣、學術思潮、所發生的歷史大事，足以影響一個人思想的形成、演進和轉化，本研究會從這方面入手，收集相關資料，然後做排比分類工作，希望藉此充實本文的論述，增強研究的廣度和深度。

一、研究範圍

本研究將從下列幾方面切入：

第一，對張之洞生平略作探討，主要從他出身的家世和家庭教育背景，以及他所追隨的業師，這些老師的學問人品和思想行為，對他產生怎樣的薰陶，以及他個人的成長經歷、學習態度和當時社會大環境對他有甚麼微妙的影響，希望找出孕育他教育思想形成，並養成其一生以「通經致用」為職志的諸種因

〔註3〕　辜鴻銘對張之洞於清末所行新政，有獨到的見解。他說：「至甲午……有儒醫南皮張姓者，另擬方曰『新政』補元湯，性燥烈，服之恐中變，因就原方略刪減，名曰『憲政』和平調胃湯。服此劑後，非特未見轉機，而病乃益將加劇，勢至於今。」（見氏著《張文襄公幕府記‧政體》，《辜鴻銘文集》上卷，海南出版社，1996年，頁469）

〔註4〕　參閱《孟子‧萬章下》，朱熹《四書集注》，陳戌國點校，岳麓書社，1987年，頁449。

素。其次，會從他的仕途，所辦的教育事業、一生事功做一整體觀察，來論證他「通經致用」教育思想在現實環境下的變化和演進關係，例如會從他一生兩任學政、兩為考官期間的教育舉措，審視他的「通經致用」教育思想內涵。面對不學的衰落士風，身為儒師，他率先表明育才態度，「不僅在衡校一日之長短，而在培養平日之根柢；不僅以提倡文學為事，而當以砥礪名節為先」〔註5〕，創辦經心書院和尊經書院，以不課時文、專課經古之學為宗旨，旨在培養「通經致用」人才；對四川科場的積弊，他大加整頓，並擬定八條治理辦法上奏朝廷冀成永久定案，作為日後標準。這些反映他教育思想核心價值的舉措，均是本文重點考察之處。透過各種資料，進一步探討他教育思想的內在動機，是謀個人仕宦功名，還是以濟世為懷，一盡儒師之責，負起化民成俗之志，為國家輸送明體達用的治國人才，扶助國家擺脫積弱困境？

第二，會透過代表他的重要著述：《輶軒語》、《書目答問》、《勸學篇》這三篇作品，發掘其中「通經致用」教育思想的內涵，尤其是《勸學篇》相距前二書達二十三年之久，在思想上前後應有明顯分別。這種轉變是張氏思想的一貫發展，還是出現另一個變體，本文嘗試從這一思路，去發掘其教育思想演進的理路和其中內因，以尋覓出他思想的真正價值。

第三，會從張氏任撫督二十餘年間，在地方積極興辦教育事業的歷程，以及其間遭遇國家巨變，面臨被西方瓜分的亡國威脅時，救亡圖存便成了他辦學的中心要指，因而在欲存中國「不得不講西學」下力倡西學，大辦各類實業學堂，企圖用教育振興國家。他的教育救國熱情和理想，以及他在晚清新政上所擔當的重要角色，又促使清廷從教育制度到政治層面，進行了一次急速的變革。晚清新政的推出，無疑有助推進中國近代化的發展，特別是經濟方面的轉進，但同時卻給中國的未來帶來難以預知的深刻影響。本文試從這一範圍展開，來檢視張氏的教育實踐與成效，再比較其教育理想與實踐之間是否存在難以融合的矛盾。為何他一直堅守以儒家教育作為辦學宗旨，欲培養出以天下為己任的士大夫這一願望，最終卻不敵西力東侵，敗在西學衝擊的浪潮中？這或恰恰與他晚年積極提倡西學，難脫關係。張氏在短短數年間，由戊戌（1898）時期主緩進，到庚子事變後，成為急進改革者——由不贊成立憲到襄贊立憲、乃至由遞減科額到激進的廢除科舉，其思想之急劇轉變，是時代的丕變驅使他

〔註5〕參閱許同莘《張文襄公年譜》，上海商務印書館，1946年，頁12。（以下引用此書，將省略出版資料）

因急於自強求存而自亂陣腳，變得有點盲目，還是因固守傳統的局限令他進退失據，認為倡導「中學為體，西學為用」就能把兩種文化輕易地融和一起，在不失本體下，順利引入西學，由此發展出一套理想新學。結果一貫謹慎的張氏，因為急求改變，最終得了「種瓜得豆」的果。

第四，在張之洞生命最後十年，他的政治地位日隆，對晚清政教發展有許多擘劃，包括創新學制、主張廢除行之千年的科舉制度，並在國家經濟難以負荷的情況下推行普及教育，意在擴大西學範圍，目標在求得更多實用的專門人才，為救亡圖存他可謂竭盡全力。雖然在新學制裏，他規定學堂必須讀經，作為道德修養和保存經學之門徑，但西學課程佔比日重，間接造成中學日輕的現象。不久，他又提倡設立存古學堂，用以保國粹，那是緣於他看到世風日下，崇西風氣日盛，規定學堂須讀儒學經典的要求早被人視為一紙虛文，使儒學日漸凋敝，為存古學，挽儒學於既倒，他復積極倡議設立存古學堂，來拯救傳統文化之不墜，相信也有用此「制衡西學」之意〔註6〕。張氏盼全國各地量力設立存古學堂，這種被視為倒退的行為，其內在思想和動機，也是本文欲要探討的範疇。

張之洞於最後數年，要辦存古學堂欲重歸「傳統」，是真如其他研究所指，他無法與時並進，屬守舊迂腐之舉，還是他看到當時社會有一股要滅亡中國文化傳統的罡風，作為一位捍衛傳統文化的儒者所應有的反應？當人人高唱全盤西化時，張氏深「恐中國之禍，不在四海之外，而在九州之內」〔註7〕！於是為挽救中華民族及其未來，他提出了另類關懷，不惜「逆流」而行，民族的存亡、傳統文化的永續傳承才是他最關注的。這也是本文會留心的地方。

二、研究方法

突破前人研究的思維模式，從大量的史料和前人的研究成果中進行比較，找出新的答案，是本研究會採用的方法和試圖追求的目標。因此，直接從張之洞個人的著述、奏疏、電文、公牘、友人間的通信、教育課程章要、親定的學規和其治學宗旨，甚而他的詩文等資料中進行搜集，同時亦會從《清史稿》、幕僚回憶錄、當代名人日記文集、及專門研究張氏之著述等典籍中發掘與教育

〔註6〕參閱董寶、熊賢君《從湖北看中國教育近代化》（中國教育近代化研究叢書），廣東教育出版社，1996年，頁161。
〔註7〕參閱張之洞《勸學篇‧序》，《張之洞全集》第12冊，頁9704。

思想密切相關的史料，然後做篩選、歸納、分類、比較工作，冀以史料呈現其思想軌跡，再透過分析、研究，來重尋這位歷史人物教育思想的真諦，特別是對「通經致用」思想堅持的內在原因。

第三節　主要參考資料綜述

　　由張氏離世至今，百年以降，對張氏進行的研究，可說是從狹小向廣域空間緩慢前進。1949 年前，研究張之洞的著作並不多，此期的著述，大多屬傳記類，例如有張繼煦（1876～1956）的《張文襄公治鄂記》〔註8〕、蔡冠洛（生卒不詳）的《清代七百名人傳》第一編「張之洞」傳〔註9〕，等等。1949 年後近數十年來，在臺灣以至海外，研究張之洞的專著仍然不多，相比起研究晚清重臣曾國藩（1811～1872），對其進行的研究顯然很不足。

　　在大陸封閉年代，研究張之洞的，六十年代僅有湯志鈞編著的《戊戌變法人物傳稿》（卷八）有專節講述張之洞〔註10〕，以及胡濱《張之洞與洋務運動》諸篇〔註11〕。自 1966 年至 1970 年代，大陸對張之洞的研究，「全是對張之洞的謾罵和聲討」、批評他「尊孔賣國」〔註12〕，這些欠缺理性的著述可略去不論。八十年代以降，大陸對張之洞的研究開始活躍，其中專著和論文比起前七十年來，有可觀發展，其成就「比過去 70 餘年都要大」，一是「研究範圍擴大」、二是「研究力量的增強」，三是「新資料的發現與張之洞全集的整理」〔註13〕，這些都為研究張之洞提供了極豐富的素材。大陸學者黎仁凱指出，張之洞研究「自 80 年代中期至今（1998），走向繁榮的時期，研究向縱深發展，研究成果大量湧現」〔註14〕。「成果大量湧現」一語或略嫌誇大，但足以說明開放後大陸學術界一些研究現況。下面試以教育為範圍，就百年來對張之洞的評價及歷來對他所

〔註8〕張繼煦，字春霆，兩湖書院學生，1902 年官費留學日本。此書由湖北通志館於 1947 年排印。
〔註9〕世界書局，1937 年出版。
〔註10〕北京中華書局，1961 年出版。
〔註11〕刊於《文史哲》1963 年第 5 期。
〔註12〕參閱任放《近百年張之洞研究述評》，《近代史研究》，2003 年第 2 期，頁239。
〔註13〕參閱秦進才《百年來張之洞研究概況》，《張之洞與中國近代化》，北京中華書局，1998 年，頁 409～424。
〔註14〕參閱黎仁凱、喬麗榮《近二十年來張之洞研究概述》，《近代史研究》1998 年第 4 期，頁 277。

進行的研究情況和成果分別做綜合陳述，以了解在不同時代、不同立場、不同思考空間下對張之洞教育思想的研究狀況。

一、關於《勸學篇》

　　代表張之洞一生教育思想核心的《勸學篇》，發表在戊戌（1898）百日維新運動展開前。此書問世後，當時在各界反應落差極大，有人認為是張之洞用來跟維新派人物劃清界線的宣言書，有自保成分；亦有人視此書為中國新政指南。當然更有人謂其無益於時。《勸學篇》發表不久，《申報》即發表了評論文章，文章開首即云：

> 偉哉此篇！殆綜中西之學，通新舊之郵，今日所未有，今日所不可
> 無之書也。……開守舊之志，範維新之心，其意厚矣，其功大矣。
> 〔註15〕

從稱美內容，實有視此書為中國新政指南的寄意。維新派人物何啟（1858～1914）、胡禮垣（1847～1916）於1899年對此書則進行了逐篇批駁，其中云：

> 其志則是，其論則非，不特無益於時，然且大累於世。〔註16〕

批評是書「無一是處」，內外篇所論，皆「見解謬妄，首尾乖方」，「使由其言而見諸行，則禍國殃民，指日可見」〔註17〕。顯然二氏的批評是從政治角度立言，有偏激的一面。

　　在批評聲中，《勸學篇》亦獲保守派的支持，如蘇輿在《翼教叢編》卷首云：

> 康梁方駸駸響用……自朝逮野默不能言，惟張香濤尚書之《勸學篇》
> 辭而闢之。……疆臣佼佼厥張南皮，《勸學》數篇挽瀾作柱。……專
> 以明教正學為義。〔註18〕

　　西方教士對此書也是多有推尊。其法文版於1898年冬譯成〔註19〕，載於《中法新匯報》，後由上海東方出版社結集出版。由美國南長老會吳板橋

〔註15〕見《讀南皮張制軍勸學篇書後》，《申報》，光緒二十四年九月二十六日。《申報》
　　　　創刊於1872年，由英國商人安納斯‧美查（Ernest Major）等人集資1600兩白
　　　　銀創辦，歷經了清朝同治、光緒和宣統三個朝代，至1949年停辦。
〔註16〕見何啟、胡禮垣《〈勸學篇〉書後》，《新政真詮五編——何啟、胡禮垣集》（中
　　　　國啟蒙思想文庫），鄭大華點校，遼寧人民出版社，1994年，頁335。
〔註17〕參閱同上。
〔註18〕見蘇輿《翼教叢編‧序》，上海書店出版社，2002年。
〔註19〕由西班牙宣教士宜穆（Jerorme Tober）將其譯成法文。

（Samuel I.Woodbridge）宣教士翻譯的英文本則刊於《教務雜誌》（The Chinese Recorder）上，稍後又結集成單行本出版〔註20〕。

在英國倫敦出版的《勸學篇》，被更名為《中國唯一的希望：最偉大的總督張之洞的訴求》，書中導言對張之洞推崇備致，指他是當今中國最偉大的政治人物〔註21〕。

1902年，上海《東亞雜誌》刊登了一篇由德文譯成英文的文章，名曰《張之洞與中國的改革運動》，長篇累牘地介紹了張之洞的改革思想綱領著述《勸學篇》，稱許張之洞是最卓越的改革運動領袖〔註22〕。

《教育雜誌》所發表的《張文襄公與教育之關係》一文，則稱他是光緒以降的「偉大人物」，是晚清改革的「樞紐」〔註23〕。

二、近現代研究概況綜述

按研究張之洞的進程言，可約分為：資料整理期和近現代研究時期。

（一）資料整理時期

主要是指在張之洞離世後，由他的弟子、門人、親屬或幕僚等，把其主要著述、奏摺、公牘或信札等資料，經收集整理並分類編纂，然後出版。此期出版的有許同莘（1878～？）主編的《張文襄公年譜》十卷、《張文襄公全書》一六二卷〔註24〕，王樹枏（1851～1936）主編的《張文襄公全集》二二九卷〔註25〕，胡鈞（1870～1945）的《重編張文襄公（之洞）年譜》六卷〔註26〕，

〔註20〕 參閱黃興濤《張之洞〈勸學篇〉的西文譯本》，《近代史研究》2000年第一期。

〔註21〕 該導言由倫敦布道會楊格非（Griffith John）牧師所寫。（參閱 Samuel I.Woodbridge translated, *China's Only Hope : An Appeal by Her Greatest Viceroy, Chang-Chih-tung,with the Sanction of the Present Emperor, Kwang Su*. Fleming H. Revell Company [New York, Chicago, Toronto and London], 1900.）

〔註22〕 參閱 L.Odontins, *"Chang-Chih-tung and the Reform Movement in China"*, Translated from the German by E. Zillig ,Shanghai "North-China Herald" Office, *The East of Asia Magazi*ne,Vol.1, 1902.

〔註23〕 參閱《張文襄公與教育之關係》，《教育雜誌》第一年第十期，宣統元年九月。

〔註24〕 此書於1918～1920年間陸續刊行，是由《張文襄公四稿》，即奏稿、電稿、公牘稿、函稿，匯編為《張文襄公全書》（1920年鉛印版），計162卷，臺灣文海出版社據此版本於1963年重印。

〔註25〕 1920年由北京文華齋出版，1928年第二次重印。

〔註26〕 本書是據許同莘《張文襄公年譜》一書再重新整理編次，臺灣文海出版社據此版本於1963年重印出版。

張繼煦（1876～1956）編的《張文襄公治鄂記》〔註27〕。這些資料的整理與出版，對後學和研究者提供很好的參考價值。

《清史稿》、《清史列傳》、《清儒學案》、《清代七百名人傳》等，均有獨立專篇介紹張之洞的一生事功。其他散見資料，見諸於陳寶琛（1848～1935）為張之洞撰寫的《墓志銘》，《清代野史》中有《張文襄公事略》一文，金梁（1878～？）的《近世人物志》刊有「張之洞」篇，而在相關時人筆記、日記、回憶錄中有關張氏的著述，可作補充資料。

1998 年，由河北人民出版社籌組，苑書義等主編，歷時五年編纂而成的《張之洞全集》（12 冊）出版，是由張之洞原籍河北與任職最久的湖北兩地學者共同合作下，在許同莘所編《張文襄公四稿》、《張文襄公全書》、《廣雅堂集》和王樹枏主編的《張文襄公全集》基礎上，再做廣泛的資料收集和整理，經增補、編輯後而成，是本文主要使用的參考書。

2008 年，湖北武漢出版社，也出版了《張之洞全集》共 12 冊。叢書是據北平文華齋一九二八年刊刻本，以及王樹枏的《張文襄公全集》為底本，再進行「輯佚、求真、斷句」三項工作後完成的。全集從 1989 年組織編輯開始計，至 2008 年出版，成書時間長達二十年，收錄文獻共一萬四千四百五十三件，比底本多七千八百零二件，比河北版多三千四百七十三件，應當算是一種較完備的本子。

2009 年，由武漢大學歷史文化學院吳劍傑教授編寫的《張之洞年譜長編》，由上海交通大學出版社出版。該書按編年收集了有關張之洞事迹的奏議、電奏、公牘、書札、詩文、日記等原始史料，並根據許同莘的《張文襄公年譜》、胡鈞整理的《重編張文襄公（之洞）年譜》兩書，再參考大量文獻和與張之洞相關人物的年譜、日記等後，也參酌前面兩套全集，在繼承並發展某些條目下，匯整刊印的。該書作為上海市「十一五重點圖書」的重點出版物，是研究張之洞以及晚清歷史的必備參考資料。

（二）現代研究概況

較早期的專門著述計有：王蘭陰（生卒不詳）於 1934 年發表的《張之洞富強政策》，論述了張之洞的富強舉措〔註28〕；鄭鶴聲（1901～1989）的《張之洞氏之教育思想及其事業》，對張的教育思想及其事業進行了評說〔註29〕。

〔註27〕湖北通志館編，1947 年排印。
〔註28〕參閱《師大月刊》，1934 年 12 月。
〔註29〕參閱《教育雜誌》第 25 卷，第 2～3 期。

　　1970 年，臺灣學者李國祁著《張之洞的外交政策》，書中主要研究張之洞的對外政策，也兼論張氏的教育思想，特別考察他對西學的認識，指出張氏對西方的認識，始於京師任清流時期，面對中俄伊犁事件、法國窺越謀滇事件，因此上奏疏力阻簽定伊犁條約，請朝廷以抗法籌邊為務，但要如何寫出理據充備又能折服朝廷的條陳，必須知道國際形勢，了解西方政情。這時期的張氏閱讀了不少有關西方政治的資料，這是張氏對西方事物有進一步認識之始。李氏對《勸學篇》有相當的分析，指出該書的思想中心在要利用種族的區別、國家的觀念、文化意識，來激起國人的愛國熱情，然後為中國富強而努力。並指出張氏主張宗經守約，用儒家為教，無非是用來維繫人心，堅定國人對傳統價值信仰的一項工具〔註 30〕。

　　1971 年，美國學者威廉‧艾爾斯（William Ayers）著《張之洞與中國教育改革》，該書以張氏在晚清教育改革中的思想與活動為中心展開論述，從張氏的一生事功來突出其教育思想及其成效，以及對教育改革的貢獻。該書評論說：

　　　　在張之洞的一生中，中國教育的形態發生了根本的突變，對此，他
　　　　的努力具有決定性的意義。〔註 31〕

　　1972 年，臺灣學者張秉鐸著《張之洞評傳》，全書以時間為序，系統地敘述了張氏的一生發展過程，從其生平、學術淵源、地方治績到教育思想之形成和理想的追尋等，以至對後世的影響皆有論及，並用專章探討了《勸學篇》「中體西用」觀的思想核心，說《勸學篇》之旨博大精深，發人猛省，足「破抱殘守缺者的迷津、警務全盤西化者的盲昧」。更指其學說「發於六十餘年前，徵之今世，凡所興作，皆宜行者；凡所議論，皆啟聾振瞶之言」。事實的確如是。作者更推許張氏的人格，稱其可為「天下大道，為天下法，為天下則」，贊他是君子人〔註 32〕。

　　1976 年，臺灣學者蘇雲峰著《張之洞與湖北教育改革》，論述了張之洞在督鄂近二十年中在教育方面的政策與舉措，從人才教育到推行國民教育的轉化歷程，探討其中的貢獻和局限。該書系統敘述了湖北書院教育制度從傳統向

〔註30〕　參閱臺灣中央研究院近代史研究專刊〔27〕，1960 年初版，1984 年再版，頁 7
　　　　～8、25～30。
〔註31〕　見 William Ayers, *Chang Chih-tung,and Educational Reform in China,* Harvard
　　　　University Press,1971, p.252.
〔註32〕　參閱張秉鐸《張之洞評傳‧序》，臺灣中華書局，1972 年，頁 1。

近代學堂傾斜的發展里程。作者指出，張在湖北教育改革獲得成功，並成為全國推行教育的楷模，實有賴其領導能力。近代中國教育之所以能從傳統轉向新式學堂過渡，張在湖北所推行的教育改革和模式具有積極意義〔註33〕。

1983 年，香港學者周漢光著有《張之洞與廣雅書院》，這是周氏博士論文的修訂本。該書前半部敘述張的生平、思想及其對教育的貢獻，後半部則圍繞張氏辦廣雅書院進行探索，從張之洞創建廣雅書院之緣起、所聘師資和相關人物的活動為研究中心。對張氏在辦廣雅書院的過程、成績及其貢獻有不少著墨，推許他是「中國新教育的先驅者」、「清末一位不可多得的教育家和實業家」，指出廣雅書院是張氏從傳統書院教育精神向辦新式（西學）學堂轉進的集中體現，也是張氏「中體西用理論與實施之張本」的重要時期〔註34〕。

1985 年，大陸學者馮天瑜著《張之洞評傳》〔註35〕，可算是大陸開放後一部最早出版的傳記式研究專集。後來馮氏與何曉明合著的《張之洞評傳》，則於 1991 年由南京大學出版，後一書是在此基礎上的再充實。

1989 年，馬東玉的《張之洞大傳》，集中記述了張的生平，並特別著重其在辦洋務事業和改革教育方面的貢獻，稱其為「近代企業巨頭」、「近代教育家」，指出他一生「所用時間與精力」，「就是辦教育與辦企業」〔註36〕。

1990 年，陳鈞著有《儒家心態與近代追求──張之洞經濟思想論析》，從儒家精神的角度來論述張在經濟活動方面的舉措和成績，他如何以經術為治術，把儒家經世致用思想積極落到用處：即如何把儒家利民濟世、救國扶危的理想實現起來。作者稱許張「在晚清政壇上幾乎無出其右」，對張晚年思想性的複雜與矛盾，從另一角度做了相當深入的研究，指出「在張之洞的思想體系中，保守性伴隨著進取性，依賴性夾雜著抗爭性，新與舊、進步與落後兩種因素不僅雜然並存，而且相互交錯，不斷自相矛盾」，從傳統儒家思想來探討張的思想變化，在當時的大陸尚屬新的嘗試〔註37〕。

1991 年，陳鈞與謝放合著《世紀末的興衰──張之洞與晚清湖北教育》，

〔註33〕參閱臺灣中央研究院近代史研究專刊（35），1976 年，頁 9。

〔註34〕參閱氏著，臺灣中國文化大學，1983 年，頁 557～564。是書為作者的博士論文，後由臺灣中國文化大學出版。

〔註35〕河南出版社出版。

〔註36〕參閱馬東玉《張之洞大傳》，遼寧出版社出版，頁 261、403。

〔註37〕參閱陳鈞《儒家心態與近代化追求──張之洞經濟思想論析》，湖北人民出版社，1990 年，頁 4、208。

該書側重探究張之洞鄂督近二十年間，在湖北推行的新政及在洋務教育方面的實踐與成效，有為張之洞在督鄂期間推行新政曾經受到劣評重新翻案之意，因為有人批評張在湖北的新政是「完全失敗和破產」的〔註38〕。

1991年，馮天瑜與何曉明合著《張之洞評傳》，全書以生平及其思想分為前後兩個部分，前部詳敘其一生事功，後一部分則集中討論、探索其思想領域，包括治道思想和教育理想等。作者稱張之洞是洋務殿軍，指他是「洋務運動的東山再起」者。在第二部的第六、七兩章，對張氏的「學術維人才，人才維國勢」以及「舊學為體，新學為用」的教育觀進行了分析，認為他的德、智、體教育觀，其實就是「體用兼賅，先後有序」融合下再生的一種模式，謂其引西入中的思想具備「衛道與開新」精神。本書對張氏的整體教育和文化思想有較廣泛的研討，自有助擴充本研究之視野〔註39〕。

1991年，黃新憲著《張之洞與中國近代化教育》，作者從研究教育史角度，介紹張氏在創辦尊經書院、廣雅書院的活動過程以及對書院的興革，進而探討其人才觀和儲才方略的思想和演變，並對張氏的師範教育和普及教育觀有所論述，由此發掘出張在近代中國教育方面從舊向新轉化的歷史原因和其中的貢獻，作為清末第一通曉學務的張之洞，作者認為其思想和主張均「深刻地影響了清政府的教育決策」，「是清末教育近代化」的「重要奠基人」〔註40〕，此評語誠是恰當。

1994年，蔡振生著《張之洞教育思想研究》，這是少數以教育思想做專題的研究。該書介紹了張如何在傳統教育中植根，在學官和督撫任上，為了培育更多的經世之才，如何以開放態度，從植根於中學傳統，轉而向西學取法的思想轉變，以至其努力實踐教育理念。作者對《勸學篇》有較廣泛的討論，謂是書的貢獻在「促成近代教育觀念的轉變」，是「對時代思潮反思後」的一次總結性著述。在第五章，作者專門論述了張在晚清新政與教育改革思想之間的互動關係，為建立近代教育行政機構奠定模式，並稱許他為「近代教育制度的奠基人」。該書對本文提供一定的思考空間〔註41〕。

〔註38〕參閱陳鈞《世紀末的興衰──張之洞與晚清湖北教育》，中國文史出版社，1991年，頁361～362。
〔註39〕參閱《張之洞評傳》，南京大學出版社，1991年。第二部分第六章、第七章，頁369～394、頁395～444。
〔註40〕參閱黃新憲《張之洞與中國近代化教育》，福建教育出版社，1991年，頁9。
〔註41〕參閱蔡振生《張之洞教育思想研究》，遼寧出版社出版，1994年，頁152、163～213。

　　1995 年，謝放《中體西用之夢──張之洞傳》，除詳細敘述張的生平、撫督任內的治績外，集中在張的中體西用思想上展開探究，指出其教育思想中心在「強國」，而在此一觀念下，張氏的教育思想亦隨之演變，從初始的只變通科舉到最後力廢科舉、由不贊成立憲到襄贊立憲，正是由此強國思想所推動，充分體現了他通權達變的靈活性〔註42〕。

　　1996 年，董寶良、熊賢君著的《從湖北看中國教育近代化》，雖以地域作研究題目，但張任鄂督近二十年，自言楚是他的第二個家。他在湖北推行的教育卓有成效，作者從湖北教育的近代化，自興起、推進、轉入高潮，逐一審視張在湖北推行教育改革的歷程，認為張對當地教育的貢獻非常突出，稱許他為「湖北教育近代化的設計師、推動者和教育改革家」〔註43〕。

　　1999 年，由北京中華書局出版的《張之洞與中國近代化》，是 1997 年於河北舉行的「張之洞與近代化學術討論會」的結集本。該書收文 36 篇，論述範圍頗廣泛。其中有龔書鐸《略談張之洞的儒學》一篇，從張氏的儒學思想，及當時「講求通經致用、經世致用」思潮對他的影響，考察他的儒學教育觀，認為他「通經致用」的育才觀，就是要維護名教，而《勸學篇》更是他「保名教」思想的充分體現，龔氏的分析光眼頗有獨特之處。另一篇《試論張之洞的人才觀》，作者陳旭霞謂張氏的人才觀，是受到「仕途運蹇」的激發，「科舉應試的羈絆成為他後來廢科舉、改書院、興學堂、倡遊學等一系列求才治國探索的思想基礎」，更是他「求才治國」、「興學育才」、「德才並舉」、「唯才善任」人才觀形成的重要柱石，對於作者稱張因「仕途運蹇」而贊成廢科舉一說，理由非常牽強，似乎忽略了張因救國而主張廢科舉轉學實用知識的愛國情懷。《中國近代教育的先驅》的作者王玉良則說，張氏把興學育才作為立國的重大舉措，因此當他發現科舉取士是禁錮人才、敗壞人心的根源時，他不惜擔當科舉制度的「掘墓人」，由此創建新式學制，為近代新教育制度確立發展方向，作者稱許一生勞心使力、建立了各種學校六十餘所的張氏，在中國教育史上率先創下諸多個「第一」，更是近代教育史上最早提出以德、智、體三大端作為培育人才為目標的，稱張是「近代教育的創建者」。《張之洞教學思想述論》作者任印錄、趙俊傑，主要從張氏教學思想的不同時期探討其教育觀，如「從『通

〔註42〕參閱謝放《中體西用之夢──張之洞傳》，四川人民出版社，1995 年。
〔註43〕參閱《從湖北看中國教育近代化》，廣東教育出版社，1996 年，頁 12～14、312。

經為世用』到『中體西用』的教學目的」、「從經古之學到中西融合的教學內容」、「由傳統向近代化轉變的教學方法」三方面進行論述，早期教人讀書，注重愛國教育，以培養「通博之士，致用之材」為目標，到後來重專門實業人才的培養以及倡議普及教育、注重師範教育，其近代化思想的轉變，加上身為晚清重臣的政治力量，為社會培育人才而不斷調整辦學宗旨的思想，正是加快推動教育近代化步伐的重要關鍵。作者認為張氏提出官話教學，除提高教學效果外，對教育近代化及社會發展助益更巨〔註44〕。

　　2003 年，李細珠著《張之洞與清末新政研究》，雖然其研究重點放在晚清新政上，但李氏的論述範圍非常廣，內容紮實，使用資料豐富，實有助擴闊本文研究的視野。其中第三章「學制變革與文化關懷」，對張氏參與制定新學制、廢除科舉的舉措進行了較深入廣泛的探討。作者認為張氏在積極主張革新同時，對中國傳統文化前途與命運始終關懷。張氏那「救時局，存書種，兩義並行不悖」的觀念，正正是他「中體西用」思想的具體展現，是他「儒臣」品格的雙重映照，並由此演繹出他「衛聖教」「保國粹」「存書種」的種種行動。最重要的一點，是作者不認同把張氏晚年思想定調為「由趨新轉向守舊」一說，強調張氏的「衛道保教思想可以說幾乎是與生俱來」，這說法頗為大膽，作者所持理由是，張氏作為一名守道的儒者，「衛道保教」是其終生的關懷，此分析的是正確，所論極新人耳目〔註45〕。

　　2004 年，謝放著《張之洞傳》，除詳細敘述其生平外，更在第二章、第九章就張氏的教育思想與實踐做了論述，在第十七章對張氏「中體西用」觀有較廣泛的探討。在「經世與西學」一節，作者對張氏西學思想的形成進行了分析研究，認為 1870 年代中國士人一般對西學認知極淺的情況下，張氏在所著《書目答問》裏列舉了多種西學應用書籍，並在文風落後、閉塞的四川倡導「通經致用」之學，實領風氣之先，開啟了四川後來「沉靜好學，崇實去浮」的學風，為維新運動提供具備新思想的人材〔註46〕，其功不可抹。作者在「中西文化觀」一文，除論述「中體西用」源流外，尚就張氏的「中體西用」思想做了直觀剖析，認為中國的「聖教」面臨兩個挑戰：一是「西教」的滲透；二是以「三綱」為核心的傳統價值受到國人的摒棄，在憂心亡國之下，張氏不得不提出救亡的

〔註44〕　參閱氏著，頁 31～34、124～134、380～388、389～399。
〔註45〕　參閱氏著，上海書店出版社，2003 年，頁 111～156、156～159。
〔註46〕　廖平、楊銳、宋育仁、駱成驤都是尊經書院的學生。

三大目標：保國家、保聖教、保華種。其倡「中體西用」說，無非是利用這種文化模式來保國家、衛聖教、存華種。但其實際結果卻使西用範圍日廣，中學範圍日漸縮小，西學更在「中學為體」的保護傘下，得堂而皇之地被擴展到全國，這才是中學日漸衰落的致命傷。作者的分析深刻，點到問題之要處〔註47〕。

三、期刊論著與學位論文

　　研究張之洞的期刊與論文，進入九十年代後的大陸轉趨活躍，研究範圍亦從教育思想、學制發展、實業教育、軍事外交與晚清新政關係等方面，延伸至張之洞的人才觀、家庭教育理念和儒學思想，對其創立存古學堂的動機等方面亦有微觀性研究，以下將就教育思想為範圍，分別就期刊論著、學位論文，摘其要者敘述之。

（一）期刊論著

　　（1）羅志田在《清季保存國粹的朝野努力及其觀念異同》一文，對張之洞晚年力倡建存古學堂進行了研究，以為其非倒退回歸於末學，而是將其視為保名教、保民族文化的專門之學，一如歐洲從普遍必須學習拉丁文，到把拉丁文從一般學校搬到專門學校研習相同，使其文字不致淹沒，有保留古文化以不墜的目的，用意在「盡力講求西學的同時不忘中學，並維持其指導性地位而已」〔註48〕。

　　（2）關曉紅在《張之洞與晚清學部》，對張之洞與晚清學部的複雜關係，進行了系統梳理和探究。作者指出，張的教育主張由銳進而緩行，再由創新而復古，是影響1907～1909年間學部辦學的關鍵，在獎勵學堂出身到接受新式學堂的過程中，他發揮了歷史性的作用〔註49〕。

　　（3）李細珠的《張之洞與晚清軍事教育近代化》，對張力主廢武科制度，積極創辦近代軍事學堂、大力推動出國留學和官員遊歷海外的舉措進行了研究，指出張的這一系列活動，為近代軍事人才的培養，建立了一套較完備的體制，在近代軍事現代化上做出了一定貢獻〔註50〕。作者又對張之洞與劉坤一合

〔註47〕　參閱氏著，廣東高等教育出版社出版。第二章，頁10～34；第九章，頁174～199；第十章，頁422～455。
〔註48〕　參閱羅志田《清季保存國粹的朝野努力及其觀念異同》，《歷史研究》2001年第2期。
〔註49〕　參閱關曉紅《張之洞與晚清學部》，《歷史研究》2000年第3期。
〔註50〕　參閱李細珠《張之洞與晚清軍事教育近代化》，《安徽史學》2001年第4期，頁32～34。

奏的《江楚會奏變法三摺》，從文本的產生背景與經過、思想淵源也進行了探討，指出張氏在「江楚三摺」中所表現出來的思想中心，其實淵源自《勸學篇》，與劉坤一等大員聯合上奏，無非是要增加向朝廷陳奏成功的機會，減低朝廷的猜疑〔註51〕。

（4）龔書鐸、黃興濤《「儒臣」的應變與儒學的困境：張之洞與晚清儒學》，則對張的儒學思想與教育活動之間的內在聯繫進行了研究，認為儘管在「學術研究上微不足道，但憑著其在政治上和文教事業上的重要地位」，對儒學的獨特關懷，對當時儒學的傳承有不容忽視的影響和貢獻〔註52〕。

（5）喻大華《張之洞在晚清儒學沒落過程中的衛道活動》，認為張之洞一生以「儒臣」自詡，為挽救儒學的衰亡做了不懈努力，但也是這種舉措「加速了傳統儒學的沒落」。作者主要從「《勸學篇》與晚清儒學復興活動的失敗」、「辦學活動對儒學的衝擊」、「張之洞廢科舉與儒學的衰落」三個層面來探討他的衛道活動，認為「儒學與西學相輔相成的主張實際上承認了儒學確實無用，宣告了儒學對中國文化的一統局面已經結束」，其「政教相維的主張使儒學大受污損，使儒學成了革命的對象」；而「今欲強中國，存中學，則不得不講西學」的「曲線衛道」方法，「擇西學之可以補吾闕者用之，西政可以起吾疾者取之」，表面上是一種揚長避短的良法，但問題在實踐起來寸步難行。作者謂，這種「曲線衛道」方法一旦真的實踐起來，一定會對儒學造成大衝擊。作者謂張氏的廢舉科，是用「保國」做自我安慰，語雖尖刻，卻能點破問題。因為「科舉制度與傳統儒學有著榮損與共的關係」，儒學的衰落確與廢科舉有不可切割的關係〔註53〕。

（6）劉虹《「癸卯學制」百年簡論》，作者主要由「癸卯學制」的產生過程進行分析，從《京師大學堂章程》的制定，到1901年清政府下「興學詔」，著各省、州、府、縣多設中小學堂，但因課程設置、學校性質、修業年限彼此並不銜屬，設立有系統的學制已成為趨勢，於是「癸卯學制」便順理成章產生。作者對新學制頒布後，於推動其中新型學校的迅速發展做了統計分析，以助考證新學制之功能性。對於利用科舉獎勵出身一直受到批評，作者則持另一見

〔註51〕 參閱李細珠《張之洞與江楚會奏變法三摺》，《歷史研究》2002年第2期。
〔註52〕 參閱龔書鐸、黃興濤《「儒臣」的應變與儒學的困境：張之洞與晚清儒學》，《清史研究》1999年第3期，頁74～84。
〔註53〕 參閱喻大華《張之洞在晚清儒學沒落過程中的衛道活動》，《南開學報》，2000年第1期，頁28～33。

解，認為在當時是一種折衷的辦法，有其不得已處，指出這種權宜政策也收一定成效，因「金榜題名」在當時的文化氛圍和民眾心理上確有其需要〔註54〕。

（7）溫曉靜《從〈勸學篇〉和「癸卯學制」初探張之洞的歷史教育思想》一文，主要從「歷史教育目的」、「歷史教育指導思想和課程設置」、「歷史教學方法和要求」做探討，作者指張氏的歷史教育思想是以「中國史為體，世界史為用」，意在培養學生忠君愛國的思想。認為課程設置及其教學法識見獨特，亦利實踐，把西史引入中國，打破向來只習本國史的局限，於歷史教育言是一大突破〔註55〕，此分析有其精準一面。

（8）任曉蘭《張之洞對傳統義利之辨的繼承與突破》，主要從張氏的「義利之辨」、從「不與民爭利，到公利不可不講」，進而到「私利不可講」做了分析研討，指出張的「義利之辨」有其局限性。作者先述明儒家傳統價值「義利觀」，乃是儒者第一義，卻在晚清裂變時期發生極大轉化，作為「儒臣」的張氏，在「重利輕義」的傳統價值下，卻能有所突破，並提出了「私利不可講，公利卻不可不講」的觀點，它在「利國與利民實相表裏」下，完成對傳統「不與民爭利」到「公利不可不講」的轉化。作者試圖從這一點來考察張氏「公利與私利」的價值取向，發現張氏在面對西方侵欺，於「外國性情，我強則助我，我弱則否」的情勢下，亟亟追求富國實民的「公利」，因而大辦農、工、商諸方面的實學，大興各種富國利民的實用事業。至於「私利」，張氏「服官四十餘年，鄉里未造莊田」，亦「無私財」，到「作古後，竟至囊橐蕭然」，一生強調公利而不謀私利的儒風，為作者所稱許，但同時指出張氏的公利觀，把國家利益置於一種至高無上的原則下，對個人私利極度排斥，有違現代倫理道德，認為個人追求合理利益應該得到尊重，此說顯然是站在現代角度去論說「古人」，既忽略了歷史背景，也無視張氏的思想本源〔註56〕。

（9）張艷國在《簡析張之洞中國文化自信論》一文，指出當近代中國傳統文化遭到嚴重衝擊和挑戰時，張氏對中國文化有著強烈的自信，認為儒家文化的「三綱五常」、「忠義」「仁愛」是值得發揚的優秀傳統，但他並不排斥西方文化，堅持只要抱「中學為內學，西學為外學」這一宗旨下去吸收西方文化，

〔註54〕參閱氏著，河北師範大學《學報》，2004年1月第6卷第1期，頁32～38。
〔註55〕參閱氏著，溫州大學《學報》（社科版），2008年11月，第21卷第6期，頁104～109。
〔註56〕參閱氏著，《北方論叢》，2009年第6期（總第218期），頁71～74。

自可尋出一條會通中西的有效途徑，幫助中國解決面臨的文化危機。他的文化立場非泥古不化的保守者，所推崇的中國文化，有特定內涵、有嚴格範圍與限制，也知所取捨。對張氏的文化自信論，學術界意見分歧，作者主張要從歷史場景去審視張氏的思想是否先進，對他的文化自信論予以理解和同情，認同作為一位虔誠的儒家弟子，當西方文化蜂擁而至之際，「衛道」是他的本能，反映作者對張氏的思想有較深刻的認識〔註57〕。

（二）學位論文

（1）任曉蘭《張之洞與晚清文化保守主義思潮》，主要是從「西方的文化保守主義」之形成，造成「人的異化問題，引發了保守傳統道德的回應」，比較中國文化保守主義中所要面臨的另「一個儒家傳統文化與西方現代化的沖撞問題」，即「中體西用」的思想核心，用此來捍衛「儒學道統」，作者對這股以維護名教為始終的保守思潮及其相關人物進行了深入而多角度的探索，特別指出張之洞這位趨新的領軍人物，其保守傳統文化的內在思想，為了在新舊之間取得平衡，以達到維護名教的目標而充滿了矛盾性〔註58〕。

（2）楊守偉《張之洞的西學態度及其演變研究》，作者從「作為一名朝廷重臣，始終以抗拒外侮、救國圖存為己任」的內核來展開分析，根據張的身份、所受傳統教育、學術思想淵源之諸種因素，探討其由重視中學轉向西學，指出張氏的這種轉向，實是基於「為尋求國家富強，民族富裕」這一理想出發，故「一生不斷向西方學習，初學西藝西巧，再學『西政……』」，其目的是明顯不過的。張氏的經世思想使他不排斥西學，且由中主西輔，再到中西兼容並採，作者認為此一轉變，正是張氏對近代教育能做出貢獻之地方〔註59〕。

（3）喻艷《張之洞的實業教育思想研究》，該文主要從張的生平、教育活動、教育實踐和教育發展的過程，透過史料來呈現張之洞教育觀形成的內外因素，包括其個人所受的教育、經歷、社會背景、政治因素和特定的文化氛圍等，並在比較其實業教育思想於實踐中的差異進行論述，肯定了張在實業教育中的貢獻〔註60〕。

（4）童綏寶《張之洞與武漢教育近代化》，作者指出，張之洞任湖廣總督

〔註57〕 參閱氏著，《江漢論壇》（歷史），2010 年 1 月，頁 81～90。
〔註58〕 中國南開大學，2009 年博士。
〔註59〕 河北師範大學，2008 年碩士。
〔註60〕 西南大學，2007 年碩士。

近二十年間，對地方教育的推動和貢獻頗巨，作者由「教育結構」、「教育管理」、「教育制度」、「教育思想」四方面來探討張之洞在湖北推行教育的實效及其中缺失，以及彼此間的內在聯繫，透過其植根中學教育的傳統與西學接觸的背景，找出張之洞在湖北辦教育的功過與缺失，論者最後指出，時代的局限是張之洞在湖北辦教育不能取得完全成功的主要原因〔註61〕。

（5）段紅智《張之洞中西文化觀研究》，作者從張以儒臣自任，以「經世致用」為人生取向的思想出發，探索張氏從中學朝西學轉向的過程，謂張氏是因在「儒門弟子的忠誠使他無法放棄封建綱常的最後防線」的身份下撰成《勸學篇》，《勸學篇》是以闢邪說、正人心為其思想中心，剖析張氏以中學為重的一貫思想，其「中體西用」的表述只是他個人艱難的抉擇和矛盾的呈現，也是其思想複雜的根源所在〔註62〕。

（6）王志龍《一位儒臣的政治訴求——張之洞政治改革思想的嬗變》，作者在探討其政治改革思想時，論及《勸學篇》對其政治定位的影響，在深知「不變其習不能變法，不變其法不能變器」的認識下，推進了張氏往後思想的轉變，從他只重「西藝」再向吸收「西政」方向發展，到後來力廢科舉，其實亦肇基於此，作者就廢科舉一事與推動近代教育制度的建立進行了討論，認為《勸學篇》是張氏最後十年政治改革的重要張本，並發現張氏在「化除滿漢畛域」的努力，對化解民族之間的矛盾、推動政治文明建設和發展上，有著重要啟迪作用〔註63〕。

（7）朱海龍《張之洞與癸卯學制》，「本文始終以張之洞和他主持制定的癸卯學制為研究對象，從多個角度剖析張之洞與癸卯學制之間的內在聯繫」。因此，作者以歷史時代、西方學制為導入，探討晚清教育危機和張之洞在教育實踐中逐漸建構出新學制的一幅藍圖，以及其教育思想的形成，從其知識背景、制定學制所產生的影響等切入，尋找張氏在新學制上的關鍵作用，以及他對早期中國教育向現代化轉向的貢獻和歷史位置〔註64〕。

〔註61〕華中師範大學，2006年碩士。
〔註62〕河北大學，2005年碩士。
〔註63〕安徽大學，2005年碩士。
〔註64〕華南師範大學，2004年碩士。

第二章 張之洞生平與教育思想概述

第一節 張氏生平概述

　　張之洞，直隸南皮人，字香濤，又號無競居士〔註1〕、壺公，晚年號抱冰老人，生於貴州貴築縣〔註2〕，先祖本為山西洪洞縣人，後於明永樂年間（1403～1424）遷徙至京師潞縣（今北京通縣），到先祖張端，因任直隸繁昌縣獲港巡檢，遂又移居天津南皮縣（今屬河北），因此張之洞又有張南皮之稱。高祖張淮，是明正德（1505～1521）年間進士，曾官至河南按察使，並「以文章忠義有聲於時」，到曾祖怡熊、祖父廷琛兩代，「兩世為縣令，皆以廉聞」〔註3〕，頗獲時譽〔註4〕，可見張生於世宦之家。

　　其父張鍈（1793～1856），幼年時喪父，家貧，卻能「食貧力學」〔註5〕，為人積極上進，於嘉慶十八年（1813）中舉人，後因「六會試不第」〔註6〕，

〔註1〕 張氏督粵時，取唐代詩人張曲江「無心與物競，鷹隼莫相猜」其中詩句，以表述自己「無心與物競」的心志。

〔註2〕 據許同莘編《張文襄公年譜》（上海商務印書館，1946年）、胡鈞《重編張文襄公（之洞）年譜》（臺灣文海出版社，1963年），及劉顯世等編修的《貴州通志》（1948年鉛印本），認為張之洞出生時，父親張鍈正任貴州貴築知縣。

〔註3〕 參閱許同莘《張文襄公年譜》卷一，上海商務印書館，1946年，頁2。

〔註4〕 祖父廷琛，以貢生資格任四庫館謄錄，後為福建漳浦東場鹽大使，又補古田知縣。乾隆五十三年，因閩浙總督伍拉那等貪汙、縱盜案，督撫藩臬十餘要員下獄，牽連甚廣。張廷琛不僅潔身免禍，還多方「調護拯救」，甚獲時譽。（參閱許同莘《張文襄公年譜》卷一，頁2）

〔註5〕 參閱許同莘《張文襄公年譜》卷一，頁2。

〔註6〕 參閱張之灁編《張鍈行狀》，中國社會科學院近代史研究所圖書館藏本，頁1。本資料轉引自李細珠《張之洞與清末新政研究》，上海書店出版社，2003年，頁26～28。（凡引用此書，將省略出版等資料）

結果清廷以大挑試〔註7〕，讓他補黔中安化縣知縣，官至貴州貴東道。張鍈一
生為官「皆以治行稱」，可稱道的有：

> 一廉，二善聽訟，三治盜，四義倉，五興書院。〔註8〕

與當時黎平知府胡林翼（1812～1861）、都勻知縣鹿丕宗（生卒不詳）合稱
為道咸間貴州三賢吏、「三太守」〔註9〕。此外，張鍈平生「性好學，至老不
倦，聽政之暇，率危坐讀書終日」〔註10〕。他極重視子弟教育，俸祿雖不豐，
也寧願節衣縮食，務要為子弟營造一個良好的讀書環境，「竭俸金購書數十
櫥，置諸子學舍，令於課日之外，聽以己意縱觀之，大率史部、朱子書及本
朝說經之書為多」〔註11〕，張父餘暇亦親自授課。為使子姪得到良好栽培，
他禮聘的老師多屬「乾嘉老輩」〔註12〕，希望子姪輩在良師指導下，學業人
品皆受益，使「家世以儒學顯」的傳統得到延續〔註13〕。張父曾這樣訓誡子
姪說：

> 予家世清白吏，及予少長，家益貧，自刻苦讀書，厄於凍餒者數
>
> 矣。……予懼汝輩席藉餘蔭，不知汝父遭遇之艱難也。〔註14〕

他期望子姪輩胸懷大志，以「力學問，樹功名」為目標，不要做「田舍翁」，
這是他所深惡的〔註15〕。在這種嚴格家風薰陶和教育下，張之洞不單很早就對

〔註7〕大挑試，為清乾隆以後定制，從三科以上屢試不中的舉人中，選其中一等補知
　　　縣，二等用為教職。

〔註8〕見宋傑《南皮張公貴州興義府遺愛祠碑記》，《張之洞奏稿（散件）》，中國社會
　　　科學院近代史研究所圖書館藏檔案，檔案甲182～475，轉引自李細珠《張之
　　　洞與清末新政研究》，頁27。

〔註9〕參閱許同莘《舊館綴遺》，《張之洞年譜史料》，中國社會科學院近代史研究所
　　　圖書館藏檔案，檔案甲622～623。（轉引自李細珠《張之洞與清末新政研究》，
　　　頁26）

〔註10〕語見宋傑《南皮張公貴州興義府遺愛祠碑記》，《張之洞奏稿（散件）》，中國社
　　　會科學院近代史研究所圖書館藏檔案，檔案甲182～475。（轉引自李細珠《張
　　　之洞與清末新政研究》，頁26）

〔註11〕參閱鹿傳霖《贈太僕寺卿誥光祿大夫建威將軍張公神道碑》，許同莘輯《張
　　　之洞年譜史料》，中國社會科學院近代史研究所圖書館所藏檔案，甲622～
　　　623。

〔註12〕參閱許同莘《張文襄公年譜》卷一，頁3。

〔註13〕參閱宋傑《南皮張公貴州興義府遺愛祠碑記》，《張之洞奏稿（散件）》，中國社
　　　會科學院近代史研究所圖書館所藏檔案，甲182～475。

〔註14〕見張之灝編《張鍈行狀》，中國社會科學院近代史研究所圖書館藏本，頁15。
　　　另見胡鈞《重編張文襄公（之洞）年譜》，頁24。

〔註15〕參閱同上。

讀書發生興趣，由五歲〔註16〕開始發蒙，到九歲已誦畢《四書》、《五經》，一直表現出好學不倦的精神，每當讀書遇到疑難，也「非獲解不輟」，即使「籌燈思索，每至夜分，倦則伏案而睡，既醒復思，必得解乃已」。據聞，少年張之洞頗具才氣，一天，業師敖慕韓（生卒不詳）作詩一首，父命他作詩回應，張「援筆立就」，因此得父親嘉許，獎他一塊硯台以示鼓勵。十二歲，張氏作詩不少，其詩文又多「為塾師嘉許，父執亦歎異之，父乃匯為一冊」〔註17〕，名為《天香閣十二齡草》〔註18〕。張之洞後來學有所成，並養成終身手不釋卷的習慣，在公務極繁忙時仍讀書如飴，且愛親治文書，顯然是深受父親「性好學，至老不倦」言傳身教的影響。嚴格的家教，對張氏的成長應有很大的裨益。

在「非獲解不輟」的求知精神驅動下，張之洞於十三歲（1849）一舉考獲秀才而進入縣學，三年後（1852）應順天府鄉試時，又以十六之齡考獲舉人頭名（稱解元），「一時才名噪都」〔註19〕，甚獲時人稱譽〔註20〕。他的業師胡林翼（1812～1861）〔註21〕聞此消息，立刻致書好友張鍈表達其喜悅之情，說：

得令郎領解之書，與南溪開口而笑者累日。〔註22〕

考獲舉人後，張之洞的科舉路並非一帆風順，其中遭遇了一些無法預計的曲折。

咸豐二年（1851），太平軍從廣西起事，數年間幾乎橫掃了半壁江山，國

〔註16〕張之洞年齡是據胡鈞《重編張文襄公（之洞）年譜》計算，1841年，張之洞五歲。

〔註17〕參閱胡鈞《重編張文襄公（之洞）年譜》，臺灣文海出版社，1963年，頁12。（以下引用本書，將省略出版社等資料）。

〔註18〕此詩收入張鍈主編的《興義府志》內，清宣統元年有鉛印本。張父曾把該詩集寄給時任縣教諭的兄長，誰知兄長勸「以欲才勿露為尚」為覆，令張之洞終身難忘，對伯父此語誦之不墜，最後更把少年詩作焚毀。（參閱胡鈞輯《重編張文襄公（之洞）年譜》，頁12）

〔註19〕參閱徐世昌《大清畿輔先哲傳・張文襄公傳》上冊，北京古籍出版社，1993年，頁214。

〔註20〕因這是一個匯合全省精英的考試，以十六歲之齡而得舉人第一名，殊非輕易。

〔註21〕胡林翼，湖南益陽人，道光年間進士，因剿太平天國有功，授官至湖北巡撫。為人勤於治事，又通曉軍事，是一位卓有才識之士。

〔註22〕韓超（1799～1878），字南溪。三十多年後，張之洞任湖廣總督時期，曾往武昌胡林翼祠祭拜業師，憶起老師因自己中解元「開口而笑累日」的往事，賦詩憑吊恩師，詩云：「二老當年開口笑，九原今日百身悲，敢云駑鈍能為役，差幸心源早得師。……」（見《謁胡文忠公祠二首》，《張之洞全集》第12冊，詩集三，頁10532）

家遭到割裂，民生經濟因戰亂而陷於困境，人民生活頓失所依。張鍈時任貴州知府，為了平亂，得四處奔走，結果因勞成疾，更於咸豐六年（1856）七月病歿任上。而張之洞剛在京考取覺羅官學教習，只得回籍守禮。咸豐十年（1860）他上京參加恩科試，卻因族兄張之萬（1811～1897）為考官而須回避。夏天，英法聯軍以武力攻陷京師，於城內大肆破壞，咸豐帝（1831～1861）避走熱河，不久駕崩。眼看國家連遭災劫，國勢日衰，個人在科場路上又曲折多磨，種種的經歷，皆使飽讀儒家典籍、受聖賢教誨的張之洞感憤難平，他寫了一首《海水詩》以誌國難兼抒其鬱勃之情。其詩云：

> 海水群飛舞蜃蟲，甘泉烽火接令支。牟駝一旅猶言戰，河上諸侯定
> 出師。地犛竟符蒼鳥怪，天心肯使白龍危。春秋王道宏無外，狹量
> 迂儒那得知。〔註23〕

他批評那些「狹量迂儒」不知「春秋王道」之事，對執政的「迂儒」心存不滿。從詩文中已隱然看到其愛國之思、經國之志，此時的張之洞，年僅二十三歲，已「好閱兵家言及掌故經濟之書，慨然有經世志」〔註24〕。

當英法聯軍佔據京師，他不得不離開京城，到山東巡撫文煜〔註25〕幕府下謀事，正式開始了他的從政生涯。同治元年（1862）七月，他又到內閣學士毛昶熙（？～1882）幕府，協助幫辦團練和參與平定捻軍的活動。同年十一月，族兄張之萬為河南巡撫，他獲邀為族兄幫辦文案等事務。在此期間，他有機會代族兄草擬奏摺，所擬《請釐定摺漕疏》，上呈兩宮後深獲嘉許，稱其「直陳漕弊，不避嫌怨」〔註26〕。這些幕府生活，為張之洞日後從事政治、教育活動提供了先期的經驗。

同治二年（1863），科途經多番延誤後〔註27〕，他終於順利通過會試，獲

〔註23〕見《張之洞全集》12冊，詩集一，頁10459。

〔註24〕參閱胡鈞《重編張文襄公（之洞）年譜》，頁27。

〔註25〕費莫·文煜（？～1884），姓費莫氏，滿洲正藍旗人。

〔註26〕兩宮贊曰：「直陳漕弊，不避嫌怨，飭部施行」。（見胡鈞《重編張文襄公（之洞）年譜》，頁28）

〔註27〕咸豐三年春，張寓居京城，準備參加會試，五月間適遇太平軍北上準備進攻京城，畿輔戒嚴，七月，張氏唯有返貴州暫避。咸豐六年三月，張氏參加禮部試，獲授覺新覺羅學教習一職，在候補之際，卻接父親病逝消息，要回籍奔喪，並在家守孝三年。咸豐九年，張上京再次參加會試，卻碰上族兄張之萬為同考官，親屬例要回避。咸豐十年的恩科試，族兄張之萬仍為同考官，故他仍不能參加會試。

榜列貢士之名，令閱卷官范鶴生高興不已〔註28〕。到殿試對策，卻因其文章「指陳時政，不襲故常行墨程式」，使「閱卷大臣皆不悅」，議「置二甲末」，最後幸得大學士寶鋆（1807～1891）在披覽遺卷時，發現其文章鴻奇有才略，給拔為二甲第一，當試卷進呈兩宮閱覽，得兩宮賞識，再拔置一甲第三，賜進士及第。從「置二甲末」到拔至「進士三甲」〔註29〕，張之洞的人生經歷了一次大起伏。生活的磨難，曲折的科考路，除給張氏長知識、增見聞的機會外，也在磨礪其心志、鍛煉他從政的能力，同時孕育著他的思想在逐步豐富成長中。

得進士後，他獲授翰林院編修。往後數年，為出仕任官，他又參加了一連串考差試，終在同治六年（1867）完成所有考試，七月即授旨充任浙江鄉試副考官，九月簡放湖北學政，任期三年。一到湖北學政任，他便把對教育的期望，向諸生和屬員坦誠相告。他說：

> 剔弊何足云難，為國家培養人才，方名稱職；衡文只是一節，願諸
> 生步趨賢聖，不僅登科。〔註30〕

當時士子讀書多只為入仕，而政府所需卻是治國良才，所以張氏期望諸生能「步趨賢聖」，讀書首在為國家謀，而不以個人利益為重。在湖北學政任內，他主持全省鄉試，由始至終皆以「端品行，務實學兩義」來勸勉學生〔註31〕。在與屬員的札文中亦強調自己對教育的理想，在：

> 期與本邦人士，研究實學，共相切磋，務得通經學古之士，經世濟
> 用之才。〔註32〕

培養「通經學古之士，經世濟用之才」，相信也是他對身為儒師的自我期許。為向國家輸送更多可用良才，他於同治八年（1869），在武昌城創建文昌書院（後改名經心書院），以「容納多士」，「別學舍為經義、治事，按部所至，拔

〔註28〕范鶴生（1822～?），即范鳴龢，字鶴生，湖北武昌人。他是張之洞兩次會試時的同一閱卷官，聞張獲進士探花之列，欣喜不已，賦詩四首以記之。詩曰：「一謫蓬萊迹已陳，龍門何處認邊津。適來已自驚非分，再到居然為此人。歧呼劇愁前度誤，好花翻放隔年春。群公浪說憐寸甚，鐵石相投故有神。」張之洞得悉，亦有詩唱和曰：「十載樓蓬累，輪囷氣不磨。殿中今負展，江介尚稱戈。一個雖微末，平生恥媕婀。心銜甄拔意，不唱感恩多。」（見《張之洞全集》第 12 冊，詩集一，頁 10464）

〔註29〕參閱《抱冰堂弟子記》，《張之洞全集》第 12 冊，頁 10612。

〔註30〕見胡鈞《重編張文襄公（之洞）年譜》，頁 35。

〔註31〕參閱同上。

〔註32〕見同上，頁 12。

其優異者⋯⋯讀書其中」〔註33〕，書院課程專重經解、史論、詩賦、雜著等科的研習，而輕制藝時文，要求士子講實學，以資世用。

同治九年（1870）張任滿返京，在京過了兩年閑散日子後，又於同治十二年（1873）獲旨充四川鄉試副考官，隨後簡放四川學政。

科舉流弊，在道咸時期，因內憂與外患的交相壓迫：外有英法的侵擾，內有太平天國、苗回捻的滋擾，南北各省的動亂紛致迭起尤為顯明。究其原因，大抵與乾嘉時期盛極一時的考據學最終變成了純學術有莫大關係：讀書卻無濟於世用。這是魏源（1794～1857）等愛國士人批評最力之處。對乾隆中葉以後出現的學術風氣，魏源有這樣的批評：

> 海內士大夫興漢學，而大江南北尤盛，錮天下聰明智慧，使盡出於
> 無用之一途。〔註34〕

從魏源的批評，可略見當時「天下聰明智慧」被禁錮在故紙堆，所學無用於世的情況。與魏源齊名的龔自珍（1792～1841），因生於仕宦之家，對當代朝政得失亦有所了解，對讀書人之無用，尤有深刻認識。他在論《廢讀書人》一文即批評道：

> 生不荷耰鋤，長不習吏事，故書雅記十窺三四，昭代功德，瞠目未
> 睹，上不與君處，下不與民處⋯⋯且援古以刺今，囂然有聲氣矣。
> 國有養士之資，士無報國之日。殆夫，殆夫，終必受其患者，而非
> 士之謂夫！〔註35〕

可以想見，當時培養的是怎樣的人才，科場之弊端亦多由利祿而起。

四川位屬偏遠之區，科場積弊歷久難除。面對「川省人心浮動，獄訟繁多」，以至武生愛「燒香結盟，糾眾滋事」的科場現象〔註36〕，張氏向朝廷表示一己整頓的決心，首務在「勵廉恥，次勉以讀有用之書」，至於品行實學，他表明「亦須極力講求」，「至於剔弊摘奸」，則「惟力是視，總期有裨士類」〔註37〕。一到任，他即著手整頓科場，務要去除四川科場積久之弊。但他知道，「欲治川省之民，必先治川省之士」〔註38〕的道理，針對「士子以舞弊為常談，廩保視漁利為本分，以至寒士短氣，匪徒生心，訟端日多，士氣日敝」

〔註33〕參閱同上，頁38。
〔註34〕見《武進李申耆先生傳》，《魏源全集》上冊，北京中華書局，1976年，頁358。
〔註35〕見《廢讀書人》，《龔自珍全集·乙丙之際著議第六》，上海人民出版社，1975年，頁6。
〔註36〕參閱《整頓試場積弊摺》，《張之洞全集》第1冊，頁3。
〔註37〕參閱《恭報到任日期摺》（同治十二年十月），同上，頁1。
〔註38〕參閱《整頓試場積弊摺》，同上，頁3。

的弊端〔註39〕，他制定了一套治理方針，所擬八條對付辦法，分別為：第一，懲鬧飯；第二，禁訛詐；第三，禁拉磕；第四，拿包攬；第五，責廪保；第六，禁滋事；第七，杜規避；第八，防鄉試頂替〔註40〕。他希望透過這八個辦法能去弊起陋，重振川省士風。

對於書院諸生，他則「專以經學提倡士林」。經張氏的一番努力，四川衰敗的士風為之一變，「於是蜀人皆知以通經學古為尚」〔註41〕。觀察其辦教育的宗旨，重點在「儲養人才以備國家緩急之需，而救當世空疏之習」〔註42〕。

光緒元年（1875），為使生員知讀書、學行的要義，他撰寫《輶軒語》教學生要做君子人，繼輯《書目答問》，所收錄書目二千餘，主要為諸生提供讀書入門方法。在《輶軒語》，他要求諸生要明白讀書之旨時說：

> 通曉經術，明於大義；博考史傳，周悉利病。尤宜討論本朝掌故，
> 明悉當時事勢，方為切實經濟。〔註43〕

清楚表達了他要諸生通經、明悉時務，最終目的是為了落到實用上。在四川學政任內三年，除嚴於課士外，他也常破格拔選人材，「所拔皆學行超卓之士」〔註44〕，期間創辦了「尊經書院」，在「天下人才出於學」的教育原則下〔註45〕，盡選郡中高材者肄業其中，並捐俸祿購書數千卷，讓學子在課餘選讀。他在餘暇之際亦親往講學，以盡儒師之責。

光緒三年（1877），他充翰林院教習庶吉士，因遇事「不避嫌怨，不計禍福，竟以直言進」的作風〔註46〕，迅速成了「清流派」的中堅，與張佩綸（1848～1903）同被稱為「青牛角」〔註47〕，與黃體芳（1832～1899）、寶廷（1840

〔註39〕參閱《恭報到任日期摺》，同上，頁1。

〔註40〕參閱《整頓試場積弊摺》，同上，頁3～8。

〔註41〕參閱《抱冰堂弟子記》，《張之洞全集》第12冊，頁10613。

〔註42〕參閱趙爾巽奏摺《張文襄公榮哀錄》，《張之洞全集》第12冊，10654。

〔註43〕見《輶軒語·語行第一》，《張之洞全集》第12冊，頁9772。

〔註44〕參閱《抱冰堂弟子記》，同上，頁10613。

〔註45〕參閱《創建尊經書院記》，同上，頁10076。

〔註46〕參閱《直言不宜沮抑摺》，《張之洞全集》第1冊，頁21。

〔註47〕張佩綸，同治十年進士，以編修大考擢侍講，為人「尤以糾彈大臣著一時」，以耿直敢言聞（參閱《清史稿·列傳二百三十一·張佩綸傳》，北京中華書局，1977年）。張之洞充教習庶吉士時，偶閱張佩綸的奏疏，十分欽佩，「歎曰：『不圖鄭小同杜子春復生於今日』，遂造廬訂交焉。」（見許同莘編《張文襄公年譜》卷一）。張之洞與張佩綸被稱為「青牛角」。（參閱劉成禺《龍樹寺觴詠大會》，《世載堂雜憶》，山西古籍出版社，1995年，頁103）

～1890)、劉恩溥（生卒不詳）、陳寶琛（1848～1935）六人，被譽為「清流六君子」，彼此因常「連同一氣，封事交上，奏彈國家大政，立國本末」〔註48〕，故對當時的國策具左右力量。

光緒七年（1881）十二月至光緒十年（1884）四月〔註49〕，張氏獲授山西巡撫一職，在任之期，他籌辦令德書院，辦學宗旨是，「皆課通經學古之學，不習時文」〔註50〕，「選通省高材肄業其中」，並「諮商學院籌推廣興學辦法」〔註51〕，注重培養通經學古之士，仍然是他此期的教育理想。任上因受英國傳教士李提摩太〔註52〕的啟發，開始留意「西技」、「西藝」之學。光緒九年（1883），張氏在省城太原創設洋務局，「延訪習知西事通達體用諸人」〔註53〕，開始講習洋務，注重培養西學方面的人才。

光緒十年（1884）春，因中法戰爭中滇邊清軍戰事失利，張氏臨危受命，奉諭出任兩廣總督，兼統籌中法戰事。光緒十二年（1886）二月，他在粵設廣雅書局，專門刻印「考古諸書」，史書佔十之八九，刻書數量居清末眾書局之首，約有 362 種之多〔註54〕。六月，兼署廣東巡撫、學政。光緒十四年（1888），廣雅書院建成開館，主要研習經學、史學、性理和經濟之學。張氏常「於公餘之暇，間詣書院考業稽疑，時加訓勉」，冀諸生讀書時先要嚴辨義利，然後再課「以博約兼資」，辦學大旨在「力救漢學、宋學之偏，痛戒有文無行之弊」〔註55〕。

〔註48〕參閱《直言不宜沮抑摺》，《張之洞全集》第 1 冊，頁 21。

〔註49〕光緒七年十二月（1882.1）奉旨補授山西巡撫，光緒十年閏五月（1884.6）署任兩廣總督。

〔註50〕參閱《抱冰堂弟子記》，《張之洞全集》第 12 冊，頁 10613。

〔註51〕參閱胡鈞輯《重編張文襄公（之洞）年譜》，頁 61。

〔註52〕李提摩太（1845～1919），英國浸禮會教士，同治九年到中國，先後在山東、東北等地傳教。光緒二年，在濟南獲山東巡撫丁寶楨接見。光緒六年，先後在太原與左宗棠相見，在天津則獲直隸總督李鴻章接見，他積極向這些地方大官推銷其「西化」方案。光緒三年，他以賑災名義進入山西，期間多次約晤巡撫曾國荃，提出「以工代賑」來救山西經濟的建議，並擬開礦產、興實業、辦學堂等大規模「西化」計劃。當時李提摩太曾表示：「爭取中國士大夫中有勢力的集團，啟開皇帝和政治家們的思想，是李提摩太的格言和指導原則。」（參閱顧長聲《傳教士與近代中國》，《廣學會五十周年紀念特刊》，上海人民出版社 1991 年，頁 12～13）

〔註53〕參閱《箚司局設局講習洋務》，《張之洞全集》第 4 冊，頁 2399。

〔註54〕參閱李緒柏《清代廣東樸學研究》，廣東省地圖出版社，2001 年，頁 116～121。

〔註55〕參閱《請頒廣雅書院匾額摺》，《張之洞全集》第 1 冊，頁 695。

　　由光緒十五年（1889）十一月至光緒三十三年（1907）七月，張氏出任湖廣總督長達近十八年，其間創建了兩湖書院、方言商務學堂、湖北輿圖總局、自強學堂、儲才學堂、陸軍學堂、鐵路學堂等，對傳統教育從整頓、改革和更新方面進行了深度的推展。

　　光緒二十四年（1898）春，他撰著《勸學篇》，並於《湘學報》〔註56〕第37期開始連載。著作目的，據張氏後來自述，是因「自乙未後，外患日亟而士大夫頑固益深。戊戌春，僉壬伺隙，邪說遂張，乃著《勸學篇》上、下卷以闢之。大抵會通中西，權衡新舊」〔註57〕。該書於六月初一日進呈光緒帝（1871～1908），光緒在「詳加披覽」後，以為「持論平正通達，於學術、人心大有裨益」，令「軍機處發送各省督撫學政各一部」，使「廣為刊佈，實力勸導，以重名教而杜卮言」〔註58〕。又諭總理衙門排印三百部，作為欽定「維新教科書」，「挾朝廷之力以行之」〔註59〕。

　　光緒三十三年（1907）七月，張氏以七十一歲的高齡，獲邀進入權力核心，升協辦大學士、體仁閣大學士，出掌軍機大臣一職，至宣統元年（1909）八月二十三日，病逝任內，諡文襄。《清史稿·張之洞列傳》這樣總結他的為人：

> 之洞短身巨髯，風儀峻整。蒞官所至，必有興作。務宏大，不問費多寡。愛才好客，名流文士爭趨之。任疆寄數十年，及卒，家不增一畝云。〔註60〕

　　對張之洞的一生事功，後人多有論及，其後學王樹枏（1851～1936）於《張文襄公全集·序》評論說：

> 公幼負盛名，制行遵宋儒，而經史考訂則一守漢儒家法。淹通群籍，尤慕杜君卿、馬貴與、顧亭林之為人，思之所學，見諸行事。自通籍後……諄諄示士子以為學門徑，及四部應讀之書，故人人皆務實學，文風為之一變。道、咸之際，海禁大開，國家多故……公痛心疾首，乃考西人富強之本原，究其學術政體，毅然闢群議，創

〔註56〕該報1897年4月創刊，每旬一期。由湖南學政江標創辦，後由徐仁鑄接辦。
〔註57〕參閱《抱冰堂弟子記》，《張之洞全集》第12冊，頁10621。
〔註58〕參閱《上諭》，《張之洞全集》第12冊，附錄四，頁10759。
〔註59〕參閱梁啟超《飲冰室合集·專集》之二，北京中華書局，1989年，頁7。
〔註60〕見《清史稿·張之洞列傳》卷437，第41冊，北京中華書局，1977年，頁12371。又見《張之洞全集》第12冊，附錄一，頁10665。

生跡，謀所以自強之策。於是變科舉，普設學堂，並遣士子遊學外邦，採取所長，以與士爭於校。……其奏請籌海防、治水師、興路政及變法諸疏，高掌遠蹠，規畫周詳，要皆經國大猷、富強之長策。……公嘗自言：余所辦之事，皆非政府意中欲辦之事，所用之錢，皆非本省所有之錢。醇親王深器公之所為，虛心採納，每奏一事皆為請特旨允行……公不畏疆御，不恤人言，其所籌畫，皆關中外利害大計。……其視天下之事，皆如己事，無彼疆此界之分，鄰省有急，力籌餉械……其救助中外災賑，尤不吝巨資。而懲貪獎廉，表彰先哲不遺餘力。……其所薦拔文武諸員，多為名臣名將。……論者謂公輕變學章，少年狂易之徒棄舊從新盡取，先聖之大經大法，蕩然掃地，無復留餘。學術一歧，遂遭國變，世之追維禍首者，群集矢於公之一身，不知此乃當世奉行之不善，其書具在可考而知也。〔註61〕

王樹枬所言，頗符事實，其言亦見中肯。張氏一生制行遵宋儒，治學則恪守漢儒家法，且「視天下之事，皆如己事」，凡事考慮的「皆關中外利害大計」，但卻換來「種瓜得豆」的結果，以致「先聖之大經大法，蕩然掃地，無復留餘」，這是他沒法預計得到的，究其源，這或與「當世奉行之不善」多少相涉。

　　縱觀張之洞任官逾四十年，所辦之事極多，他一直最熱心於教育事業，但對勃興經濟，發展工業、農業、商業和軍工事業等方面亦著力不少，其中的建樹，對近代中國發展的貢獻，早有不少著述為之記錄，因不涉本文範圍，這裏就略而不敘了。

第二節　張之洞的教育思想

一、傳統中學：「通經為世用，明道守儒珍」

　　張之洞由五歲開始發蒙，九歲讀完《四書》、《五經》。十二歲前，所從業師又多屬乾嘉老輩，如附生何養源、拔貢生曾揩之、附貢生張蔚齋、舉人黃升之、進士敖慕韓、童生袁燮堂等〔註62〕。十二歲後，又先後跟隨附貢韓超、翰

〔註61〕見《張文襄公全集・序》，《張之洞全集》第 12 冊，附錄四，頁 10743～10744。
〔註62〕何養源，生卒不詳；曾揩之：生卒不詳；張蔚齋：生卒不詳；黃升之：生卒不詳；敖慕韓：生卒不詳；袁燮堂：生卒不詳。

林院侍讀丁誦孫、進士童雲逵、袁燮堂、洪次庚、呂文節〔註63〕等人受業，遍習經學、小學、古文學、史學和經濟學，打下了紮實的中學基礎。據張之洞後來回憶，他的「經學受於呂文節公賢基，史學、經濟之學受於韓果靖公超，小學受於劉仙石觀察書年，古文學受於從舅朱伯韓觀察琦」，經世致用思想則深受胡林翼影響〔註64〕。

　　一個人思想的孕育、成形，必然有一個過程，這往往受業師、朋輩、家庭教育、所讀之書和個人志向乃至時代思潮等諸方面的影響而漸漸發展、成形。張之洞「通經致用」思想的建立，或許早在他隨父親在貴州府衙生活的時代已經孕育、發芽。試看他寫於咸豐十年（1860），為長子仁權出生而作的一首敘輩詩，或能發現他早期思想的中心指歸。其詩云：

　　　　仁厚遵家法，忠良報國恩；通經為世用，明道守儒珍。〔註65〕

這時張氏年僅二十四歲，若拿整首詩相較他往後一生的行事軌跡、做人的宗旨，不難發現，這正是他一生所堅持的理想準則。他對儒學的忠誠、對儒家思想的衛護，在他二十七歲（1863）考進士時的《殿試策論》〔註66〕一文亦可找到端倪。當時有人批評儒學無用於吏治，他於《殿試策論》便有所駁辯：

　　　　……督察之任有名無實，謂由儒術者迂而弛事是已。然未可為儒術咎

　　　　也。所謂儒者，宗法聖賢，博通古今，以之為吏，誰曰不宜？〔註67〕

他認為儒學非無濟於實用，而是因「今世士人殫精畢世，但攻時文，一旦釋褐從政，律令且不曉，何論致治戡亂之略哉」？這才是問題所在。讀書只讀時文，求入仕純為利祿，而不真正讀聖人經典，自然不能從中求得「明體達用」「化民成俗」這「帝王之學」，而「二帝三王之道」，恰是「昔日儒家治天下之旨」〔註68〕。讀書是為了「宗法聖賢，博通古今」，然後致於實用，所以他在「未通籍時，即好閱兵家言及國朝掌故經濟之書，故六藝百家眾流無不通」〔註69〕。

〔註63〕 韓超：道光甲午年附貢，官至貴州巡撫；丁誦孫：生卒不詳，道光戊戌年進士；童雲逵（1794～1864），道光十三年（1833）癸巳科三甲進士；袁燮堂：生卒不詳，張之洞的姑父；洪次庚：生卒不詳；呂文節：生卒不詳。

〔註64〕 參閱《抱冰堂弟子記》，《張之洞全集》第 12 冊，頁 10631。

〔註65〕 見許同莘《張文襄公年譜》，頁 6。

〔註66〕 參閱《殿試策論》，《張之洞全集》第 12 冊，頁 10043～10046。

〔註67〕 見同上，頁 10045。

〔註68〕 參閱同上。

〔註69〕 參閱《許同莘箚記‧袁昶撰〈六十壽言〉節略》，許同莘編《廣雅遺事及趙鳳昌來函等件》，中國社會科學院近代史研究所圖書館所藏檔案，檔案甲 622～624。

《漢書·藝文志》有云:「若能修六藝之術,觀九家之言,舍短取長,則可以通萬方之略矣」〔註70〕。因儒家義理皆載於經籍中,能貫而通之以用於世,正是他安身立命、行事處世的憑據,而「通經致用」的教育理念,由植根以至轉化,始終貫徹在其一生事功之中而不墜。如在湖北創辦「經心書院」、在四川辦「尊經書院」,張氏都用「經」字為書院命名,便見出他的尊經思想。在出任湖北學政初期,即表明自己身為學官,「不僅在衡校一日之長短,而在培養平日之根柢;不僅以提倡文學為事,而當以砥礪名節為先」〔註71〕,讀書、習史,根柢是為了通經,「凡學之根柢必在經史,讀群書之根柢在通經,讀史之根柢亦在通經,通經之根柢在通小學,此萬古不廢之理也」〔註72〕。能通小學即可通經、通史,這雖是學問的根柢,但他強調治學當以「砥礪名節為先」,注重品行、求得實學是他尤為著意之處。

在四川學政任上,為了端正一省學風,提倡實學,他撰《輶軒語》〔註73〕,其中分〈語行〉、〈語學〉、〈語文〉三篇作為指導原則。在〈語行〉一篇,專門教士子如何做人,〈語學〉篇則於鼓勵士子如何在「通經致用」處尤要用心。對讀書之道,他向諸生指出:

> 讀書期於明理,明理歸於致用。〔註74〕

因此他批評近人的讀書風氣,把讀書、明理分為兩途是不恰當的。他說:

> 近人往往以讀書、明理判為兩事,通經致用視為迂談。淺者為科舉,博洽者箸述取名耳。於己無與也,於世無與也……。隨時讀書,隨時窮理,心地清明,人品自然正直。從此貫通古今,推求人事。果能平日講求,無論才識長短,筮仕登朝,大小必有實用。〔註75〕

讀書不能只謀個人仕途或著書立說,而應求明事理以裨益於實用,士子若有用世之心志,治學時必「能貫通古今,推求人事」,最終達到致用目的。在「貫通古今」方面,針對當時漢宋不兩立的門戶之見,他提出了「兼宗漢宋」的治學原則。他說:

〔註70〕語見班固《漢書·藝文志》卷三十,北京中華書局,1962年初版,1975年三印,頁1701。
〔註71〕參閱胡鈞《重編張文襄公(之洞)年譜》,頁35。
〔註72〕參閱《創建尊經書院記》,《張之洞全集》第12冊,頁10075。
〔註73〕是書及《書目答問》皆成於光緒元年(1875),翌年刊行。
〔註74〕見《輶軒語·語學第二》,《張之洞全集》第12冊,頁9793。
〔註75〕見同上,頁9798。

> 近代學人大率兩途，好讀書者宗漢學，講治心者宗宋學。……夫聖
> 人之道，讀書治心，誼無偏廢，理取相資。詆諆求勝，未為通儒。
> 甚者，或言必許鄭，或自命程朱。夷考其行，則號為漢學者，不免
> 為貪鄙邪刻之徒；號為宋學者，徒便其庸劣巧詐之計。是則無論漢
> 宋，雖學奚為？要之，學以躬行實踐為主。漢宋兩門，皆期於有品
> 有用。〔註76〕

「期於有品有用」便清楚地表達了他對學兼漢宋的立意。漢學重名物訓詁，宋學偏於推求義理，張氏主張二者不能偏廢，一併研求，相資為用，方有助學問之深博，且不論訓詁、義理，皆須以「躬行實踐」為主，始為通儒。他於《抱冰堂弟子記》曾闡明漢宋兼宗的原因時說：

> 學術兼宗漢、宋，於兩漢經師、國朝經學諸大師，及宋明諸大儒，
> 皆所宗仰信從。漢學師其翔實而遺其細碎；宋學師其篤謹而戒其驕
> 妄空疏。故教士無偏倚之弊。〔註77〕

無論漢學、宋學，自有其可取之處，無所偏倚，即可無過。在《創建尊經書院記》裏他再次強調：

> 漢學，學也；宋學，亦學也……大要讀書宗漢學，制行宗宋學。漢
> 學豈無所失，然宗之則空疏蔑古之弊除；宋學非無所病，然宗之則
> 可以無過矣。〔註78〕

讀書期於有用，只要事事誦法聖賢，即不必有漢、宋畛域之分。對於時人的門戶之見，他在《輶軒語‧語學第二》批評說：

> 愚性惡聞人詆宋學，亦惡聞人詆漢學，意謂好學者即是佳士。無論
> 真漢學未嘗不窮理，真宋學亦未嘗不讀書，即使偏勝，要是誦法聖
> 賢，各適其用，豈不勝於不學者？〔註79〕

漢宋兼通，由讀書而窮理，由窮理而致於用，是他辦教育的中心思想和原則。在教諸生讀書方法時，他指出首在知要，所謂知要，即知何書為要、何書有用，即要「宜讀有用之書，有用者何？可用以考古，可用以經世，可用以治身心」者〔註80〕。

〔註76〕見同上，頁9794。
〔註77〕見《抱冰堂弟子記》，《張之洞全集》第12冊，頁10631。
〔註78〕見《張之洞全集》第12冊，頁10077。
〔註79〕見同上，頁9795。
〔註80〕參閱同上。

　　到他出任山西巡撫，在初辦實業的過程中，體會到通曉時務人才的難得，由此開始思索中國之所以貧弱的原因。經過觀察、分析，他的結論是，中國並「不貧於財」而是「貧於人才」，「不弱於兵」而是「弱於志氣」，人才之所以貧乏，是「由於見聞不廣，學業不實」〔註81〕。雖然他對中國人才貧弱有較深刻的認識，但此時的他，對西學尚未有深徹的了解，在教育觀念上仍專重中學的講求。

　　光緒十年（1884）五月，中法隨時開啟戰端之際，張氏臨危受命，赴粵督任，期間親歷了中法戰爭。戰爭的衝擊，特別是同年七月法國軍艦突然偷襲福建馬尾軍港，使建於同治五年（1866）的福建水師幾乎全軍覆沒，這讓他意識到，要「保中國」，須從「效西法」始。他的幕僚辜鴻銘（1856～1928）對張氏這一時期思想上的轉變便有所記述：

> 當時濟濟清流，猶似漢之賈長沙、董江都一流人物，尚知六經大旨，以維持名教為己任。是以文襄為京曹時，精神學術無非注意於此。即初出膺封疆重任，其所措施亦猶是欲行此志也。洎甲申馬江一敗，天下大局一變，而文襄之宗旨亦一變，其意以為非效西法圖富強無以保中國，無以保中國即無以保名教。〔註82〕

　　中法戰爭早於咸豐八年（1858）法國開始派軍進侵越南時已啟其端。光緒九年（1883），法越兩國簽訂《順化條約》，法國把越南納入其保護範圍，無視中國向為越南保護國之地位。光緒十年（1884）六月法擾臺灣，七月突襲福建馬尾港，七月初六日，清廷「明旨對法宣戰」〔註83〕。光緒十一年（1885）二月初七日，中法兩軍於鎮南關激戰，張氏所起用的主帥馮子材〔註84〕率領清軍大敗法軍，十二日再敗法軍於巴坪，十三日攻克諒山。張之洞接獲馮軍在諒山大勝法軍的捷報後，大喜道：

> 自中國與西洋交涉，數百年以來，未有如此大勝者。〔註85〕

這確實是自鴉片戰爭以來中國軍隊屢戰屢敗後的一次重大勝利，民心士氣頓

〔註81〕參閱《變通政治人才為先遵旨籌議摺》，《張之洞全集》第2冊，頁1394。
〔註82〕見辜鴻銘《張文襄幕府紀聞・清流黨》，黃興濤編譯《辜鴻銘文集》，海南出版社，1996年，頁418～419。（下引此書，將省略出版等資料）
〔註83〕參閱胡鈞《重編張文襄公（之洞）年譜》，頁74。
〔註84〕馮子材（1818～1903），廣東欽州（今廣西）人，字南幹，號萃亭。行伍出身，先後任廣西、貴州提督，是有名的戰將。
〔註85〕見《抱冰堂弟子記》，《張之洞全集》第12冊，頁10616。

時為之大振。然而，清廷卻在勝仗之下與法國和談，雙方最終簽訂了《中法會訂越南條約十款》〔註86〕，條約內容為：

一、清政府承認法國與越南訂立之條約；

二、在中越邊界保勝以上和諒山以北指定兩處為通商地點，並允許法國商人在此居住並設領事；

三、日後中國修築鐵路應與法國商辦；

四、法軍退出臺灣、澎湖。〔註87〕

從此，法國軍事勢力達於雲南、廣西，在利益一體均沾下，法國在條約中所得到的利權，其他國家亦同樣獲得。堅決反對議和而不果的張之洞，不得不期望於議和談判中主持畫押的李鴻章（1823～1901）簽約「宜慎」，因其「關係國家萬年之計」〔註88〕，然而最終還是要面對這場「法國不勝而勝，中國不敗而敗」的戰爭結局〔註89〕，被迫接受和約，使張氏「氣憤欲死」〔註90〕，痛極思變，觸發他求變求強的決心，冀以「自強持久之計」振興中國。他說：

> 自強之本，以操權在我為先，以取用不窮為貴。夫欲善其事先利其器。……各處戰事，非將帥之不力，兵勇之不多，亦非中國之力不能制勝外洋，其不免受制於敵者，實因水師之無人，槍炮之不具。……茲雖款局已定，而痛定思痛，宜作臥薪嘗膽之思，及今不圖，更將何待？〔註91〕

這時候，張氏認定中國戰敗既非將帥不力、兵勇不多，而是緣於「水師之無人，槍炮之不具」。因此，要中國富強，就得辦自強事業，於地方大辦實業就要有「臥薪嘗膽」的勇氣和冒險精神。辦實業，則需師法西方。要辦實業，最困難在經費，他在《購辦機器試鑄制錢摺》便表示了一己的決心，說「天下事每憚於勞費而創始，故臣願以粵省創之」〔註92〕。督粵五年〔註93〕，他以「官辦」、

〔註86〕雙方於光緒十一年四月二十七日（1885年6月9日）簽訂和約。

〔註87〕參閱《光緒條約》卷20，頁7～11。

〔註88〕參閱《致天津李中堂》，《張之洞全集》第7冊，頁5040。

〔註89〕參閱馮天瑜、何曉明《張之洞評傳》（中國思想家評傳叢書），南京大學出版，1991年，頁87。

〔註90〕參閱《致福州左中堂》（光緒十一年四月十五日），《張之洞全集》第7冊，頁5039。

〔註91〕見《籌議海防要策摺》，《張之洞全集》第1冊，頁307。

〔註92〕參閱《購辦機器試鑄制錢摺》，《張之洞全集》第1冊，頁525。

〔註93〕光緒十年至光緒十五年（1884～1889）。

「官督民辦」、「官商合營」的方式興辦了一系列的實業，對於軍事、吏治、教育等，也進行了一番整飭。所辦各業，有以下數大端：

一、建造軍艦，籌治水師。〔註94〕

二、編練廣勝軍。

三、創辦軍火工業。〔註95〕

四、開設水陸師學堂。

五、開辦民用企業。

為辦成各種事業，他「不惜重金，廣求利器，遠募洋將，以資教練」。光緒十一年（1885），他開始編練廣勝軍，選拔身體強健，能吃苦耐勞、嚴守軍紀的將士二千五百人，聘德國教習，採用新式訓練法訓練軍事人才，目標在「以近之實驗為師，不以舊式之虛文為美，期於專備洋戰，避短用長，務成勁旅」〔註96〕。

在兩廣督任上，軍事教育，是張氏著重之要項，其目標在養成抵禦外侮之兵力。為培養新式軍官和軍工技術人才，他於光緒十三年（1887）在廣州城南黃埔長洲地方（博學館原址），設廣東水陸師學堂，聘外國教習，傳授各門軍事知識。以三年為期，然後選派成績優異的畢業生出國，學習西學。不過在注意西學之餘，他要求各堂學生於每日清晨均要先誦讀「四書五經」，「以端其本」，逢洋教習放假日，「即令講習史書，試以策論，俾其通知中國史事、兵事，以適於用」〔註97〕。此時的張氏於強調「中學為本」的通經教育理念外，特重專門實用之學的培訓。光緒十五年（1889），於水陸師學堂內增設礦學、化學、電學、植物學、公法學等西學科目，意在培養出多方面可備任使的洋務人才。

光緒十四年（1888），張氏在廣東省城廣州源頭鄉覓地興建廣雅書院，以為「善俗之道」，培養治世人才。而「善俗之道」，其要在「以士為先」；而「致用之方」則「以學為本」〔註98〕，因此在傳統書院中特別新增時務、西學課程，於經學、史學外，加入性理之學和經濟之學。在《請頒廣雅書院匾額摺》裏，

〔註94〕 光緒十一年（1885）十月十二日，在上《籌議大治水師事宜摺》，提出建立北洋、南洋、閩洋、粵洋四支艦隊，以改變李鴻章辦理海軍多年，「僅就一隅創建，未合全局通籌」的狀況，期五年而大備。

〔註95〕 光緒十二年（1886），於廣州城北石井墟創設槍彈廠。

〔註96〕 參閱《教練廣勝軍專習洋戰片》，《張之洞全集》第 1 冊，頁 313～314。

〔註97〕 參閱《創建水陸師學堂摺》，同上，頁 575。

〔註98〕 參閱《創建廣雅書院摺》，同上，頁 585。

便反映他的辦學主旨。他說：

> 先之以嚴辨義利，課之以博約兼資，大旨欲力救漢學、宋學之偏，
>
> 痛戒有文無行之弊。〔註99〕

在辦西學之始，「痛戒有文無行」仍然是他關注並用以課士的重要準則。從以上資料可以看到，這一時期的張氏，所堅持的教育原則並未遠離湖北、四川學政時期所追求的「端品行，務實學」的教育理想，即培養通古今之學、知曉時務之才是他身為士子師的辦學指南。

　　光緒十五年（1889）十一月，張氏調任湖廣總督。到任翌年，他改經心書院為兩湖書院，內設經學、史學、理學、文學、算學、經濟學六門，後又開設天文、地理、測量、化學、兵法等新科目，著重培養「出為名臣，處為名儒」〔註100〕的人才。光緒十七年（1891），更設方言商務學堂、湖北輿圖總局，注重培養翻譯、懂洋務的士人。

　　光緒十九年（1893），方言商務學堂改為自強學堂，內設方言、格致、算學、商務四門。自強學堂的學習範圍，仍奉行「以華文為根柢，以聖道為準繩」的教育原則〔註101〕，治國首務在培養致用人才，這是他當時的識見。而治國之才，則應率先通達西洋經濟之學。這一點，張氏於《設立自強學堂片》中便有所闡述。他說：

> 治術以培植人材為本，經濟以通達時務為先。……洋務日繁，動關
>
> 大局，造就人才，似不可緩。亟應及時創設學堂，先選兩湖人士，
>
> 肄業其中，講求時務，融貫中西，研精器數，以期教育成材，上備
>
> 國家任使。〔註102〕

由上可見，張氏的教育觀念，已由專於傳統中學向西學傾斜，最終出現了「融貫中西，研精器數」的明顯變化。他的這種轉變，是出於救中國脫離「貧於人才」、「弱於志氣」之弊端而引發的。

　　在中法戰爭至甲午戰爭爆發前（1884～1894）的十年間，張氏教育思想雖已出現師法西學的意圖，但始終以傳統中學為重。張氏之轉向西學，正如辜鴻銘所指出，是緣於「非效西法圖富強無以保中國，無以保中國即無以保名教」

〔註99〕見《請頒廣雅書院匾額摺》，同上，頁695。
〔註100〕語見《咨南北學院調兩湖書院肄業諸生》，《張之洞全集》第4冊，頁2756。
〔註101〕參閱《設立自強學堂片》，《張之洞全集》第2冊，頁898。
〔註102〕見同上。

這一認識基礎。或許正是「效西法」，強中國，繼而「保名教」的這一觀念，促成了張氏從傳統中學向西學轉化的內在動因。

二、向西學轉化：「中學為體，西學為用」

在中法戰爭後，張之洞的教育思想，起了明顯變化，從專注於傳統中學，開始向「融貫中西」這理念上轉進。這種向西學轉變的過程和速度，隨著晚清國勢的日益積弱而加速、深化。當光緒二十年（1894），中日爆發戰爭，中國最終敗在蕞爾小國日本手上，這讓張氏感到非要加快學習西學以圖自強不可，否則不能使中國富強起來。因在張氏早期的觀念中，日本只是一個小國，不可能對中國構成任何大的威脅。這一點，或可從他於光緒六年（1880）上奏的《日本商務可允球案宜緩摺》中找到蹤跡。其摺云：

> 方今泰西諸族麕集，中華加一貧小之日本，亦復何傷？夫中國不過分西洋諸國之餘瀝，以沾丐東洋，而借此可以聯唇齒之歡，孤俄人之黨，此所謂不費之惠，因時之宜。〔註103〕

然而正是這個貧小的國家，竟然打敗我天朝大國，實在令人匪夷所思。日本能從弱國，一躍變成強國，實與其在明治時期所推行的維新改革密切相關。

在日本慶應三年（1867），自掌握實際大權的最後一代幕府將軍德川慶喜（1837～1913）還政天皇開始，明治政府建立後，便在政治、軍事、經濟、商貿、文化、教育等多方面進行了現代化改革，並於1889年公佈了《大日本帝國憲法》，翌年（1890）即宣布改制，成為亞洲第一個實行君主立憲的國家〔註104〕。

光緒二十年（1894年）六月二十三日，日本藉著其現代化的軍力，發動了第一次侵華戰爭，派軍艦於朝鮮牙山口外豐島海面，擊沉了中國的運兵船；八月十五日又攻佔平壤。兩天後中日雙方於黃海激戰，中國北洋水師遭受重創。翌年元月，山東劉公島失陷，北洋水師全軍覆沒，中國宣告戰敗。三月二十三日，雙方簽訂《馬關條約》，割讓臺灣、澎湖列島及遼東半島給日本，賠償軍費庫平銀兩億兩，開放通商口岸，日本繼續佔領威海、劉公島要塞。當時，張之洞則多次致電總理衙門，爭取修改條約。他說：

> 查旅順、威海乃北洋門戶，若倭不退還，則北洋咽喉從此梗塞。以

〔註103〕 見《張之洞全集》第1冊，頁70。

〔註104〕 有關日本明治維新的詳細資料，參閱林明德《日本近代史》，臺灣三民書局，2006年；周佳榮《近代日本文化與思想》，香港商務印書館，19年；（日）依田憙家著《近代日本的歷史問題》，雷慧英等譯，上海遠東出版社，2004年。

> 後雖有水師，何處停泊？何處修理？……彼日肆要挾，稍不滿欲，
>
> 朝發夕至。……彼時戰不及戰，守不及守，和不及和，即欲暫避，
>
> 亦不及避。〔註105〕

本來有「不費之惠」，而可「聯脣齒之歡，孤俄人之黨」的小國〔註106〕，在經歷明治維新二十餘年後，竟於數月之內一舉擊倒已辦洋務近三十多年的大國〔註107〕，對一向力主維護國土主權、利權的張之洞來說，衝擊極大，因而深感變革之必要。他說：

> 凡我普天臣庶，遭此非常變局，憂憤同心，正可變通陳法，以圖久大，
>
> 不泥古而薄今，力變從前積弊，其興勃焉。又何難雪此大恥。〔註108〕

是年四月初八日，康有為（1858～1927）聯合在京會試舉人，聯署上書光緒帝，提出「拒和、遷都、變法」的主張，請求皇帝「下詔鼓天下之氣，遷都定天下之本，練兵強天下之勢，變法成天下之治」〔註109〕，得到各界的積極回應，維新思想由此勃興，並日趨蓬勃。同年閏五月二十七日，張也在《籲請修備儲才摺》中痛陳條約之害：

> 此次和約，其割地駐兵之害，如猛虎在門，動思吞噬；賠款之害，
>
> 如人受重傷，氣血大損；通商之害，如鴆酒止渴，毒在臟腑。〔註110〕

除指出和約對中國的禍害，他又提出了救亡圖存辦法，認為其中亟應急辦之事有：1.宜亟練陸軍；2.宜亟治海軍；3.宜亟造鐵路；4.宜分設槍炮廠；5.宜廣開學堂；6.宜速講商務；7.宜講求工政；8.宜多派員遊歷；9.宜豫備巡幸之所〔註111〕。

　　要變革，需要大量人才以濟助。他在「宜廣開學堂」裏指出：

〔註105〕　見《致總署》（光緒二十一年三月二十六日），《張之洞全集》第 3 冊，頁 2056 ～2057。

〔註106〕　參閱《日本商務可允球案宜緩摺》，《張之洞全集》第 1 冊，頁 70。

〔註107〕　中國自二次鴉片戰敗後，於同治初年，堅持「變器不變道」，以「師夷長技以制夷」為原則，注重進行軍工方面的改革，後來擴至其他民用工商事業，運動延續達三十年之久，歷史上稱為「洋務運動」。（參閱郭廷以《憂患中的自強運動》，《近代中國史綱》上冊，中文大學出版社，1974 年初版，1980 年第二次印刷，頁 187～264）

〔註108〕　見張之洞《普天忠憤集‧敘》，孔廣德輯《普天忠憤集》卷首，1895 年石印本，沈雲龍主編《近代中國史料叢刊》續編第 23 輯（226），1973 年。

〔註109〕　參閱《公車上書》，原稱《上今上皇帝書》，舒新城《中國近代教育史資料》下冊，人民教育出版社，1961 年，頁 917。（下引此書，將省出版等資料）

〔註110〕　見《籲請修備儲才摺》，《張之洞全集》第 2 冊，頁 989。

〔註111〕　參閱同上，頁 989～1001。

> 人皆知外洋各國之強由於兵，而不知外洋之強由於學。夫立國由於
> 人才，人才出於立學，此古今中外不易之理。〔註112〕

他認為外國之強非強在兵力，而是由於有培養各種所需人才的學校，因此廣開學堂是救時的第一急務。在「宜多派員遊歷」一項則說：

> 國家取士用人，首重科目，公卿大吏，皆出其中，而科目出身者，
> 畢生困於考試，見聞狹隘，精力銷磨，以致未能盡嫻經濟。若洋務、
> 軍務，更難語此，故議者多欲變通科目取士之法……竊謂遊歷人員，
> 可多取翰林、部屬及各項正途出身之京外官，回華後優予升途。蓋
> 以科目進者，平日誦法聖賢，講明義理，本源固已清明，不過見聞
> 未廣、世事未練，若令遍遊海外，加以閱歷，自能增長才識，將來
> 任以洋務等事，必遠勝於洋行駔儈、江湖雜流，且較之詞曹但考文
> 字、外吏但習簿書者，切於實用多矣。〔註113〕

由專門學校培養出來的人才，有專門的知識，必能切於實用，助國家富強。由科舉出身的「公卿大吏」，則因「困於考試，見聞狹隘，精力銷磨」，對於經濟、洋務、軍務不嫻熟，派他們遍遊海外，閱歷加上才識，自然有利於洋務工作的推展。而且這些京官，平日已「誦法聖賢，講明義理，本源固已清明」，一旦增長洋務知識，就能「切於實用多矣」。在張氏看來，從翰林、部屬及各項正途出身的士子，中學基礎良好，學習西學之後，其品行學問實遠勝「洋行駔儈、江湖雜流」之輩。從這些論說中，隱然透露出張氏已有改革科舉之念。

國勢積弱，加上改革派思想日趨激烈，強調西學之重要，甚至有全盤西化說，「中學」無裨於實用這一觀念幾為一時潮流，深繫人心，使中學幾被國人唾棄。連當時維新派的另一重要人物梁啟超（1873～1929），也對這種極端現象提出了質疑。他在《西學書目表後序》一文說：

> 吾嘗見乎今之所論西學者矣……動曰，中國之弱，由於教之不善，
> 經之無用也。推其意，直欲舉中國文字，悉付之一炬。而問其於西
> 學格致之精微，有所得乎？無有也。問其於西政富強之本末，有所
> 得乎？無有也。之人也，上之可以為洋行買辦，下之可以為通事之
> 西奴，如此而已。〔註114〕

〔註112〕 見同上，頁 996。
〔註113〕 見同上，頁 1000～1001。
〔註114〕 見梁啟超《西學書目表・後序》（發表於光緒二十二年，1896 年），《梁啟超全集》第一卷，北京中華書局，1999 年，頁 85。

當時，面對社會上不少詆貶中學的聲音，心繫聖賢、制行一遵宋儒的張氏，於倡議創辦西式學堂之際，無時或忘聖賢義理的傳承，因此要求學生學必中、西兼治，使無所偏廢，如此方有益於救時用。但他深知，要興學育才，使國家人才輩出，須獲得朝廷的共識，取得其支持才有助推廣，所以他在《籲請修備儲才摺》內云：

> 若夫自強之本，實在朝廷。聖心時時以大局為可危，則天下之人心警動，而偷惰之習變；聖心時時以此約為可恥，則天下之士氣奮發……上存堅強不屈之心，勵臥薪嘗膽之志，廣求忠直之言，博采救時之策……先令天下現有之人才激勵奮發，洗心滌慮，庶幾所欲措施之要務可以實力奉行，所欲造就之人才可以接踵而起，夫然後有成效之可睹矣。〔註115〕

要有成效可睹，先要激勵人心的奮發，使偷惰、苟且的積習有所變改。張氏所惓惓忠言者，不離人才之用，常以自強、救時為念。對於張氏等變革自強的積極請求，清廷最後有如下批示：

> 自來求治之道，必當因時制宜，況當國事艱難，尤宜上下一心，圖自強而弭隱患。朕宵旰憂勤，懲前毖後，惟以蠲除痼習、力行實政為先，疊據中外臣工條陳時務，詳加披覽，採擇施行，如修鐵路、鑄鈔幣、造機器、開礦產、折南漕、減兵額、創郵政、練陸軍、整海軍、立學堂，大抵以籌餉練兵為急務，以恤商惠工為本原，皆應及時舉辦。〔註116〕

清廷已有銳意圖強之志，這給張之洞於地方推動改革消除了不少障礙。自光緒二十一年（1895）十二月至光緒二十六年（1900）八月，八國聯軍入京之前，張氏在此期間不單大力推動教育改革以培育人才，也大辦各種軍工、民用事業，先後創立了紡紗局，於通州設紡紗廠；改鐵政局為鐵政洋務局；設槍炮廠，添設罐鋼廠；准湘鄂紳商試辦內河輪船；設官錢局，發行銀票；編練自強軍、湖北新軍，籌辦保甲團練，設護軍營，練習洋操等。而在所辦各種事業中，張氏最著重的還是教育，他在「創設儲才學堂摺」中，一再重申：「國勢之強由於人材，人材之成出於學，方今時局孔亟，事事需材，若不廣為培養，材從何

〔註115〕見《籲請修備儲才摺》，《張之洞全集》第2冊，頁1001。
〔註116〕見同上，頁1081。

來。」〔註117〕因此他在署任兩江總督時創設了儲才學堂,在湖廣總督近二十年任內,則先後設立了陸軍學堂、鐵路學堂、武備學堂、農務工藝等新式學堂,以培養政治、軍事、實業、教育各方面的人才。

在甲午戰爭之前十年,張氏辦學的理念是「融貫中西,研精器數」,教育目標在救中國脫離「貧於人材」、「弱於志氣」的困局,所關注的是如何自強,然後得到富國之實。他所標舉的辦學宗旨仍是「中學為體,西學為用」。

光緒二十三年(1897)正月二十八日,他在《設立武備學堂摺》中條陳自強之策,認為「兵事為國之大政」〔註118〕,如何培養「將領之材」實關係國家的存亡。他說:

> 查自強之策,以教育人材為先;教戰之方,以設立學堂為本。……開設武備學堂,以儲將材而作士氣。……擬專儲將領之材。……嘗惟兵事為國之大政,古者學校中人無不先習射御……《司馬法》一書列入禮家,故卿士大夫皆為軍官,伍兩卒旅悉入鄉校。《春秋傳》云:「雖有文事,必有武備。」此先聖身體力行之效,經義昭然,以至孔門諸賢多能戮力行間,執戈衛國。唐宋以後,文武分趨,殊失古人教士良法美意。泰西諸國,民皆為兵,將皆入學,頗於古意有合。今擬合文武為一途,雖云因時制宜,實則反經復古也。〔註119〕

他強調「此堂之設,意不在於充兵勇之用,而在於儲將領之材」〔註120〕,指出這些「衛國執戈」的將材,既已誦法聖賢,修明義理,自可起抵禦外侮之作用。

湖北武備學堂的創設,是仿照德國軍事學堂課程設置,分講堂、操場兩種,「講堂以明其理,操場以盡其用」,在「洋教習課程餘暇,即令其誦讀《四書》,披覽讀史兵略,以固中學之根柢,端畢生之趨向」〔註121〕。武備學堂之設,於古有據,如《司馬法》、《春秋傳》均有文、武兼重的記載,「合文武為一途」是「反經復古」而已。

設立新式學堂,引入西學,同時保留舊學,在當時被稱為「中學為體,西

〔註117〕 參閱同上。
〔註118〕 參閱《設立武備學堂摺》,同上,頁1226。
〔註119〕 見同上,頁1226~1227。
〔註120〕 參閱同上,頁1227。
〔註121〕 參閱同上。

學為用」的改革模式，正是張在教育改革上的實踐。「中學為體，西學為用」一說，非張氏首創。光緒二十一年（1895）四月，沈壽康〔註122〕於《萬國公報・救時策》首發其論：

> 夫中西學問，本自互有得失，為華人計，宜以中學為體，西學為用。
> 〔註123〕

同年八月，官書局大臣孫家鼐（1827～1909）在《議覆開辦京師大學堂摺》講述辦大學宗旨時，對「中體西用」有所釋說：

> 中國五千年來，聖神相繼，政教昌明，決不能如日本之舍己芸人，盡棄其學而學西法。今中國京師創立大學堂，自應以中學為主，西學為輔；中學為體，西學為用。中學有未備者，以西學補之，中學有失傳者，以西學還之。以中學包羅西學，不能以西學凌駕中學，此是立學宗旨。〔註124〕

「中學為體，西學為用」實為變通應時的救國方略，其主要內容則以中國學問為根柢，西洋學問為應用之方，用此補中學的不足。光緒二十四年（1898）閏三月十五日，張氏在《兩湖經心兩書院改照學堂辦法片》，便對中學、西學做了說明。他說：

> 兩書院分習之大指，皆以中國為體，西學為用，既免迂陋無用之譏，亦杜離經叛道之弊。〔註125〕

「免迂陋無用之譏」和「杜離經叛道之弊」，正是張氏倡「舊學為體，新學為用」的立論基礎。

　　戊戌年（1898）春，張氏撰《勸學篇》，對「中學為體，西學為用」有更詳細而系統的理論闡述。他在《勸學篇・循序第七》說：

> 今欲強中國，存中學，則不得不講西學。然不先以中學固其根柢，端其識趣，則強者為亂首，弱者為人奴，其禍更烈於不通西學者矣。……今日學者，必先通經以明我中國先聖先師立教之旨，考史以識我中國歷代之治亂、九州之風土，涉獵子、集以通我中國之學

〔註122〕沈毓桂（1807～1907），別名壽康。
〔註123〕見《萬國公報》第75期。《萬國公報》創刊於1868年9月，由傳教士林樂知等人在上海創立，是一份對中國近代發展影響巨大而深遠的刊物。
〔註124〕見《戊戌變法》第2冊，《中國近代史資料叢刊》，神州國光社，1953年，頁426。
〔註125〕見《張之洞全集》第2冊，頁1299。

術文章，然後擇西學之可以補吾闕者用之、西政之可以起吾疾者取
之，斯有其益而無其害。如養生者，先有穀氣而後可飫庶羞；療病
者，先審臟府而後可施藥石。西學必先由中學，亦猶是矣。〔註126〕

要強中國便要講西學，但先要有「中學固其根柢，端其識趣」，若不先「通經
以明我中國先聖先師立教之旨，考史以識我中國歷代之治亂、九州之風土，涉
獵子、集以通我中國之學術文章」，若不在此前提下言西學，只會成為禍亂之
首，這些人比不通西學，對國家更不利。先通中學，「然後擇西學之可以補吾
闕者用之、西政之可以起吾疾者取之」，對國家富強便屬「有其益而無其害」。
西洋學問、政制體系均可為我所用，但學者必先通經考史以固根柢，這是張氏
主張中西兼學所堅持的原則。

　　面對中國積弱數十年，及甲午戰敗後，更給朝野士人巨大的刺激，遂使思
想界、學術界對救國方略眾說紛呈，卻彼此衝突不已，張氏處此「三千年未有
的變局」，於是撰《勸學篇》，旨在「權衡新舊，會通中西」〔註127〕，企圖平
息兩派之爭，並為中國未來謀一融和各派學說、思想的新出路。他在《勸學篇·
序》這樣說：

今日之世變，豈特春秋所未有，抑秦漢以至元明所未有也。……海
內志士，發憤搤捥，於是圖救時者言新學，慮害道者守舊學，莫衷
於一。舊者因噎而食廢，新者歧多而亡羊；舊者不知通，新者不知
本。不知通則無應敵制變之術，不知本則有非薄名教之心。夫如
是，則舊者愈病新，新者愈厭舊，交相為瘉，而恢詭傾危亂名改作
之流，遂雜出其說以蕩眾心。學者搖搖，中無所主，邪說暴行，植
流天下。〔註128〕

張氏立說目的，意在「言新學」與「守舊學」二者中取得折衷，要國人「知通」、
「知本」，既可「應敵制變」，而又不「非薄名教」。所以《勸學篇》的中心內
容是：「內篇務本，以正人心；外篇務通，以開風氣」〔註129〕。「務本」即是
以「中學為體」，「務通」即是以「西學為用」；講求中學是為「正人心」，使國
人不忘本祖之既有文化傳統；講求西學是為了「開風氣」，求實用之學，致國
家於富強。

〔註126〕見《張之洞全集》第12冊，頁9724。
〔註127〕參閱《抱冰堂弟子記》，同上，頁10621。
〔註128〕見《勸學篇·序》，同上，頁9704。
〔註129〕參閱同上。

　　日本在經歷明治維新後期，國力漸呈強盛，使晚清愛國士人產生了效法日本維新富強的思想。梁啟超在《清代學術概論》指出：

> 甲午喪師，舉國震動，少年氣盛之士，疾首扼腕言「維新變法」，而疆臣若李鴻章、張之洞輩，亦稍稍和之。而其流行語，則有所謂「中學為體，西學為用」者，張之洞最樂道之，而舉國以為至言。〔註130〕

錢穆先生（1895～1990）對於晚清政教改革，有批評，亦給予同情。他說：

> 一個國家，絕非可以一切捨棄其原來歷史文化、政教淵源，而空言改革所能濟事。則當時除卻「中學為體，西學為用」，亦更無比此再好的意見。〔註131〕

「除卻『中學為體，西學為用』，亦更無比此再好的意見」一語，實反映了當時思想界、學術界所面臨的困境，要在這種中西文化衝突、新舊思想對壘極嚴峻的狀況下，謀求一融和各方思想的新出路確實不容易。《勸學篇》刊布不久，即於《湘學報》第37期開始連載〔註132〕，光緒二十四年（1898）六月上呈光緒帝，光緒帝在閱覽後稱它：

> 持論平正通達，於學術人心，大有裨益。〔註133〕

並頒諭曰：

> 著將所備副本四十部，由軍機處頒發各省督撫、學政各一部，俾得廣為刊佈，實力勸導，以重名教而杜卮言。〔註134〕

四月二十三日（6月11日），清廷頒布《明定國是詔》，由光緒帝親掌變法維新。詔云：

> 數年以來，中外臣工講求時務，多主變法自強。邇者詔書數下，如開特科，汰冗兵，改武科制度，立大小學堂，皆經再三審定，籌之至熟，甫議施行。惟是風氣尚未大開，論說莫衷一是，或狃於老成憂國，以為舊章必應墨守，新法必當擯除，眾喙嘵嘵，空言無補。

〔註130〕見朱維錚校注《梁啟超論清學史二種》，上海復旦大學出版社，1985年，頁79。

〔註131〕見錢穆《晚清之廢科舉與學校》，《國史大綱》下冊，香港商務印書館，1994年修訂二版，頁900（下引此書，將省略出版資料）。錢先生續言：「惜乎當時已屆學絕道喪之際，學術之培養與成熟，非短時間所能期望。學校教育之收效，因此不得不待之十年二十年之後，而外患之侵逼日緊，內政之腐敗依然。」

〔註132〕按1897年4月創刊，每旬一期計，第37期約為1898年4、5月間。

〔註133〕見《上諭》（光緒二十四年六月初七），《張之洞全集》第12冊，附錄四，頁10759。

〔註134〕見同上。

試問今日時局如此，國勢如此，若仍以不練之兵，有限之餉，士無實學，工無良師，強弱相形，貧富懸絕，豈真能制梃以撻堅甲利兵乎？朕惟國是不定，則號令不行，極其流弊，必至門戶紛爭，互相水火，徒蹈宋、明積習，於時政毫無補益，即以中國大經大法而論，五帝三王，不相沿襲，譬之冬裘夏葛，勢不兩存。用特明白宣示，嗣後中外大小諸臣，自王公以及士庶，各宜努力向上，發憤為雄，以聖賢義理之學植其根本，又須博採西學之切於時務者實力講求，以救空疏迂謬之弊。專心致志，精益求精，毋徒襲其皮毛，毋競騰其口說，總期化無用為有用，以成通經濟變之才。京師大學堂為各行省之倡，尤應首先舉辦，著軍機大臣、總理各國事務王大臣會同妥速議奏，所有翰林院編檢、各部院司員、大內侍衛、候補候選道府州縣以下官、大員子弟、八旗世職、各省武職後裔，其願入學堂者，均准入學肄業，以期人材輩出，共濟時艱，不得敷衍因循，徇私援引，致負朝廷諄諄告誡之至意。〔註135〕

詔中尤著意於「開特科，汰冗兵，改武科制度，立大小學堂」，「以聖賢義理之學植其根本，又須博採西學之切於時務者，實力講求，以救空疏迂謬之弊」。「總期化無用為有用，以成通經濟變之才」，持論與《勸學篇》「中學為體，西學為用」內容及其思想相較，其中有頗多相類之處。

不過，新政推行不足三月便告失敗〔註136〕。不及兩年，光緒二十六年（1900）又發生義和團〔註137〕在京城破壞外國使館、洋房、殺害日本使館人員等事件，列國請求清廷圍剿拳民不果，終以保護使館和國民為名，聯合出軍圍攻京城，慈禧太后卻不惜與洋人交惡，竟同時向八國宣戰〔註138〕。一向

〔註135〕 見《明定國是詔》，《清實錄》卷421，北京中華書局，1987年，頁18；朱壽朋《光緒朝東華錄》第4冊，北京中華書局，1958年，頁3631。（下引此書，將省略出版等資料）

〔註136〕 由四月二十三日下詔至八月六日（6月11日至9月21日）不足百日，由慈禧重新訓政即告終結。

〔註137〕 義和團興起於山東，以「扶清滅洋」為口號，於各地專門仇殺洋人、西洋教士。（有關義和團興起及其運動之過程，請參閱《義和團檔案史料》上冊，國家檔案局明清檔案館編，北京中華書局，1959年。以下引用此書，將省略出版等資料）

〔註138〕 6月21日，清廷以光緒帝名義，向「彼等」（並未列出「英、美、法、德、意、日、俄、西、比、荷、奧等十一國」）同時「宣戰」（參閱《義和團檔案史料》上冊，頁195）。

主戰的張之洞，今次卻極力反對慈禧向八國宣戰，理由是，「從古無國內亂民橫行慘殺而可以治國者，亦未聞一國無故與六七強國一同開釁而可以自全者」〔註139〕。與八國開戰，國家將有被瓜分吞噬的厄運，因西方列強是「熊虎豺狼，名異實同，無不噬人者」，對付列強，貧弱的中國只能用「羈縻牽制」辦法，方有求存之機〔註140〕，於是他指出「不戰可以不亡」〔註141〕。他視義和團乃無法無天的「亂民」，「扶清滅洋」運動實是「借鬧教而作亂，專為國家挑釁」〔註142〕，他最擔心的是宣戰後的結局，「一旦兵敗會散，各國大隊直入京城，宗社乘輿，何堪設想」！一旦「外釁一開，內匪四起，更難措手」〔註143〕。顧慮被列國瓜分，國將不存，正是張氏反戰的主要原因。然而慈禧卻不理會反戰聲音，匆忙向列國宣戰，認為「與其苟且圖存，貽羞萬古，孰若大張撻伐，一決雌雄」〔註144〕。

　　張氏無法阻止朝廷與八國開戰，即轉而謀求與李鴻章（1823～1901）、劉坤一（1830～1902）等地方督撫籌劃「東南互保」，以維護東南地區不受義和團滋擾，不給列國乘機擴大勢力範圍、奪我國土主權的口實，力保清廷的另一半江山。最後，聯軍攻陷京師，京城遭到洗劫，慈禧太后與光緒帝不得不倉皇西逃，兩月後慈禧還是要向列強求和，除屈辱地接受列國開出的《議和大綱》外，還要下「罪己詔」，於詔中表示「量中華之物力」，在「結與國之歡心」〔註145〕，與她當時誓要「大張撻伐，一決雌雄」的銳氣絕然相違。面臨亡國的威脅及朝野上下亟亟求變的聲音，慈禧太后不得不於光緒二十六年十二月初十日（1901.1.29），借光緒名義頒布變法上諭，推行改革新政。其上諭云：

　　　　世有萬古不易之常經，無一成不變之治法。……蓋不易者三綱五
　　　　常，昭然如日星之照世；而可變者令甲令乙，不妨如琴瑟之改

〔註139〕參閱《致總署、榮中堂》（光緒二十六年五月二十四日），《張之洞全集》第3冊，頁2149。

〔註140〕參閱國家檔案局明清檔案館編《義和團檔案史料》上冊，頁195。

〔註141〕參閱《致上海李中堂等》，電牘四十二；《致總署榮中堂天津裕制台》，《張之洞全集》第10冊，頁7960。

〔註142〕參閱《致總署、榮中堂、天津裕制台》，同上，頁7960。

〔註143〕參閱《會銜電奏》（光緒二十六年五月三十日），《張之洞全集》第3冊，「奏議、電奏」，頁2151。

〔註144〕參閱國家檔案局明清檔案館編《義和團檔案史料》上冊，頁163。

〔註145〕參閱《義和團檔案史料》下冊，頁945～946。

> 弦。……大抵法積則敝，法敝則更，要歸於強國利民而已。……總
> 之，法令不更，錮習不破；欲求振作，當議更張。著軍機大臣、大
> 學士、六部、九卿、出使各國大臣、各省督撫，各就現在情形，參
> 酌中西政要，舉凡朝章國故，吏治民生，學校科舉，軍政財政，當
> 因當革，當省當併，或取諸人，或求諸己，如何而因勢始興，如何
> 而人材始出，如何而度支始裕，如何而武備始修，各舉所知，各抒
> 所見，通限兩個月，詳悉條議以聞，再由朕上稟慈謨，斟酌盡善，
> 切實施行。〔註146〕

對變法上諭，有人揣測上意是「勿多言西法」，張卻不以為然。經庚子拳變一
役，張對改革早抱定了宗旨，他在致電軍機大臣鹿傳霖（1836～1910）時已申
明，要變法便「非多改舊章，多仿西法不可」，「若不言西法，仍是舊日整頓故
套空文，有何益處」？如此則國家「不惟貧弱，各國看我中國，乃別是一種頑
固自大之人，將不以平等與國待我，日日受制受辱」，如此更「不成為國矣」
〔註147〕。他在致電劉坤一等人時也再次申明了這一觀點。他說：

> 惟鄙意以仿西法為主，抱定旨中「採西法補中法」、「渾化中西之見」
> 二語作主意。大抵各國謂中國人懶滑無用而又頑固自大，其無用可
> 歎，其自大尤可惡，於是視中國為一種討人嫌之異物，不以同類相
> 待，必欲蹂踐之，制縛之，使不能自立而後已。此時非變西法，不
> 能化中國仇視各國之見；非變西法，不能化各國仇視中國之見；非
> 變西法，不能化各國仇視朝廷之見。必變西法，人材乃能出，武備
> 乃能修，教案乃能止息，商約乃能公平，礦務乃能開闢，內地洋人
> 乃不橫行，亂黨乃能消散，聖教乃能久存。〔註148〕

此刻的張氏已視「多仿西法」為中國自強的唯一出路，是他當時追求富國理想
的新信念，至於事實能否如他所願，歷史結果早已告訴我們，理想與現實往往
呈背反方向各走一端，並不為人的意志所轉移。張氏當時堅執「欲救中國殘局，
惟有變西法一策」〔註149〕，於是抱定了「採西法補中法」、「渾化中西之見」

〔註146〕 見同上，頁914～916。
〔註147〕 參閱《致西安鹿尚書》（光緒二十七年正月初九），《張之洞全集》第10冊，
　　　　 頁8506。
〔註148〕 見《致江寧劉制台發後轉成都奎制台》（光緒二十七年二月十二日），同上，
　　　　 頁8533～8534。
〔註149〕 參閱《致西安鹿尚書》，同上，頁8526。

的宗旨，肯定了只有變西法才可出人才、修武備、止教案、立公平之商約，開闢礦務、制約洋人、肅清亂黨、保存聖教，同時可化解中外之間的相互仇視。他列舉了新政要急辦的九項事情：

> 一、親貴遊歷，二、遊學各國，三、科舉改章，四、多設學校，五、西法練兵，六、專官久任，七、仿設巡捕，八、推廣郵政，九、專用銀元〔註150〕。

在他認為，「此九條最要而不甚難，已足令天下人精神一振，陋習一變，各國稍加青眼」，「若僅整頓中法，以屢敗之國威、積弱之人才，豈能除二千餘年養成之積弊？以此而望自強久存，必無之事也」〔註151〕。從這些條陳可以發現，張氏一向堅守以「中學為體」的教育宗旨，此刻卻變成事事以西學為要，由「中主西輔」轉化為「西主中輔」，「中學」的地位於此已大為降低。張氏有這種大變化，主要是數十年來，他經歷了國家無日不處於荊天棘地的大時代，尤其在「國權日奪，群強日逼，同則存，孤則亡」的危局下，他深知如果再不習西學、西政，不變西法，則國家已無生存希望。想國家強，必要圖「自強持久」之計，歷經多次戰敗後，令他深信「惟有變西法一策」〔註152〕，或可免亡國之慮。慈禧太后等尚未回鑾，張氏已與其他地方大員敦請清廷盡快設立督辦新政的機構。督辦新政的政務處於光緒二十七年（1901）三月初正式成立，在外任官員中，他和劉坤一被委任為政務大臣，一切改革之事可「次第奏聞」。據《光緒朝東華錄》載：

> 上年十二月初十，因變通政治，力圖自強，通飭京、外各大臣，各抒所見，剴切敷陳，以待甄擇……此舉事體重大，條件繁多，在體察時勢、抉擇精當……非有統彙之區，不足以專責成，而挈綱領，著設立督辦政務處，派慶親王奕劻、大學士李鴻章、榮祿、昆岡、王文韶、戶部尚書鹿傳霖為督辦政務大臣，劉坤一、張之洞亦著遙為參預。該王大臣等，于一切因革事宜，務當和衷商榷、悉心詳議，次第奏聞……其政務處提調各官，該王大臣等務擇心術純正、通達時務之員，奏請簡派，勿稍率忽。〔註153〕

〔註150〕參閱《致江寧劉制台發後轉成都奎制台》，同上，頁8533～8534。
〔註151〕參閱同上，頁8533～8534。
〔註152〕參閱《致西安鹿尚書》，同上，頁8526～8527。
〔註153〕見朱壽朋《光緒朝東華錄》第4冊，頁4590。

朝廷著外臣劉坤一與張之洞「遙為參預」，統籌新政事務，顯示當時張氏在清廷的地位舉足輕重，對新政推行已具影響力。由於張氏對推行新政態度積極，在與各省地方督撫互通聲氣後，最後由他與劉坤一等大員聯名上變法條陳〔註154〕，合稱為《江楚會奏變法三摺》（簡稱〈變法三摺〉）〔註155〕。三摺中提出應即變革之事項，其中有關教育的建議，重點在改革科舉、改革學制和興辦新式學堂。

《變法三摺》第一摺為：《變通政治人才為先遵旨籌議摺》，於該摺中提出要「修中華之內政，採列國之專長」，必須先「興學育才」，辦法有四條：一設立文武學堂，二改革文科舉，三停罷武科舉，四獎勸遊學。於「設文武學堂」一條說：

> 論外國設學之定法，自宜先由小學校辦起，層累而上，以至中學、高等學、大學，方為切實有序。惟經費太絀，師範難求，只可劃切勸諭，竭力陸續籌辦。若必待天下遍設數萬小學、數百中學，然後升之高等學、大學而教之用之，至速亦須十年，時事日棘，人不待我，刻舟膠柱必致空言誤事。今日為救時計，惟有權宜變通，先自多設中學及高等學始，選年力少壯通敏有志之生員，迅速教之，先學普通，緩習專門，應各就省城及大府酌量情形迅速籌辦，以資目前之用。〔註156〕

張氏的教育眼光，早從任四川學政時期著重精英選拔的整頓科舉中，轉移到仿效各國新式教育學制上，並期能於「各就省城及大府」普及施行。

《遵旨籌議變法謹擬整頓中法十二條摺》，是《江楚會奏變法三摺》中的第二摺，該摺指出「立國之大道，大要有三」：

> 一曰治，二曰富，三曰強。既治則貧弱者可以力求富強，國不治則富強者亦必轉為貧弱。整頓中法者所以為治之具也，採用西法者所以為富強之謀也。……酌擬十二條：一曰崇節儉，二曰破常格，三曰停捐納，四曰課官重祿，五曰去書吏，六曰去差役，七曰恤刑獄，八曰改選法，九曰籌八旗生計，十曰裁屯衛，十一曰裁綠營，十二

〔註154〕 三摺分別於光緒二十七年五月二十七日、六月初四、五日上呈。
〔註155〕 三摺內容最先由張謇、沈子培、湯壽潛等人提供條議，在會同劉坤一等地方督撫意見後，再由張氏「薈萃眾說」、「斷以己意」而撰就。（參閱胡鈞《重編張文襄公（之洞）年譜》，頁183）
〔註156〕 見《張之洞全集》第2冊，頁1393、1401。

曰簡文法。〔註157〕

在十二條中的「課官重祿」一項，有關教育的意見如下：

> 欲濟世用，非學無由。擬請京城設仕學院，外省均設教吏館，多儲
> 中外各種政治之書，凡中外輿圖、公法、條約、學制、武備、天算、
> 地理、農、工、商、礦各學之書，咸萃其中，選派端正博通之員為
> 教習，令候補各員均入其中，分門講習，嚴定課程，切實考核，進
> 功者給予憑照，量材任用，昏惰者懲儆留學，不可教者勒令回籍，
> 其實缺各官，愿入館討論求益者，亦聽其便。〔註158〕

對於由科舉出身的官吏及候補之員，張氏亦令其研習西學，務使於時務有所認
識，以助改革的推行。

《遵旨籌議變法謹採用西法十一條摺》，則是《江楚會奏》的第三摺，在
該摺指出現在之西法乃各國轉相仿效改良而成，有成法可依，取人之善以為己
用，是古聖先賢樂為之事，宜當效法。他的意見是：

> 竊惟取諸人以為之善，舜之聖也。多聞擇其善者而從之，多見而方
> 識之，孔子之聖也。是故舜稱大知，孔集大成。方今環球各國，日
> 新月盛，大者兼擅富強，次者亦不至貧弱。究其政體學術，大率皆
> 累數百年之研究，經數千百人之修改，轉相仿傚。……將採西法以
> 補中法之不足……一曰廣派遊歷；二曰練外國操；三曰廣軍實；四
> 曰修農政；五曰勸工藝；六曰定礦律、路律、商律、交涉、刑律；七
> 曰用銀元；八曰行印花稅；九曰推行郵政；十曰官收洋藥；十一曰
> 多譯東西各國書，大要皆以變而不失其正為主。〔註159〕

取人之善而為之，「大要皆以變而不失其正為主」，表達了張氏在多習西學之下始
終堅持不離聖人之教。從《籲請修備儲才摺》（1895）、《勸學篇》（1898）、《致江
甯劉制台發後轉成都奎制台等》（1901），到《江楚會奏變法三摺》（1901）等奏
摺、電牘中，可看到張之洞求變的思想，同時主導其教育思想的發展和轉變，最
初由師法西學西藝，漸次轉為同時仿效西政、西法，但其對於傳統學問的維護則
始終如一。守護儒學，保存聖教，是他這位「儒臣」一直堅守的理想〔註160〕。

〔註157〕見同上，頁1407。
〔註158〕見同上，頁1411。
〔註159〕見同上，頁1429～1430。
〔註160〕語見辜鴻銘《張文襄幕府紀聞・清流黨》，黃興濤等譯《辜鴻銘文集》上卷，
　　　　頁418。

《勸學篇・守約第八》說：

> 儒術危矣……滄海橫流，外侮荐至，不講新學則勢不行，兼講舊學
> 則力不給，再歷數年，苦其難而不知其益，則儒益為人所賤，聖教
> 儒書寖微寖滅，雖無嬴秦坑焚之禍，亦必有梁元文武道盡之憂，此
> 可為大懼者矣。尤可患者，今日無志之士本不悅學，離經畔道者尤
> 不悅中學，因倡為中學繁難無用之說，設淫辭而助之攻，於是樂其
> 便而和之者益眾，殆欲立廢中學而後快，是惟設一易簡之策以救之，
> 庶可以間執雌中學者之口，而解畏難不學者之惑。〔註161〕

「聖教儒書」在西學的衝擊下日漸為人所賤而有滅亡之厄，必須要設想一個
簡單易行的方法來挽救保存，不可使之「寖微寖滅」。因此在《籲請修備儲才
摺》，他提出選派生員往外國遊學時，規定所選生員須要有中學根柢，要「平
日誦法聖賢，講明義理，本源固已清明」者，若再「加以閱歷，自能增長才
識」〔註162〕。即便在主張「變西法」的《江楚會奏變法三摺》階段，他仍秉
持「修中華之內政，採列國之專長，聖道執中，洵為至當」的原則，重申「中
華所以立教，我朝所以立國者，不過二帝、三王之心法，周公、孔子之學術」，
須在「講求有用之學、永遠不廢經書為宗旨」〔註163〕。至於改革科舉、普設
學堂、廣譯西書、多派員遊歷外國、整頓軍隊、修飭吏治、著重農工商的發
展等，更可目為張氏多年來「通經致用」教育的實踐。在《遵旨籌議變法謹
採用西法十一條摺》，他說：

> 所擬各條……大率皆三十年來已奉旨陸續舉辦者，此不過推廣力行，
> 冀紓急難。〔註164〕

為加快推行新式教育，張氏於光緒二十九年（1903）初，聯同袁世凱（1859
～1916）奏請遞減科舉名額，以推進新式學校的興起，造就更多人才。他說：

> 鑒於科舉之危害，關係尤重，今不能驟廢，亦當酌量變通，採分科
> 遞減之法。……
> 科舉一日不廢，即學校一日不能大興；將士子永遠無實在之學問，
> 國家永遠無救時之人才；中國將永不能進於富強，即永遠不能爭衡

〔註161〕 見《張之洞全集》第 12 冊，頁 9725。
〔註162〕 參閱《張之洞全集》第 2 冊，頁 1000。
〔註163〕 參閱《變通政治人才為先遵旨籌議摺》，同上，頁 1393、1401、1402。
〔註164〕 見《張之洞全集》第 2 冊，頁 1450。

於各國。〔註165〕

　光緒二十九年（1903）閏五月，張氏獲邀入京，與榮慶（1859～1917）、管學大臣張百熙（1847～1907）共商學務，一起擬訂了《奏定學堂章程》〔註166〕，其中《學務綱要》，是該章程的總綱領。它申明立學宗旨：

> 無論何等學堂，均以忠孝為本，以中國經史之學為基。俾學生之術
> 亦歸於純正，而後以西學……齋其知識，練其技能，務其他日成才，
> 各適實用。〔註167〕

從這立學宗旨，再比較張氏辦教育的一貫宗旨實毫無二致。在上該奏摺的同一天，他與張百熙、榮慶三人又聯銜上《奏請遞減科舉注重學堂片》〔註168〕，其中分析了科舉之弊和學堂的優點，指出兩者的分別在：

> 科舉文字每多剽竊；學堂功課務在實修，科舉只憑一日之短長，學
> 堂必盡累年之研究；科舉但取詞章，其品誼無從考見；學堂兼重行
> 檢，其心術尤可灼知。……除與學堂外，更無養才濟時之術。〔註169〕

新式學堂可以取代奉行逾千年的科舉，這是張之洞等人對教育的一種新認識、新觀念。而科舉是否如張氏等所言，一無是處，在後來的發展中，事實已有了說明。錢穆先生對當時廢科舉的舉措，認為正是後來「學絕道喪」的重要原因〔註170〕。清廷卒在形勢逼迫下，於光緒三十一年（1905）不得不下詔遞減科額，詔曰：

> 自丙午（1906）科起，將鄉會試中額及各省學額，按照所陳逐科遞
> 減，俟各省學堂一律辦齊，確有成效，再將科舉學額分別停止，以
> 後均歸學堂考取。〔註171〕

但由於士子仍以科舉為進身之階，多不願入讀新式學校，在同年八月初二日，張氏再與袁世凱、趙爾巽（1844～1927）等上《會奏請立停科舉推廣學校並妥

〔註165〕見朱有瓛《中國近代學制史》第 2 輯上冊，上海華東師大出版社，1987 年，頁 105～106。另見沈桐生輯《光緒政要》卷二十九，臺灣文海出版社影印版，1985 年，頁 1825～1830。

〔註166〕因頒布之年為癸卯年，故又名「癸卯學制」，也是中國近代教育第一個正式施行的新學制。

〔註167〕見《奏定學堂章程·學務綱要》，舒新城《中國近代教育史資料》上冊，頁 199。

〔註168〕又名《請試辦遞減科舉摺》（光緒三十年十一月二十六日）。

〔註169〕見《請試辦遞減科舉摺》，《張之洞全集》第 3 冊，頁 1597～1599。

〔註170〕參閱錢穆《晚清之變法自強》，《國史大綱》下冊，頁 900。

〔註171〕見朱壽朋編《光緒朝東華錄》第 5 冊，頁 5129。

籌辦法摺》，奏請立停科舉，認為：

> 就目前而論，縱使科舉立停，學堂遍設，亦必須十數年後，人材始
> 盛。如再遲之十年，甫停科舉，學堂有遷延之勢，人才非急切可成，
> 又必須二十餘年後，始得多士之用。強鄰環伺，詎能我待。〔註172〕

光緒三十一年（1905），清廷終下令立即停罷科舉。

> 自丙午科為始，所有鄉試會試一律停止，各省歲科考試，亦即停止。
> 〔註173〕

張之洞從科舉出身而終於參與廢除科舉一事，使他日後頗有悔意〔註174〕。

原來罷廢科舉不到二年，學校出現了偏重西學的情形，頗令張氏憂心。「近來學堂新進之士，蔑先正而喜新奇，急功利而忘道誼」，「至有議請罷《四書》、《五經》者，有中小學並無讀經、講經功課者，甚至有師範學堂改訂章程，聲明不列讀經專科者」〔註175〕，這是張氏萬料不到的局面。對於傳統「國粹」，他是不肯「聽其衰微，漸歸泯滅」的，在廢除科舉不足兩年的光緒三十三年（1907）五月，他便奏請要在武昌經心書院舊址建立存古學堂，專門培養「傳習中學之師」，以保國粹之學。他在上《創立存古學堂摺》說：

> 今日環球萬國學堂，皆最重國文一門。國文者，本國之文字語言、
> 歷古相傳之書籍也。即間有時勢變遷不盡適用者，亦必存而傳之，
> 斷不肯聽而漸滅。至本國最為精美擅長之學術、技能、禮教、風尚，
> 則尤為寶愛護持，名曰國粹，專以保存為主。凡此皆所以養成愛國
> 之心思，樂群之情性，東西洋強國之本原，實在於此，不可忽也。……
> 中國之聖經賢傳，闡明道德，維持世教，開啟神智，尊顯鄉邦，固
> 應與日月齊光，尊奉傳習。即列朝子史事理博賅，各體詞章軍國資
> 用，亦皆文化之輔翼，宇宙之精華，豈可聽其衰微，漸歸泯滅。……
> 若中國之經史廢，則中國之道德廢；中國之文理詞章廢，則中國之
> 經史廢。國文既無，而欲望國勢之強，人才之盛，不其難乎。〔註176〕

西學興起數年，中學便有被廢絕之厄，此與廢除科舉有莫大關係，讀古書而不

〔註172〕 見《張之洞全集》第 3 冊，頁 1660。
〔註173〕 見朱壽朋編《光緒朝東華錄》第 5 冊，頁 5392。
〔註174〕 胡敬思說張「見新學倡狂，頗有悔心。」（參閱氏著《國聞備乘》卷四，榮孟源、章伯峰主編《近代稗海》第一輯，四川人民出版社，1985 年，頁 301）
〔註175〕 參閱《創立存古學堂摺》，《張之洞全集》第 3 冊，頁 1766。
〔註176〕 見同上，頁 1762～1764。

能成為安身立命之本、入仕之途，讀書人唯有紛紛轉業，甚至投筆從戎也大有人在。共進會成員陳孝芬（1884～1960）對此有這樣的憶述：

> 廢了科舉之後，一般的讀書份子只得另謀出路，於是有出洋留學的，有到省城住學校的，而多數貧寒子弟則投入新軍。我是 1905 年（光緒三十一年）在黃坡應募入伍的。那次募兵結果，九十六人中有十二個廩生，二十四個秀才……有不少讀書人入伍。〔註177〕

難怪張氏有國粹漸歸泯滅之憂。自張氏倡設存古學堂，其風一時遍於全國，但自張氏離世後，清廷也於兩年後亡，他要保存國粹的最後心願，便隨著他忠心維護的朝廷一起終結了。

本章小結

張之洞幼承家學，且好學勤奮，十二歲已有詩集《天香閣十二齡草》，二十七歲中進士（1863），授翰林院編修，之後成為「清流派」的中堅。由三十一歲出任湖北學政始，至光緒三十三年（1907）七月，補授軍機大臣，進入清廷權力核心，卻在兩年後的宣統元年（1909）八月二十一日病逝於任上。張氏一生，一直「公忠體國」，且堅守古聖先賢之學，晚年雖因國勢之積貧、積弱而思在致用方面有所轉化，但於生命終結之前，對古學之保存仍盡最後的努力。他給子弟的遺言是：

> 勿負國恩，勿墜家學，必明君子小人義利之辨，勿爭財產，勿入下流。〔註178〕

他要子弟嚴守先祖「家世以儒學顯」的傳統，做君子不為小人〔註179〕。嚴分義利之辨是儒學傳統，也是儒家所恪守的君子之教。在他臨終前上奏的《遺摺》中，對於為國養才，仍孜孜不忘告訴執政親貴，要遵行聖賢「明恥為先」、「明於尊親大義」、「舉直錯枉」的教訓。《遺摺》云：

> 臣平生以不樹黨援，不殖生產自勵，他無所戀，惟時局艱虞，未能補救，累朝知遇，未能仰酬，將死鳴哀，不敢不攄其愚忠，泣陳於

〔註177〕見中國人民政治協商會議湖北省委員會編《辛亥首義回憶錄》第一輯，湖北人民出版社，1979 年，頁 70。另見：武昌首義同志會（https://19111010.com.tw）。

〔註178〕見胡鈞《重編張文襄公（之洞）年譜》，頁 287。

〔註179〕參閱宋傑《南皮張公貴州興義府遺愛祠碑記》，《張之洞奏稿（散件）》，中國社會科學院近代史研究所圖書館所藏檔案，甲 182～475。

聖主之前。當此國步維艱，外患日棘，民窮財盡，百廢待興，朝廷
方宵旰憂勤，預備立憲，但能自強不息，終可轉危為安。伏願我皇
上親師典學，發憤日新，所有因革損益之端，務審先後緩急之序，
滿漢視為一體，內外必須兼籌。理財以養民為本，恪守祖宗永不加
賦之規。教戰以明恥為先，無忘古人不戢自焚之戒。至用人養才，
尤國家根本至計，務使明於尊親大義，則急公奉上者，自然日見其
多。方今世道陵夷，人心放恣，奔競賄賂，相習成風，尤願我皇上
登進正直廉潔之士，凡貪婪好利者，概從屏除，舉直錯枉，雖無赫
赫之功，而默化潛移，國家實受無窮之福，正氣日伸，國本自固，
凡此愚誠之過計，皆為聖德所優為，儻荷聖明採擇，則臣雖死之日
猶生之年。〔註180〕

張氏在離世前對「世道陵夷，人心放恣，奔競賄賂，相習成風」的社會歪風，
無法釋懷，建議君主要「登進正直廉潔之士，凡貪婪好利者，概從屏除，舉直
錯枉，雖無赫赫之功，而默化潛移，國家實受無窮之福，正氣日伸，國本自固」，
這說明張氏對興學育才，仍有未了的心願。

〔註180〕見《遺摺》（宣統元年八月二十一日），《張之洞全集》第3冊，頁1824～1825。

第三章　張之洞「通經致用」教育思想的主要著述

　　同治十二年（1873），張之洞出任四川學政，為扭轉四川士風，於光緒元年（1875）先後撰輯《輶軒語》和《書目答問》。《輶軒語》主要為諸生提供做人與治學方法，並向士子講明求學應有的正確態度，即「讀書期於明理，明理歸於致用」〔註1〕。《書目答問》則收錄中西書目二千餘種，意在指示學生讀書門徑，何書該讀以及讀書有先後和輕重緩急之序。光緒二十四年（1898）初，戊戌變法前夕，張氏針對當時思潮、社會上各種維新變法的訴求，撰著《勸學篇》，其中提出了變法的必要，並為變法建構藍圖，使能起到「會通中西，權衡新舊」的作用〔註2〕，為求強求富積極以赴。

第一節　《輶軒語》

一、學正正學，惕厲諸生

　　同治十二年（1873），張之洞出任四川學政，以其一貫「通經致用」的教育思想，在成都創辦尊經書院，課以通經學古之士，希望重振一省衰落的文風；撰著《輶軒語》，旨在指導書院學生為人和讀書之道。「輶軒」是古時使臣乘坐的一種輕車，揚雄（前53～18年）有《輶軒使者絕代語》，張氏因出使四川學政，故以此為書名。作為一省學官、士子師，他有規誡「士習得失，文學利病」

〔註1〕參閱《輶軒語·語學第二》，《張之洞全集》第12冊，頁9779。
〔註2〕參閱《抱冰堂弟子記》，同上，頁10621。

之責〔註3〕，他在《輶軒語・序》便講明了撰述此書的原因：

> 律令學政按試畢，集諸生於堂，行賞罰，申以董戒，名曰發落。使
> 者行部之處，凡士習得失，文學利病，不惜竭知詳說。然漏刻有限，
> 不能盡言。且子衿如林，到者不能共聞，聞者不能悉記，故舉當為
> 諸生言者，條分約說，筆之於書，以代喉舌。……使者嘗謂「蜀中
> 士人，聰敏解悟，嚮善好勝，不膠己見，易於鼓動，遠勝他省。」所
> 望不以此言視為規填，引伸觸長，異日成就必有可觀。〔註4〕

學政按試完畢，例必有所訓誡，因時間有限、人數眾多，況且「聞者不能悉記」，故「筆之於書」，方便學者隨時觀覽，這是成書的原委。身為學政、士子師，他自覺有教學生如何為人做君子之責，因而在《語行》篇詳列了十八條教士之法，希望能起惕屬諸生、學正正學之效，願學生知所遵從。十八條教士法摘要如下：

> 一德行謹厚；一人品高峻；一立志遠大；一砥礪氣節；一出門求師；
> 一講求經濟；一習尚儉樸；一讀書期於有成；一戒早開筆為文；一
> 戒早出考；一戒徼幸；一戒濫保；一戒好訟；一戒孳孳為利；一戒
> 輕言著書刻集；一戒講學誤入迷途；一戒自居才子名士；一戒食洋
> 煙。〔註5〕

前八條集中教士子如何為學做人，如何成為君子，同時要明白讀書求學，「博通今古」是為了「德成名立」，並要以天下為己任。即使不能為官盡秀才之責，「講學著書，安貧樂道」亦是儒者求聖求賢的一途〔註6〕，使「盡性成德」〔註7〕。後十條主要訓勉學生，要建立正確的學習態度，惕屬他們要避免沾染時下的不良學風，踏踏實實地讀書，如此方獲得紮實的學問，著學生做好本份，凡事不踰規矩。

同時他特別告誡士子，讀書不應以科舉時文為重，應在明理方面下功夫，明理是要「歸於致用」〔註8〕，讀書求學全是為了致用，故此為學便須於通今

〔註3〕 參閱《輶軒語・序》，同上，頁9771。
〔註4〕 見同上。
〔註5〕 見《輶軒語・語行第一》，同上，頁9772～9778。
〔註6〕 參閱同上，頁9774。
〔註7〕 語見錢穆《中國歷史上的傳統教育》，《國史新論》，臺灣東大圖書公司，1989年，頁195。（下引此書，將省略出版資料）
〔註8〕 參閱《輶軒語・語學第二》，《張之洞全集》第12冊，頁9789、9797。

貫古之外，更應於時人時事上著意推求，以便登仕之日，可為國家大用。他所
以有這種觀念，是緣於：

> 近人往往以讀書、明理判為兩事，通經致用視為迂談。淺者為科舉，
> 博洽者著述取名耳。〔註9〕

作為儒師，他要改變時下這種把「讀書、明理判為兩事」的學風，期望士子能
「隨時讀書，隨時窮理」，使養成「心地清明，人品正直」的品格，由此再去
「貫通古今，推求人事。果能平日講求，無論才識長短，筮仕登朝，大小必有
實用」〔註10〕。為國家培養通經致用之士，濟世之才，不單是他為儒師應有的
職責〔註11〕，更是他初任學政以至終其一生的辦學理想。

二、端品行，務實學，讀書知要

《輶軒語》共分三篇，張氏在《輶軒語‧序》言中簡述了該書的宗旨：

> 上篇語行，中篇語學，下篇語文。其間頗甚淺近，間及精深。緣質
> 學非一，深者為高材生勸勉，淺者為學僮告誡。要皆審切時勢，分
> 析條理，明白易行，不為大言空論。稱心而談，一無勦說。〔註12〕

《語行》一篇，他是因應四川「近今風俗人心，日益澆薄」而發語〔註13〕，目
的在訓勉諸生要注重品行的修養，其文云：

> 教士之道，其宏綱要領，世祖皇帝臥碑八條，聖祖皇帝聖論十六條，
> 盡之。凡屬士林，恭敬遵守。此外儒先教條學規，具有成書，無待
> 演說。茲擇其切於今日世風、本省士習者言之。〔註14〕

他所諄諄告誡者，「意在使全蜀士林美質，悉造成材。上者效用於國家，其次
亦不失為端人雅士」，要諸生學習做有德有才之士，是他身為教育官的深切期
盼。要達成這一目標，諸生就得努力做到：「德行謹厚」、「人品高峻」、「立志
遠大」、「砥礪氣節」、「講求經濟」和「讀書期於有成」〔註15〕……。

〔註9〕見同上，頁9798。
〔註10〕參閱同上。
〔註11〕錢穆先生對儒家教育，曾作如下分論：「中國傳統教育，亦可謂只要教人為君
子不為小人，教人為雅人不為俗人。」（參閱《中國歷史上的傳統教育》，《國
史新論》，頁198）
〔註12〕見《輶軒語‧序》，《張之洞全集》第12冊，頁9771。
〔註13〕參閱《輶軒語‧語行第一》，同上，頁9772。
〔註14〕見同上。
〔註15〕參閱《輶軒語‧語學第二》，同上，頁9798、頁9773～9774。

　　至於如何踐履，以成就上述品德和學養，他說：「德行謹厚」，即「言行誠實不巧詐，舉動安靜不輕浮」，「貧者教授盡心，富者樂善好施」；「人品高峻」：即「不涉訟」，「不結交吏胥」，「求功名不彙緣」；「立志遠大」：即「不以一衿而自足，不以能文而自滿」，「不隨流俗。無論學行兩端，常與古人比較」，凡事要「志在聖賢」；「砥礪氣節」：其要旨在「立身涉世，居官立朝」，「須具有氣節。當言則言，當行則行，持正不阿，方可無愧為士」，也就是說注重「名節廉恥」〔註16〕。

　　關於「講求經濟」一義，他指出：「扶持世教，利國利民，是士人分所應為」，而「通曉經術，明於大義，博考史傳，周悉利病」，更是「講求經濟」的根柢。他稱「不讀書者為俗吏，見近不見遠；不知時務者為陋儒，可言不可行」。他要諸生養成「志在天下」的胸懷。對「讀書期於有成」，他認為：「古人為士，期於博通今古」，如此方可晉「德成名立」之境，因此他「願讀書者」，「專精奮發，學必求成」〔註17〕。

　　此外，他還要諸生「習尚儉樸」，要戒除不良習氣，如「戒早開筆為文」、「戒早出考」、「戒傲幸」、「戒濫保」、「戒好訟」、「戒孳孳為利」、「戒輕言著書刻集」、「戒講學誤入迷途」、「戒自居才子名士」、「戒食洋煙」。他特別強調諸生要「戒食洋煙」，是因為洋煙在中國已禍延百年，使人「擲春華於九幽，變白晝為長夜，富庶轉為溝瘠，志士廢為尸居」，力言「世間害人之物，無烈於此」〔註18〕，而中國之貧弱亦由於此。

　　《語學》一篇，主要是為士子指示求學方法。如何為學？他說：

　　　為學之道，豈勝條舉？根柢工夫，更非寥寥數行所能宣罄。此為初
　　　學有志者約言之，乃階梯之階梯，門徑之門徑也。〔註19〕

然後他闡述了為學之道，首在懂「門徑」、知「階梯」，它是建立學問的「根柢工夫」。要學有根柢，他認為首要在「通經」，而讀經則「宜讀全本」，解經則「宜先識字」，「讀經宜正音讀」，「宜講漢學」，「宜讀國朝人經學書」，「宜專治一經」，「治經宜有次第」，「治經貴通大義」，然後「會通貫串，方為有益」〔註20〕，這些都是治經學的基本功，只有建立問學基礎，方能層層遞進，於

〔註16〕參閱《輶軒語‧語行第一》，同上，頁9772～9773。
〔註17〕參閱同上，頁9773～9774。
〔註18〕參閱同上，頁9774～9778。
〔註19〕見同上，頁9779。
〔註20〕參閱同上，頁9779～9784。

日積月累下，學必有成。

　　在通經之外，他認為尚需讀史。讀史的好處在「推求盛衰之倚伏，政治之沿革，時勢之輕重，風氣之變遷」，從中摘取「其可以益人神智」者以資應用。這應用是指可用於治事言。他教人讀史，尤「宜讀正史」，正史中又「宜先讀四史」；想要「通知歷朝大勢」，知「經濟」之道，則莫如讀《資治通鑑》和《文獻通考》。於史學方面，他認為「覽雖宜博」，但「貴專攻」，因此先「宜專精一種」，俾獲得歷朝「事蹟、典制、文章諸門」之識，再攻讀其他史書，那將獲益不淺。讀史書時尤「宜讀表志」，原因是裏面的「典章制度」諸種均有助於吏治。最後，他指出，讀史最「忌妄議論古人賢否、古事得失」，尤「忌批評文章」，如此方可免陷前人「鄙陋侮經」的「管見」之弊〔註21〕。

　　在史書外，他認為可讀諸子，讀諸子目的也是為了通經，因諸子可以「證佐事實」，證補「偽文佚文」之不足，且有助「兼通古訓古音」，使人得「辨其真偽，別其瑜瑕」。他更指示生員，「讀子宜求訓詁」，以便能「看古注」〔註22〕，即要兼通文字訓詁學，方有利於讀古籍。

　　其次，他也教人在讀古人文集時，「宜知體要」，其要者在「奏議、考辨、記傳」，並以當「中有實事者」為重；至於治詞章，則「宜讀專集」，譬如「《文選》宜看全本」〔註23〕，等等。

　　最後，他在通論讀書方法時說：「讀書宜求善本」、「宜博」、「宜有門徑」、「宜讀有用書」，並解釋「有用者何？可用以考古，可用以經世，可用以治身心」者也，且「宜多讀古書」，例如「宋學書宜讀《近思錄》」、王陽明的著述；讀書時更要懂得「分真偽」，治學時尤「忌分門戶」、「不必畏難」，也「勿諉記性不好」、「勿諉無書無暇」。對「作秀才後宜讀書」，他的見解是：「學僮讀書，不過上口粗通」，故難「鉤深致遠」，成秀才後，因「神智漸長，閱世稍深。此時讀書，方能尋其要領，探其精微」〔註24〕。

　　最後，他反覆強調者，是讀書之要旨，在「期於明理，明理歸於致用」。對這一點，他做了如下解說：

　　　　書猶穀也。種獲舂揄，炊之成飯。佐以庶羞，食之而飽，肌膚充悅，

〔註21〕參閱同上，頁9784～9786。
〔註22〕參閱同上，頁9786～9788。
〔註23〕參閱同上，頁9788～9789。
〔註24〕參閱同上，頁9789～9797。

筋骸強固。此穀之效也。若終歲勤動，僕僕田間，勞勞畎下，並不
一嘗其味，蒔穀何為？……

若讀書者，既不明理，又復無用，則亦不勞讀書矣。〔註25〕

可見，他要人讀書的目標不言而喻，即上可「效用於國家」，次「亦不失為端
人雅士」，讀書求學問其實最重要在培養人的志氣，要胸懷家國，以天下為己
任，並非要他們「盡作書蠹」〔註26〕。

為使學生不困於學，他於《語文第三》一篇，向他們提供了一些學習語文
的良方妙法，以及要注意的地方。他說：

舉其有關程試，及時俗易犯者。免致良材困學，誤蹈覆車，徒遭擯
棄而不知也。〔註27〕

因怕「良材困學，誤蹈覆車」，徒費光陰，故他也把應科舉的「有關程試」、「時
俗」最易錯犯的地方詳加講明，俾便諸生有所參考，獲得指引而不至終年困於
學。

關於「時文」，他的看法是應以「清、真、雅、正」為範圍，但要根柢紮
實，則一切要從基本學起，如「宜多讀書」、「宜學先正」、「宜學好墨卷」、「宜
講用意、用筆」，要注意「初學作時文，宜先作論」的基本功夫，以及「時文
出落處宜用意」。至於應舉業要注意的地方，他亦有說明，指出應考者平日「宜
讀小題文，作小題文」、「忌墨守高頭講章」、「忌濫調」、「忌奇格偏鋒」、「忌不
可解」、「忌妄援一經作柱」、「忌詩賦語後世語」、「忌揣摩風氣」〔註28〕。要言
之，張氏所述無非是要令諸生有紮實的學問基礎，並養成獨立思考的能力，應
科考時自可從容應對。

所謂「時文」，即是應付舉業的必備知識、作文章的功夫。他在這裏教人
如何學作文章來應對舉業的需要，其著眼點注重教人從學習他人之長這一基
本功夫做起。至於科考中要面對的「試律詩」、「論賦」、「經解」、「經文」、「策」、
「古今體詩」等等，張氏亦細加剖析闡說，指出如何學習方能取得佳績。如「試
律詩」，便宜以「工、切、莊、雅」為標的，讀詩時要知其中宜忌，例如多「讀
古人詩」、「七家詩宜善學」、「宜看館閣詩」，同時要「忌用語助語詞」、「忌輕

〔註25〕見同上，頁9798。
〔註26〕參閱同上。
〔註27〕見同上，頁9799。
〔註28〕參閱同上，頁9799～9803。

佻不莊」、「忌用疊字」、「忌不對」、「忌破題太緩」、「忌用古人全句入詩」。不管是教人「論賦」、「經解」、「經文」、「策」、「古今體詩」，或是「古文駢體文」、「書法」等中的宜忌之種種，意在為諸生指引一個學習的門徑，俾諸生知何者為優、何者執劣，以及讀書知輕重緩急之法、知取捨之道，才不致終年困於學，難有寸進。最重要的一點，他要諸生明白學問功夫，「除平日多讀書外，別無捷徑」，只有勤學深耕，知識和學問與日驅進，使「凡事具有根柢」〔註29〕，到科場應考，自然信心倍增。

　　由於《語文第三》一篇主要是圍繞在語文學習來論述，涉及內容甚廣，這裏僅舉其一二略說，以見其教士之梗概，及其教育思想的中心指歸，其他的就不一一詳敘了。

　　《輶軒語》一書，除《語行》、《語學》、《語文》三篇，著重教學子端品行、務實學、知讀書之要外，還有《學究語第四》、《敬避字第五》、《磨勘條例第六》、《勸置學田說》〔註30〕等篇。按張氏的說法，《學究語》是在前三篇「未能遽領」之下，再「別說二十四條」，意在「告教授初學者」〔註31〕，使之明白也。《磨勘條例第六》則屬指導諸生參加鄉會試時要注意、留心的地方和其中禁忌事項。

　　《勸置學田說》一篇，是張氏考慮到「四民以諸生為翹楚，地方以讀書人為元氣」，為了川省「養民養士」長久計而發布的。他素知川省向有「陋款」之弊，要滿除「一切書斗小費，認號，轉案，補廩，幫增，出貢，舉優，報下，起復，錄遺諸費」這種「陋款」，使「孤寒」好學之士，不致貧困而妨礙其讀書之志，故撰《勸置學田說》一文，意在勸川省「各處紳官糧民」「置買學田」，存為學校之經費、寒儒束脩之資，成為濟助寒士之膏火。倘若得「一縣辦，則一縣之士沐利」，如此「則貪士不病，冷官不饑。諸生寬然無累，然後可一心而讀書；學師廉介無求，然後可抗顏而訓士」。他更希望藉著「庠序之樂」，達到「化導風俗」的目標，使川省文風士俗之美得到保持，這便是張之洞這位學政，在離任之前，「富者贈人以財，仁者贈人以言」的其中心曲〔註32〕。

〔註29〕參閱同上，頁9803～9810。
〔註30〕參閱《學究語第四》，同上，頁9812～9815；《敬避字第五》，頁9813～9816；《磨勘條例第六》，頁9817～9819；《勸置學田說》，頁9819～9822。
〔註31〕參閱《輶軒語‧勸置學田說》，同上，頁9819。
〔註32〕參閱同上，頁9819～9822。

第二節 《書目答問》

　　《書目答問》是張氏剛任四川學政時撰著，於翌年發刊，作為指導讀書人知何書為善、何書可讀、何書版本較佳的入門指南書，其中臚列二千餘種書籍，收入中學經、史、子、集諸目，同時亦兼錄各種實用性強的翻譯西書，意在供諸生隨自己的性趣知所選擇。《書目答問》是繼乾隆四十七年（1782）編修的《四庫全書》及《四庫全書總目提要》（此書距前者後七年纂輯）之後的另一本版本目錄學書籍。

　　由於《提要》編成距《書目答問》問世已近百年，在《提要》出版後又有大量著作出現，這時，編撰一部吸納最新學術成果的版本目錄學著作，自有必要。張氏編撰是書，其目的是讓士子「開擴見聞」，並為他們如何讀書「指示門徑」、「分別良楛」，懂得有所「去取分類」，故於各書目項下，「偶加記注，頗有深意」，立意「非僅止開一書單」〔註33〕。他在《書目答問・略例》中說明撰述之旨說：

> 諸生好學者，來問應讀何書，書以何本為善？偏舉既嫌註漏，志趣學業，亦各不同，因錄此以告初學。讀書不知要領，勞而無功；知某書宜讀而不得精校精注本，事倍功半。……所舉二千餘部，疑似浩繁，然分類以求，亦尚易盡，較之汎濫無歸者則為少矣。〔註34〕

他為初學者指出那些書比較重要、那個版本較好，同時又指示那些書「可用以考古，可用以經世，可用以治身心」〔註35〕，務使生童知所識別，助其進步。對於所列二千多種書目，因有「浩繁」之感，為免諸生泛濫無歸，故用「分類以求，亦尚易盡，較之泛濫無歸者則為少矣」相勉〔註36〕。

一、經、史、子、集

　　本書所錄都是大量晚出於《四庫全書》的著作，佔全書十之三四，其校本、注本晚出的亦佔十之七八。全書按《四庫全書總目提要》「經、史、子、集」分類，外加「叢書目」一項，他在「古今人著述合刻叢書目」一項解釋了增加「叢書目」的原因：

〔註33〕參閱《書目答問・略例》，《張之洞全集》第 12 冊，頁 9823。
〔註34〕見同上。
〔註35〕參閱《輶軒語・語學第二》，同上，頁 9771。
〔註36〕參閱同上，頁 9824。

> 叢書最便學者，為其一部之中可該群籍，搜殘存佚，為功尤巨，欲
> 多讀古書，非買叢書不可。其中經、史、子、集皆有，勢難隸於四
> 部，故別為類。〔註37〕

把不能編入經史子集類的別為一項，是他的目的。他於每一類中又細分子目，把義近者編在一起，內容都是「要典雅記」、「易買易讀」的書籍。選錄原則，凡屬「無用」、「空疏」、「偏僻」、「殽雜」之書不錄〔註38〕，今書已包括的古書不錄，注釋淺陋、妄人刪改、編刻訛謬、「割截侮經」者亦「不錄」〔註39〕。對於經、史、子、集各部之書亦各有所重：如經部重家法實事求是；史部重義例雅飭考證詳核者；子部重近古及有實用；集部重最著名者。

版本方面，若是「多傳本則舉最善本，未見精本則舉通行本，未見近刻者則舉今日見存明本」〔註40〕。例如《說文解字》十五卷，則列明「漢許慎。宋徐鉉校定附字。平津館小字本，《小學彙函》重刻孫本，汲古閣五次剜改大字本，朱校大字本即毛本，藤花榭額氏刻中字本，廣州新刻陳昌治編錄一篆一行本。孫本最善，陳本最便」〔註41〕，如此詳述各版本，務便學子選讀。同時也指明各版本優劣之處。如在《十三經註疏》項下則注明：

> 共四百一十六卷。乾隆四年武英殿刻附考證本，同治十年廣州書局
> 覆刻殿本，阮文達西元刻附校勘記本，明北監本，明毛晉汲古閣本。
> 目列後。阮本最于學者有益，凡有關校勘處旁有一圈，依圈檢之，
> 精妙全在於此。四川書坊翻刻阮本，訛謬太多，不可讀，且削去其
> 圈，尤謬。明監、汲古本不善。〔註42〕

張氏認為「今勝於古」之書〔註43〕，其研究成果較前人精確，如《史部・地理外記》是「古略今詳」〔註44〕，《國朝箸述家姓名》是「大抵證實之學，今勝於古」〔註45〕。

張氏頗重視天文算學，故把中法書和西法書摘其要者錄入。他於卷三《子

〔註37〕見《書目答問・集部》卷四，同上，頁9965。
〔註38〕參閱《書目答問・略例》，同上，頁9823。
〔註39〕參閱「群書讀本」，《書目答問・集部・別錄》卷四，同上，頁9971。
〔註40〕參閱《書目答問・略例》，同上，頁9823。
〔註41〕參閱《書目答問・經部・小學第三》卷一，同上，頁9855。
〔註42〕見《書目答問・經部・正經正注第一》卷一，同上，頁9825。
〔註43〕參閱《書目答問・子部・天文算法第七》卷三，同上，頁9918。
〔註44〕參閱《書目答問・史部・地理第十》卷二，同上，頁9884。
〔註45〕參閱《書目答問・集部》卷四，同上，頁9968。

部・天文算法第七》說：

> 算書與推步，事多相涉，今合錄。推步須憑實測，地理須憑目驗，
> 此兩家之書，皆今勝於古。今日算學家，習中法者，以《算學啓蒙》、
> 《九章細草圖說》、《九數通考》、《四元玉鑒》為要，兼習西法者，
> 以《數理精蘊》、《梅氏叢書》、新譯《數學啓蒙》、《代數術》、新譯
> 十三卷《幾何原本》為要。……算學以步天為極功，以制器為實用，
> 性與此近者，能加研求，極有益於經濟之學。〔註46〕

「極有益於經濟之學」既是他的選書重點，因而書中有關研究天文算法的西學
及翻譯書佔較大比例，此可見於下列「西法書」〔註47〕：

> 《新法算書》一百零三卷。（明徐光啓等。明刻本。三十種。原名《崇
> 禎曆書》。目列後。）
>
> 《曆法西傳》一卷。《新法表異》二本。《籌算指》一卷。《籌算》一
> 卷。《測食略》二卷。
>
> 《天學初函器編》三十卷。（明徐光啓等。明刻本。十種，目列後。）
>
> 《泰西水法》六卷。（明熊三拔。）
>
> 《渾蓋通憲圖說》二卷。（明李之藻。又守山閣本。）
>
> 《天問略》一卷。（明陽瑪諾。又珠塵本。）
>
> 《測量異同》一卷。（明徐光啓。海山仙館本，《指海》本。）
>
> 《測算刀圭》三卷。（《面體比例便覽》一卷，《對數表》一卷，《對
> 數廣運》一卷。年希堯。自刻本。）
>
> 《新譯幾何原本》十三卷，《續補》二卷。（李善蘭譯。上海刻本。）
>
> 《代微積拾級》卷。（李善蘭譯。上海刻本。）
>
> 《曲線說》一卷。（李善蘭譯。則古昔齋刻本。）
>
> 《數學啓蒙》一卷。（西洋人偉烈亞力。上海活字版本。）
>
> 《經天該》一卷。（明利瑪竇。《珠塵》本，亦在《高厚蒙求》內。）
>
> 〔註48〕

以上僅擇要者而錄。兼用中西法的書，他也舉要如下：

> 《勿庵曆算書目》一卷。（梅文鼎。知不足齋本。）

〔註46〕見《書目答問・子部・天文算法第七》卷三，同上，頁 9918。
〔註47〕參閱同上，頁 9922。
〔註48〕見同上，頁 9921～9922。

《中西經星同異考》一卷。(梅文鼎。《指海》本。)

《江慎修數學》八卷,《續》一卷。(江永。守山閣本。海山仙館本用原名,題曰《翼梅》。目列後。)……

《李氏遺書》十七卷。(李銳。道光癸未阮氏廣州刻本。《算書》十一種。)

《董方立遺書算術》七卷。(董祐誠。家刻本,成都重刻本。《遺書》共十四卷,餘七卷爲他著述。)

《里堂學算記》十六卷。(焦循。《焦氏叢書》本。五種,目列後。)

《加減乘除釋》八卷。……

《觀我生室彙稿》二十四卷。(羅士琳。阮刻本。《十一種》,目列後。)

《句股容三事拾遺》三卷,《附例》一卷。……

《務民義齋算學七種》。(徐有壬。姚氏咫進齋刻本。徐別有《造各表簡法》、《截球解義》、《橢圓求周術》各一卷,附刻《鄒徵君遺書》內。)

《格術補》一卷。《對數尺計》一卷。《乘方捷術》三卷。《存稿》一卷。《輿地圖》一冊。《恒星圖》二幅。附《夏氏算學》、《徐氏算學》。

《四元名式釋例》。《四元草》。附《借根方句股細草》一卷。(李錫蕃。)

《方圓闡幽》一卷。《弧矢啓秘》二卷。……《火器真訣》一卷。《尖錐變法解》一卷。《級數回求》一卷。《天算或問》一卷。

《疇人傳》四十六卷。(阮元。)《續疇人傳》六卷。(羅士琳。阮氏合刻本。阮傳入《文選樓叢書》,《續傳》亦入《觀我生室彙稿》。學海堂阮《傳》摘本九卷。)[註49]

至於地理類的西書,數量亦屬不少,僅摘要列明如下:

《新譯海塘輯要》十卷。(西洋人。上海製造局刻本。)

《宣和奉使高麗圖經》四十卷。(宋徐兢。知不足齋本。)

《高麗國史》一百四十卷。(明鄭麟趾。朝鮮刻本。)

《琉球國志略》十六卷。(周煌。聚珍本,家刻本。)

《越史略》三卷。(明越南人。守山閣本。)

《從征緬甸日記》一卷。(周裕。借月山房本。此非地志,附此。《師

〔註49〕見同上,頁 9923～9926。

　範緬事》述略）一卷，在《經世文編》中。

　　《日本考略》一卷。（明薛俊。《得月鼎初刻》本。）

　　《異域錄》二卷。（圖理琛。借月山房本，《指海》本。多紀俄羅斯
　地理。）

　　《地球圖說》一卷。（西洋蔣友仁譯。何國宗，錢大昕奉敕潤色。文
　選樓本。）

　　《瀛寰志略》十卷。（徐繼畬。原刻大字、重刻小字兩本。）

　　《海國圖志定本》一百卷。（林則徐譯，魏源重定。咸豐壬子廣州重
　編刻定本，初刻本止六十卷。）

　　《新譯地理備考》十卷。（西洋瑪吉士。海山仙館本。）

　　《新譯海道圖說》十五卷，附《長江圖說》三卷。（西洋人。上海製
　造局刻本。極有用。）〔註50〕

其他類別所翻譯之西書所錄不多，兵家書僅見：

　　《新譯西洋兵書》五種（上海製造局刻本）：

　　《克虜伯炮說》四卷、《炮操法》四卷、《炮表》六卷，《水師操練》
　十八卷、《附》一卷，《行軍測繪》十卷，《防海新論》十八卷，《禦風
　要術》三卷。〔註51〕

張氏說這些兵家書「皆極有用」〔註52〕。上列數十種西學書或中西兼法的著
作，在當時傳播廣，皆具一定影響力。推想張氏自然是希望諸生能一一閱讀，
以增長知識。

　　對於詞，張氏則不太著重，他認為：「今人之詞，不能叶律，乃長短句，
非曲也，故附集部詩後。詞乃小道，略舉最精者數家，以備文體之一」〔註53〕。
在「別錄」「群書讀本」一項，他說：

　　此類各書，簡潔豁目。初學諷誦，可以開發性靈。〔註54〕

稍讀詞章，是為了「開發性靈」。

　　張於「別錄」中設有「童蒙幼學各書」一節，他推舉上海新刻的《三才略》

〔註50〕見《書目答問・史部・地理第十》卷二，同上，頁9884～9890。

〔註51〕見《書目答問・子部・兵家第三》卷三，同上，頁9915。

〔註52〕參閱同上。

〔註53〕參閱《書目答問・集部・別集第二》卷三，同上，頁9955。

〔註54〕見《書目答問・集部・別錄》卷四，同上，頁9971。

－68－

一書，以為「凡學人皆不可不覽」〔註55〕，其他如《李氏蒙求》、《六藝綱目》、《王氏十七史蒙求》等等，亦應一覽。在「別錄」「勸刻書說」一節，他指出：「凡有力好事之人，若自揣德業不足過人而欲求不朽者，莫如刊布古書一法。」「傳先哲之精蘊，啟後學之困蒙，亦利濟之先務，積善之雅談」〔註56〕。這正是他勸人刻書的本旨。可以看到，張氏勸人刻書，是要人各盡其能，不能在功名上出一分力，也可以在其他方面盡一己之心，為社會獻一分綿力，實有其深意。

二、「叢書目」與「姓名略」

由於張氏自己一向注重讀儒家經典，讀經是為明瞭聖人義理，得聖人之旨，最終目的自然是為了致用，若「士人博極群書而無用於世，讀書何為」〔註57〕？因此他在《書目答問》特闢「叢書目」、「國朝箸述諸家姓名略」欄目。設立「叢書目」，他說是為便利求學者，學生欲多讀古書，由叢書入手是一可行方法，原因是在「一部之中可該群籍，搜殘存佚，為功尤巨」，而這些叢書又往往難以納入經史子集類目中〔註58〕。

至於「國朝箸述諸家姓名略」，他列舉了本朝於經學、史學、理學、小學、理學、考據、金石、文學及於經世治事諸方面各有成就、早有論定的名家，出發點是為了向諸生提示讀書與做人的學習楷模，助他們覓各種良師。他說：

> 讀書欲知門徑，必須有師。師不易得，莫如即以國朝箸述諸名家為師。大抵徵實之學，今勝於古。……即前代經史子集，苟其書流傳，自古確實有用者，國朝必為表章疏釋，精校重刊。……知國朝人學術之流別，便知歷代學術之流別。胸有繩尺，自不為野言謬說所誤，其為良師，不已多乎？〔註59〕

他表示此篇之撰著，是因「屢有諸生求為整飭鄉塾，選擇良師。反覆思之，無從措手。今忽思得其法，錄為此編」，他希望可「為諸生擇得無數之良師」，如學生「果能循途探討，篤信深思，雖僻處深居，不患冥行矣」。當然他有嚴格

〔註55〕參閱同上，頁9974。
〔註56〕參閱同上，頁9975。
〔註57〕參閱同上，頁9987。
〔註58〕參閱同上，頁9965。
〔註59〕見同上，頁9976。

的選取標準，凡「空言臆說，不錄。一門數人者，類敘」〔註60〕。每門學問之
間，各有相連，他因而闡明選取之標準：

> 由小學入經學者，其經學可信；由經學入史學者，其史學可信；由
> 經學、史學入理學者，其理學可信；以經學、史學兼詞章者，其詞
> 章有用；以經學、史學兼經濟者，其經濟成就遠大。〔註61〕

「經濟成就遠大」相信是他對「通經」然後「致用」的最深切寄意。每一種知
識都各有其優點，都各有功能，雖然他本身擅漢學，但他並不排斥宋學，以為
漢學是學，宋學也是學，兩者不宜偏廢。因此他無一偏之執，主張漢宋要兼學，
所舉國朝漢學家中，「皆篤守漢人家法，實事求是，義據通深者」；所列經學家，
則屬漢宋兼採，「皆博綜眾說，確有心得」者；至於理學家，則摘「舉其有實
際而論定者」，「其書皆平實可行，不涉迂陋微眇」，「諸家雖非經史專門，亦皆
博通今古，無淺陋者」，例如孫奇逢（1585～1675）、張伯遠（生卒不詳）、李
光地（1642～1718）、顏元（1635～1704）、李塨（1659～1733）等便屬此範圍
〔註62〕。至於經濟家，他指出：

> 經濟之道，不必盡由學問，然士人致力，捨書無由……士人博極群
> 書而無用於世，讀書何為？〔註63〕

黃宗羲（1610～1695）、顧炎武、顧祖禹（1631～1692）、包世臣（1775～1855）、
俞正燮（生卒不詳）、龔自珍、魏源等等，在他眼中皆是博極群書，注重通經
致用，並以箸述鳴世的經世名家。除箸述家外，他亦列舉本朝多位名臣，如李
光地、張伯行（1651～1725）、鄂爾泰（1677～1745）、陶澍（1779～1839）、
林則徐（1785～1850）、曾國藩，以及他的業師胡林翼等諸人，皆屬經濟顯著
者，指他們「皆有政績，其奏議、公牘即是箸述」，要學生「不惟讀其書，並
當師其人」〔註64〕。

　　從以上資料說明，張氏教士之道，除注重讀經研經、求實用之學外，最關
注的還是學生的品德修養，也就是士人的氣節。因晚清以來讀書人所缺乏的，
就是品德和氣節。

〔註60〕 參閱同上。
〔註61〕 見同上。
〔註62〕 參閱同上，頁9978～9980。
〔註63〕 見同上，頁9987。
〔註64〕 參閱同上。

第三節　《勸學篇》

一、「會通中西，權衡新舊」

　　《勸學篇》成書於「戊戌變法」前夕，光緒二十四年（1898）初春。張氏在《抱冰堂弟子記》憶述其著述原委時說：

> 自乙未後，外患日亟，而士大夫頑固益深。戊戌春，僉壬伺隙，邪說遂張，乃著《勸學篇》上下卷以闢之。大抵會通中西，權衡新舊。
> 〔註65〕

其中「僉壬伺隙，邪說遂張」是指一些激進維新派所倡言論。

　　甲午戰敗後，朝野維新思想趨於蓬勃，由此時至戊戌變法前，維新派於全國興辦學會三十多個，創辦報刊五十多種。光緒二十一年（1895）秋，康有為於北京發起成立強學會〔註66〕，倡維新變法以救時弊，當時大員如「劉坤一、張之洞、王文韶各捐五千金」〔註67〕以助該會經費。同年稍後，康氏復於上海創立強學會，邀張之洞列名，不過張之洞卻回覆說：「群才薈集，不煩我，請除名，捐款必寄。」〔註68〕捐款一千五百兩助上海強學會會費。康氏其後撰寫《上海強學會序》，署張之洞名先後發表於《申報》及《中外紀聞》報，顯示張之洞在背後積極支持以自強為宗旨的維新運動。

　　光緒二十二年（1896）八月，汪康年（1860～1911）、黃遵憲（1848～1905）創辦《時務報》〔註69〕，邀梁啟超任主筆。梁在初刊即發表《變法通議》連載文章，積極宣傳維新思想，由於他的「文字特別新穎，不但官紳學者樂於披覽，就是平民也容易明白」，故大受歡迎，創刊數月已行銷逾萬份〔註70〕。同年，張氏從兩江署任返回湖廣本任，曾札飭湖北全省官銷《時務報》。張氏稱許該

〔註65〕見《抱冰堂弟子記》，《張之洞全集》第12冊，頁10621。
〔註66〕它又名譯書局、強學書局或強學局，學會宗旨是講求自強之學，而康氏於倡設該會前，於是年八月創辦了一份維新報，除發表梁啟超、麥孟華撰寫的論政文外，主力譯介西方經濟、軍事、文化等方面的知識，宣傳其富國、養民、教民的主張。
〔註67〕參閱樓宇烈整理《康南海自編年譜》（外二種），北京中華書局，1992年，頁30。
〔註68〕參閱許同莘《張文襄公年譜》，頁96。
〔註69〕該報於1896年8月創刊，至1898年8月停刊，共出版69期，每期約20餘頁。
〔註70〕參閱蘇爾特《李提摩太傳》，中國近代史資料叢刊初刊《戊戌變法》第2冊，上海神州國光社，1953年，頁232。

報說：

> 查上海新設時務報館……本部堂披閱之下，具見該報識見正大，議
> 論切要，足見增廣見聞，激發志氣。……凡所採錄，皆係有關宏綱，
> 無取瑣聞；所採外洋各報，皆係就本文譯出，不比坊間各報訛傳臆
> 造。且係中國紳宦主持，不假外人，實為中國創始第一種有益之
> 報。〔註71〕

但不久，《時務報》發表的議論開始與張的謹慎作風有違，光緒二十三年（1897）
九月十六日，梁啟超於《時務報》第40期發表《知恥學會敘》一文，內有「國
有一於此罔不亡，使易其地居殷周之地，則放巢流彘之事興不旋踵」，「求為小
朝廷以乞旦夕之命」等語〔註72〕，將慈禧太后等比作夏桀和周厲王，令張大
驚，他立即以言論「太悖謬」，憂「閱者人人驚嚇，恐招大禍」勸導梁用語要
謹慎，顯示其當時尚肯定該報，稱「報館為今日開風氣、廣見聞、通經濟之端，
不可不盡力匡救維持」〔註73〕，故只電令湖南巡撫陳寶箴（1831～1900）停發
該期，未有嚴加干預。

由湖南學政江標（1860～1899）創辦的《湘學報》，主力宣傳民權、平等、
君主立憲思想，宗旨是「開民智而育人才，講求中西有用諸學」，強調「不談
朝政，不議官常」〔註74〕。起初，張氏也認為該報「大率皆教人講求經濟，時
務之法」〔註75〕而給予推許，使該報得以迅速發行到全省。

光緒二十四年（1898）初，譚嗣同（1865～1898）、唐才常（1867～1900）
於長沙成立南學會，以演講形式宣傳維新思想，不久更創辦《湘報》，每日一
刊，報導各地維新運動消息，也以宣傳民權、平等學說為主，同時提出開議院、
申民權等主張，以擴大維新聲勢。《湘報》於第20期3月29日發表了《中國
宜以弱為強說》一文，並提出了：

> 西法與中法相參……中教與西教並行……民權與君權兩重……黃人
> 與白人互婚……一切制度悉從泰西，入萬國公會，遵萬國公法。〔註76〕

〔註71〕 見《湘撫陳購時務報發給各省書院札》，《時務報》第25冊，光緒二十三年四
月一日。
〔註72〕 參閱《飲冰室合集·文集之一》，北京中華書局，1989年，頁55。
〔註73〕 參閱《致長沙陳撫台》《張之洞全集》第9冊，頁7403～7404。
〔註74〕 參閱《湘學報例言》，《湘學報》第一冊，光緒二十三年三月二十一日。
〔註75〕 參閱《戊戌變法》，「中國近代史資料叢刊初刊」第4冊，頁553～554。
〔註76〕 見《湘報》1898年第20號，北京中華書局，1965年影印本，頁77。

其中有「易鼎」〔註77〕言論，張氏閱後以為不妥，立刻致電湖南巡撫陳寶箴，請他加以制止，免此言論再傳播。他在《致長沙陳撫台》（光緒二十四年閏三月二十一日）說：

> 《湘學報》中可議處已時有之，至近日新出《湘報》其偏尤甚。近見刊有易鼎議論一篇，直是十分悖謬，見者人人駭怒。……此等文字遠近煽播，必致匪人、邪士倡為亂階，且海內嘩然，有識之士必將起而指摘彈擊，亟宜諭導阻止，設法更正。……鄙人撰有《勸學篇》一卷，大意在正人心、開風氣兩義，日內送呈並祈賜教。〔註78〕

同日，又致電湖南學政徐仁鑄（1863～1900）說：

> 去歲騶從過鄂時，鄙人力言《湘學報》多有不妥，恐於學術人心有妨，閣下主持風教，務請力杜流弊，承台端允許，謂到彼後必加匡正，嗣奉來函覆云某君已經力勸等語，是以遵命代為傳播，轉發通省書院。息壤在彼，尚可覆按。乃近日由長沙寄來《湘學報》兩次，其中奇怪議論較去年更甚，或推尊摩西，或主張民權，或以公法比《春秋》。鄙人愚陋，竊所未解，或係閣下未經寓目耶？此間士林見者嘖有煩言，以後實不敢代為傳播矣。所有以前報資已飭善後局發給，以後請飭即日截止，毋庸續寄。另將《湘學報》不妥之處簽出，寄呈察閱。學術既不敢苟同，士論亦不敢強拂。〔註79〕

由上述內容，展示張氏由贊襄辦報轉而對有關報刊「十分悖謬，見者人人駭怒」的「奇怪議論」，感到「不敢苟同」，於是為了「正人心，開風氣」，遂著《勸學篇》來正人心，惟書中仍看到張氏支持維新變法的思想並無大改，該書除立足「權衡新舊」、「會通中西」之立論外〔註80〕，對維新變法內容只提出須要注意之處。他在《勸學篇・序》說：

> 圖救時者言新學，慮害道者守舊學，莫衷於一。……舊者不知通，新者不知本。不知通，則無應敵制變之術，不知本，則有非薄名教之心。夫如是則舊者愈病新，新者愈厭舊，交相為瘉，而恢詭傾危、亂名改作之流遂雜出其說，以蕩眾心。學者搖搖，中無所主，邪說

<hr>

〔註77〕鼐：大鼎。《爾雅・釋器》稱：「鼎絕大謂之鼐。」郭璞注：是「最大者。」
〔註78〕見《張之洞全集》第9冊，頁7581。
〔註79〕見同上，頁7582。
〔註80〕參閱《抱冰堂弟子記》，《張之洞全集》第12冊，頁10621。

暴行，橫流天下。敵既至無與戰，敵未至無與安。吾恐中國之禍，
不在四海之外，而在九州之內矣！

竊惟古來世運之明晦、人才之盛衰，其表在政，其裏在學。……乃
規時勢，綜本末，著論二十四篇。〔註81〕

在他眼中，言新學與守舊學兩派，各有一偏之見，導致「舊者愈病新，新者愈
厭舊，交相為瘉」，於是「恢詭傾危、亂名改作之流遂雜出其說」，搖「蕩眾心」，
遂使「邪說暴行，橫流天下」，如此一來，既「無應敵制變之術」，又「有非薄
名教之心」生，兩者皆不能救當時之弊也。於是他「規時勢，綜本末」〔註82〕，
撰著《勸學篇》（二十四篇）糾正邪說。《勸學篇》一書由其弟子翰林院侍讀學
士黃紹箕（1854～1908）進呈光緒帝，光緒在「詳加披覽」後，以為「持論平
正通達，於學術、人心大有裨益」，令軍機處發送各省督撫、學政各一部，使
「廣為刊布，實力勸導，以重名教而杜卮言」〔註83〕。同年四月二十三日（6
月11日），光緒下詔維新變法，其詔曰：

自王公以及士庶，各宜努力向上，發憤為雄，以聖賢義理之學植其
根本，又須博採西學之切於時務者，實力講求，以救空疏迂謬之
弊。……總期化無用為有用，以成通經濟變之材。〔註84〕

「戊戌變法」在政治、教育、軍事、經濟等各個層面的改革內容，與《勸學篇》
的內容相較，會發現許多共同之處。

二、「內篇務本」，「外篇務通」

為「正人心，開風氣」，張氏著《勸學篇》，以「會通中西，權衡新舊」為
宗旨，推動變法維新。由於變法需要人才，而「人才之盛衰，其表在政，其裏
在學」，故《勸學篇》內容即以勸學和興學育才為中心。全書約四萬餘字，分
內外兩篇：內篇九篇，外篇十五篇。他在自序中解釋全書主旨是：「內篇務本，
以正人心」、「皆求仁之事」；「外篇務通，以開風氣」，「皆求智求勇之事」〔註
85〕。在序中同時說明各篇要旨。內篇九篇要旨在：

曰同心，明保國、保教、保種為一義，手足利則頭目康，血氣盛則

〔註81〕見《勸學篇・序》，同上，頁9704。
〔註82〕參閱同上，頁9704～9705。
〔註83〕參閱《上諭》，《張之洞全集》第12冊，頁10759。
〔註84〕見《清實錄》第57冊，北京中華書局，1987年，頁517。
〔註85〕參閱《勸學篇・序》，《張之洞全集》第12冊，頁9704。

心志剛，賢才眾多，國勢自昌也。

曰教忠，陳述本朝德澤深厚，使薄海臣民咸懷忠良，以保國也。

曰明綱，三綱為中國神聖相傳之至教、禮政之原本、人禽之大防，以保教也。

曰知類，閔神明之冑裔，無淪胥以亡，以保種也。

曰宗經，周、秦諸子，瑜不掩瑕，取節則可，破道勿聽，必折衷於聖也。

曰正權，辨上下，定民志，斥民權之亂政也。

曰循序，先入者為主，講西學必先通中學，乃不忘其祖也。

曰守約，喜新者甘，好古者苦，欲存中學，宜治要而約取也。

曰去毒，洋藥滌染我民，斯活絕之，使無萌櫱也。〔註86〕

外篇十五篇，其旨云：

曰益智，昧者來攻，迷者有凶也。

曰遊學，明時勢，長志氣，擴見聞，增才智，非遊歷外國不為功也。

曰設學，廣立學堂，儲為時用，為習帖括者擊蒙也。

曰學制，西國之強，強以學校，師有定程，弟有適從，授方任能，皆出其中，我宜擇善而從也。

曰廣譯，從西師之益有限，譯西書之益無方也。

曰閱報，眉睫難見，苦藥難嘗，知內弊而速去，知外患而豫防也。

曰變法，專己襲常，不能自存也。

曰變科舉，所習、所用，事必相因也。

曰農、工、商學，保民在養，養民在教，教農、工、商，利乃可興也。

曰兵學，教士卒不如教將領，教兵易練，教將難成也。

曰礦學，興地利也。

曰鐵路，通血氣也。

曰會通，知西學之精意，通於中學以曉固蔽也；

曰非弭兵，惡教逸欲而自斃也。

曰非攻教，惡逞小忿而敗大計也。〔註87〕

〔註86〕見同上，頁9704～9705。

〔註87〕見同上，頁9705。

然後又總括二十四篇之義，約為「五知」：

一知恥，恥不如日本，恥不如土耳其，恥不如暹羅，恥不如古巴。

二知懼，懼為印度，懼為越南、緬甸、朝鮮，懼為埃及，懼為波蘭。

三知變，不變其習不能變法，不變其法不能變器。

四知要，中學考古非要，致用為要，西學亦有別，西藝非要，西政為要。

五知本，在海外不忘國，見異俗不忘親，多智巧不忘聖。〔註88〕

他並舉孔子（前551～479）告魯哀公問政為例，以說明變法之重要：

魯，弱國也，哀公問政，而孔子告之曰：「好學近乎知，力行近乎仁，知恥近乎勇。」終之曰：「果能此道矣，雖愚必明，雖柔必強。」……孔子以魯秉禮而積弱，齊、邾、吳、越皆得以兵侮之，故為此言，以破魯國臣民之聲聵，起魯國諸儒之廢疾，望魯國幡然有為，以復文武之盛。然則無學、無力、無恥，則愚且柔；有學、有力、有恥則明且強。在魯且然，況以七十萬方里之廣、四百兆人民之眾者哉？〔註89〕

孔子以「好學近乎知，力行近乎仁，知恥近乎勇」之教來助魯國復文武之盛，說明若「無學、無力、無恥則愚且柔，有學、有力、有恥則明且強」〔註90〕。要使國家以「七十萬方里之廣，四百兆人民之眾」「明且強」，張以為只有變法圖強一途，方為易事。

為助朝廷實施變法，則先要「正人心，開風氣」，這是張氏給維新變法清除障礙的首要工作，然後在如何「會通中西，權衡新舊」下，使正處於被列強瓜分的國家，能團結全國，上下一心應敵制變，而保衛名教，則是他給自己開列的一項艱鉅任務。面對朝野保守派和激進改革派的極端之論，他在《勸學篇》裏作了許多游說與折衷功夫。在《變法第七》他徵引古書，目的在證明求新求變是自古已有之事，意在說服「不知通」懼怕變法給國家、個人帶來災害的保守人士。他首先指出：

夫不可變者倫紀也，非法制也；聖道也，非器械也；心術也，非工藝也。請徵之經：窮則變，變通盡利，變通趨時，損益之道與時偕

〔註88〕見同上。

〔註89〕見《勸學篇‧序》，同上，頁9705～9706。

〔註90〕參閱同上，頁9706。

行，《易》義也。器非求舊，惟新，《尚書》義也。學在四夷，《春秋》
傳義也。五帝不沿樂，三王不襲禮，禮時為大，《禮》義也。……夫
所謂道本者，三綱四維是也，若並此棄之，法未行而大亂作矣，若
守此不失，雖孔、孟復生，豈有議變法之非者哉？〔註91〕

「變通」、「惟新」、「學在四夷」實古有明訓，五帝、三王各代典章制度各異，
主因在各有損益下之變改，惟其不變者，則屬「三綱四維」的倫紀和聖道，變
法是因時制宜之事，於經有據。但因「泥古之迂儒」、「苟安之俗吏」、「苛求之
談士」排斥變法〔註92〕，只知苛責變法之成效，這使變法徒勞無功。他批評這
些人說：

乃局外遊談不推原於國是之不定、用人之不精、責任之不專、經費
之不允、講求之不力，而吹求責效，較之見彈求鴞炙、見卵求時夜，
殆有甚焉。學堂甫造而責其成材，礦山未開而責其獲利，事無定衡，
人無定志，事急則無事不舉，事緩則無事不廢，一埋一掘，豈有成
功哉？〔註93〕

迂儒、俗吏、談士各有所拘，或見識不足，或惰於因循，或苛求變法速且備，
人心不一，要變法成功，就須要眾人互相體諒，彼此折衷，為同一信念而努力。
於是他援引曾子（前505～435）的話作說明：

孔、孟二子亦將因所遇之時、所遭之變而為當世之法，使不失乎先
王之意而已，法者，所以適變也，不必盡同；道者，所以立本也，
不可不一。〔註94〕

只要所變是立於道而行適時之變，便可「變而無弊」〔註95〕。可惜朝廷已不像
聖祖、高宗朝〔註96〕，有「恢豁大度不欺遠人，遠識雄略不囿迂論」的人才來
處理國是〔註97〕。故他在外篇《益智第一》分析、評述自同治、光緒（1862～
1898）以來自強運動改革失敗的原因，稱：

林文忠嘗譯《四洲志》、《萬國史略》矣，然任事而不終；曾文正嘗

〔註91〕見同上，頁9747。
〔註92〕參閱同上，頁9748。
〔註93〕見同上。
〔註94〕見《勸學篇·外篇·變法第七》，同上，頁9748～9749。
〔註95〕參閱同上，頁9749。
〔註96〕聖祖：康熙（1654～1722），1661–1722年在位；高宗（1711～1799）：乾隆，
　　　　1735～1796年在位。
〔註97〕參閱《勸學篇·外篇·益智第一》，《張之洞全集》第12冊，頁9734。

遣學生出洋矣，然造端而不壽；文文忠創同文館，遣駐使，編西學
各書矣，然孤立而無助。迂謬之論，苟簡之謀，充塞於朝野，不惟
不信不學，且詬病焉。一儆於臺灣生番，再儆於琉球，三儆於伊犁，
四儆於朝鮮，五儆於越南、緬甸，六儆於日本，禍機急矣，而士大
夫之茫昧如故，驕玩如故，天自牖之，人自塞之，謂之何哉！〔註98〕

正是「迂謬之論、苟簡之謀」，造成「士大夫之茫昧如故，驕玩如故」，使進行
了三十多年的自強事業，經甲午戰爭一役，證明其失敗無效。張氏認為，此時
若要改革，則不可再重蹈覆轍，再一次錯過圖強富國的機會。可是，朝廷中阻
礙改革的力量眾多，使變法舉步唯艱，因此他在《會通第十三》警告說：

今日新學、舊學互相訾謷，若不通其意，則舊學惡新學，姑以為不
得已而用之，新學輕舊學，姑以為猝不能盡廢而存之，終古枘鑿，
所謂「疑行無名，疑事無功」而已矣。〔註99〕

「舊者不知通，新者不知本」，且雙方「互相訾謷」，若新與舊兩者無法調和，
將招致改革不能成功。然而張氏對「會通中西，權衡新舊」仍頗具信心，他認
為「政教相維者，古今之常經，中西之通義」〔註100〕，即使中西學術和文化
存有差異，新舊兩派見識雖各不同，但理應有共通、互相一致之處。西方的政
治、經濟、學術、文化等各種措施，其實中國已古有明訓。所謂變法，實是中
法的擴充與改良而已。故同篇又說：

《中庸》天下至誠，盡物之性，贊天地之化育，是西學格致之義
也。……《周禮》土化之法，化治絲枲，飭化八材，是化學之義也。
《周禮》一易、再易、三易，草人、稻人所掌，是農學之義也。《禮》
運貨惡棄地，《中庸》言山之廣大，終以寶藏興焉，是開礦之義也。
《周禮》有山虞林衡之官，是西國專設樹林部之義也。
《中庸》來百工則財用足，夫不以商足財而以工足財，是講工藝、
暢土貨之義也。
《論語》工利其器，《書》：「器，非求舊，維新」，是工作必取新式
機器之義也。《論語》「百工居肆」，夫工何以不居其鄉而必居肆？意
與《管子》「處工就官府」，同是勸工場之義也。

〔註98〕 見同上，頁 9735。
〔註99〕 見《勸學篇‧外篇‧會通第十三》，同上，頁 9764。
〔註100〕 參閱《勸學篇‧內篇‧同心第一》，同上，頁 9708。

《周禮》訓方氏，訓四方，觀新物，是博物院、賽珍會之義也。

《大學》：「生之者眾，食之者寡」，即西人富國策，生利之人宜多、分利之人宜少之說也。《大學》生財大道，為之者疾。《論語》：「敏則有功」，然則工商之業、百官之政、軍旅之事，必貴神速，不貴遲鈍，可知是工宜機器、行宜鐵路之義也。

《周禮・司市》：「亡者使有，（微）者使阜，害者使亡，靡者使微。」是商學之義，亦即出口貨無稅、進口貨有稅及進口稅隨時輕重之義也。

《論語》教民七年，可以即戎；不教民戰，是謂棄之。是武備學堂之義也。《司馬法》「雖遇壯者，不校勿敵，敵若傷之，醫藥歸之」，與西人交戰時有醫家紅十字會同。

《漢書・藝文志》謂九流百家之學，皆出於古之官守，是命官、用人皆取之專門學堂之義也。《左傳》仲尼見郯子而學焉，是赴外國遊學之義也。《內則》十三年舞勺，成童舞象，學射御，聘義勇，敢強有力，所以行禮。是體操之義也。《學記》不欣其藝從鄭注，不能悅學，是西人學堂兼有玩物適情諸器具之義也。

《呂刑》：「簡孚有眾，（維）貌有稽。」（貌，《說文》作緢，細也），《王制》：「疑獄，氾與眾共之。」是訟獄憑中證之義也。

《周禮》外朝詢眾庶。《書》謀及卿士，謀及庶人，從逆各有吉凶，是上、下議院互相維持之義也。《論語》眾好必察，眾惡必察，是國君可散議院之義也。《王制》史陳詩，觀民風；市納價，觀民好。《左傳》士傳言，庶人謗，商旅市，工獻藝，是報館之義也。凡此皆聖經之奧義，而可以通西法之要指。〔註101〕

一切西人之學，其起源於中國經典中皆有所記載，只要於中、西之學勤加學習，適度採用，於國家有用，而無害為聖人之徒。他指出：

中學為內學，西學為外學，中學治身心，西學應世事。不必盡索之於經文，而必無悖於經義。如其心聖人之心，行聖人之行，以孝弟忠信為德，以尊主庇民為政，雖朝運汽機、夕馳鐵路，無害為聖人之徒也；如其昏惰無志，空言無用，孤陋不通，傲很不改，坐使國家顛隮，聖教滅絕，則雖弟佗其冠，神禪其辭，手註疏而口性理，

〔註101〕見《勸學篇・外篇・會通第十三》，同上，頁 9764～9765。

天下萬世皆將怨之詈之曰：此堯、舜、孔、孟之罪人而已矣。〔註102〕
國家之亡，往往是因為那些「昏惰無志，空言無用，孤陋不通，傲很不改」的
人所導致，他們天天做註疏工作，天天談論性理之事，而不思所以救國，使「聖
教滅絕」，自身便成為堯、舜、孔、孟的罪人，國家也會隨之而亡。

晚清國勢脆若卵石，變法圖強為勢所趨，但張氏堅持，變法所本，必須要
以「激發忠愛、講求富強，尊朝廷、衛社稷為第一義」，理由是「學術造人才，
人才維國勢」〔註103〕，所以他把教育改革視為變法第一要務，他的持論是「世
運之明晦，人才之盛衰，其表在政，其裏在學」〔註104〕。《勸學篇》便乘載著
這種使命，故書中有關教育篇章最多，如：《益智第一》、《遊學第二》、《設學
第三》、《學制第四》、《廣譯第五》、《閱報第六》、《變法第七》、《變科舉第八》、
《農工商學第九》、《兵學第十》、《礦學第十一》、《鐵路第十二》、《會通第十三》，
實與教育密切相關。

培養人才有緩急輕重之序，張氏建議可先從派士子出國遊學、創設新式學
堂、改良學制、大量翻譯西學書籍、鼓勵閱報、改革科舉等步步擴展、步步推
進。對時下一些離經叛道的行為與思想學說，他認為須杜絕其根源。

光緒元年（1875），張氏撰《輶軒語》、《書目答問》時，對於諸子之書，
以為尚「有益於經」〔註105〕，故甚重視。二十餘年後他著《勸學篇》，對諸子
學說卻多持否定態度，視諸子之學「最為害政、害事」，認為若「施於今日必
有實禍者」，並指出「九流之精，皆聖學之所有」〔註106〕。這種變化，可說是
隨著時代、國勢之積弱而發展。從《輶軒語・語學第二》，「讀諸子・讀子為通
經」一節，可略見其早年的思想。他說：

以子證經，漢王仲任已發此義……子有益於經者三：一、證佐事實，
一、證補諸經偽文佚文，一、兼通古訓古音韻，然此為周秦諸子言
也。漢魏亦頗有之。至其義理，雖不免偏駁，亦多有合於經義，可
相發明者。宜辨其真偽，別其瑜瑕，斯可矣。〔註107〕

在《書目答問》，他把周秦諸子之學置於儒家、兵家、法家之前：

〔註102〕見同上，頁9767。
〔註103〕參閱《勸學篇・內篇・同心第一》，同上，頁9709、9708。
〔註104〕參閱《勸學篇・序》，同上，頁9704。
〔註105〕參閱《輶軒語・語學第二》，同上，頁9789。
〔註106〕參閱《勸學篇・內篇・宗經第五》，同上，頁9719。
〔註107〕見同上，頁9789。

周秦諸子，皆自成一家學術，後世群書，其不能歸入經史者，強附子部，名似而實非也。若分類各冠其首，愈變愈歧，勢難統攝。今畫周秦諸子聚列於首，以便初學尋覽……周秦諸子第一……儒家第二……兵家第三……法家第四……。〔註108〕

但到了《勸學篇》，他已視周秦諸子學說無裨致用，皆不足觀。在《宗經第五》他便批評說：

諸子之駮雜固不待言，茲舉其最為害政害事而施於今日必有實禍者。如《老子》尚無事，則以禮為亂首；主守雌，則以強為死徒；任自然，則以有忠臣為亂國。《莊子》齊堯、桀，黜聰明，謂凡之亡不足以為亡，楚之存不足以為存。《列子·楊朱篇》惟縱嗜欲，不顧毀譽。《管子》謂「惠者民之仇讎，法者民之父母。」其書龐雜，僑託最多，故兼有道、法、名、農、陰陽、縱橫之說。《墨子》除「兼愛」已見斥於《孟子》外，其《非儒》《公孟》兩篇至為狂悍。《經》上下、《經說》上下，四篇乃是名家清言，雖略有算學、重學、光學之理，殘不可讀，無裨致用。《荀子》雖名為儒家，而《非十二子》，倡性惡，法後王，殺《詩》、《書》，一傳之後即為世道經籍之禍。申不害專用術，論卑行鄙，教人主以不誠。(《韓非子》及他書所引)。韓非用申之術，兼商之法，慘刻無理，教人主以不任人、不務德。商鞅暴橫，盡廢孝弟仁義，無足論矣。……《孫》、《吳》、《尉繚》，兵家專門，尚不害道。……尹文、慎到、鶡冠、屍佼，可採無多。至於公孫龍巧言無實，鬼谷陰賊可鄙，皆不足觀。又如《關尹子》多剿佛書，《文子》全襲《淮南》，皆出作偽。〔註109〕

除「兵家專門，尚不害道」之外，諸子學說在張氏心中已成了「亂首」之源，斥諸子學教人「惟縱嗜欲」、「用術」、「行鄙」、「教人主以不誠」、「巧言無實」、「陰賊可鄙」、「不務德」、「廢孝弟仁義」，這些均有害於「世道」，更是「經籍之禍」，難怪他轉斥其「慘刻無理」，「無裨致用」。這與《輶軒語》、《書目答問》時期謂諸子仍「便初學尋覽」，「其義理，雖不免偏駮，亦多有合於經義，可相發明者」的說法前後已有明顯分別。觀其思想與言論，除可見出時代人心的轉變外，隱然看到由於張氏救國富強之心極迫切，因而對一切害道、害政的思想、

〔註108〕見《書目答問·子部》卷三，同上，頁9903。
〔註109〕見同上，頁9719～9720。

學說均嚴予批駁，以防國家出現「中無所主，邪說暴行，橫流天下」的局面。
他對老子的批評最為嚴厲。在《宗經第五》，他說：

> 獨老子見道頗深，功用較博，而開後世君臣苟安誤國之風，致陋儒
> 空疏廢學之弊，啓猾吏巧士挾詐營私，軟媚無恥之習，其害亦為最
> 巨。功在西漢之初，而病發於二千年之後，是養成頑鈍積弱，不能
> 自振之中華者，老氏之學為之也〔註110〕。故學老者病痿痹，學餘子
> 者病發狂。〔註111〕

老子之學尚無為，知雄守雌，他以為是「養成頑鈍積弱，不能自振之中華者」
的重要原因，令他最為痛恨。諸子之學其可惡之處，尤在其詆諆儒學，「譏聖
教為無用」〔註112〕，倘若人人讀諸子則儒學有被淹沒的危險。何況此時儒學
還面臨新學之士、懶於學者的排斥。於《守約第八》便道出他對儒學日漸消亡
的憂懼：

> 儒術危矣……吾讀司馬談之《論六家要指》而得其故焉，其說曰：
> 「儒家者流，博而寡要，勞而少功。」何以寡要少功？由於有博無
> 約。如此之儒，止可列為九流之一耳，焉得為聖？焉得為賢？老詬
> 儒曰「絕學無憂」，又以孔子說十二經為大謬；墨詬儒曰「累壽不能
> 盡其學」，墨子又教其門人公尚過不讀書；法詬儒曰「藏書策，修文
> 學，用之則國亂」〔註113〕。大率諸子所操之術，皆以便捷放縱，投
> 世人之所好，而以繁難無用誣儒家，故學者樂聞而多歸之。……尤
> 可患者，今日無志之士本不悅學，離經畔道者尤不悅中學，因倡為
> 中學繁難無用之說，設淫辭而助之攻，於是樂其便而和之者益衆，
> 殆欲立廢中學而後快。〔註114〕

諸子學說以「便捷放縱」來媚俗，誣陷「儒家」為「繁難無用」，目的只是使
人放棄儒學而從其所學。而「無志之士」與「離經畔道者」則借助諸子學說，
力詆儒學之非，所圖在立廢儒學。國家危在旦夕，急需推行變法，但儒學絕不

〔註110〕張氏自注：「『大巧若拙』一語最害事，此謂世俗趨避鑽刺之巧則可矣，若步
　　　　天測地、工作軍械，巧者自巧，拙者自拙，豈有巧拙相類之事哉？數十年來，
　　　　華人不能擴充智慧者，皆為此說所誤。」
〔註111〕見《張之洞全集》第12冊，頁9720。
〔註112〕參閱《勸學篇·內篇·知類第四》，同上，頁9716。
〔註113〕張氏自注：《韓非子》語。
〔註114〕見《張之洞全集》第12冊，頁9725～9726。

可因此被廢黜，這是張氏的一種堅持。器可變，道不可變。這個道便是「三綱
四維是也，若並此棄之，法未行而大亂作矣，若守此不失，雖孔、孟復生，豈
有議變法之非者哉」〔註115〕？既然「三綱為中國神聖相傳之至教，禮政之原
本，人禽之大防」，是不可變的道〔註116〕，更是維繫天下倫理、社會秩序的根
本，也是儒家思想的本源，所以他一定要加以維護。故他在《明綱第三》說：

> 《禮記‧大傳》：「親親也，尊尊也，長長也，男女有別，此其不可
> 得與民變革者也。」五倫之要，百行之原，相傳數千年更無異義，
> 聖人所以為聖人，中國所以為中國，實在於此。故知君臣之綱，則
> 民權之說不可行也；知父子之綱，則父子同罪、免喪廢祀之說不可
> 行也；知夫婦之綱，則男女平權之說不可行也。〔註117〕

張氏強調儒學不可廢棄，因它是五倫之要、百行之源，這一訊息很強烈。但儒
學因為時勢的逼迫和自身的問題，已走到十字路口，使不少學者卻步，故不得
不求變通以圖存，然後再發揮其濟世的作用，於是他想出了一個保守儒學永不
墜落的辦法，便是「守約」，再由約入博。他於《守約第八》說：

> 夫先博後約，孔、孟之教所同。而處今日之世變，則當以孟子守約
> 施博之說通之。且孔門所謂博，非今日所謂博也。孔、孟之時，經
> 籍無多，人執一業可以成名，官習一事可以致用，故其博易言也。
> 今日四部之書汗牛充棟，老死不能遍觀而盡識。即以經而論，古言
> 古義隱奧難明，訛舛莫定，後師群儒之說解紛紜百出，大率有確解
> 定論者不過什五而已。
> 滄海橫流，外侮洊至，不講新學則勢不行，兼講舊學則力不給，再
> 歷數年，苦其難而不知其益，則儒益為人所賤，聖教儒書寖微寖
> 滅，雖無嬴秦坑焚之禍，亦必有梁元文武道盡之憂，此可為大懼者
> 矣。〔註118〕

「今日之世變」是因「滄海橫流，外侮洊至」，而儒學之書則因「汗牛充棟」、
「隱奧難明，訛舛莫定」，使有志之士，若要講求新學以救國家，便難有餘暇
研求儒學，故儒學面臨著「文武道盡之憂」。如何挽救？同篇再條陳了一簡化

〔註115〕 參閱《勸學篇‧外篇‧變法第七》，同上，頁9748。
〔註116〕 參閱《勸學篇‧序》，同上，頁9704。
〔註117〕 見同上，頁9715。
〔註118〕 見同上，頁9726。

的守約之策謂：

> 是惟設一易簡之策以救之，庶可以閒執讎中學者之口，而解畏難不
> 學者之惑。今欲存中學，必自守約始，守約必自破除門面始。爰舉
> 中學各門求約之法，條列於後，損之又損，義主救世以致用當務為
> 貴，不以殫見洽聞為賢。〔註119〕

從前讀書是先博後約，現在因時局不同，則應由約入博。張氏任學政時期，
主張學兼漢、宋，讀書人須通經，兼習史、子、集之書，《書目答問》所列書
目就達二千餘種。此刻儒學卻面臨新學讎舊學，以及「老死不能遍觀而盡識」
等困境，如何易簡、守約，實難取捨。此刻，他以為能致用救世實比「殫見
洽聞」更迫切更重要。於是他提出了一個簡約讀書法，以十五歲來分界。他
這樣說：

> 十五歲以前，誦《孝經》、四書、五經正文，隨文解義，並讀史略、
> 天文、地理、歌括、圖式諸書，及漢、唐、宋人明白曉暢文字有益
> 於今日行文者。自十五歲始⋯⋯統經、史、諸子、理學、政治、地
> 理、小學各門，美質五年可通，中材十年可了⋯⋯而以其間兼習西
> 文，過此以往，專力講求時政，廣究西法，其有好古研精、不鶩功
> 名之士願為專門之學者。此五年以後，博觀深造，任自為之。然三
> 五人願為專門者，是為以約存博⋯⋯以淺持博亦有合焉。〔註120〕

由「百人入學，必有三五人願為專門者」來成就「以約存博」這一設想，標示
了張氏遇事懂得靈活變通的一面。

《勸學篇》提倡新式教育，將學堂分專門與普通兩種，已暗藏張氏有辦普
及教育的想法。專門學堂，側重專門學問的研究；普通學堂，重在「舉要切用」，
課程更要「有限有程，人人能解」，只須「通曉中學大略」便可，這一變通科
目的方法，好處是可保存傳統學問，使「吾學、吾書庶幾其不亡」。他於《守
約第八》指出：

> 大抵有專門箸述之學，有學堂教人之學、專門之書，求博求精，無
> 有底止，能者為之，不必人人為之也。學堂之書但貴舉要切用，有
> 限有程，人人能解，且限定人人必解者也。〔註121〕將來入官用世之

〔註119〕見同上，頁9725。
〔註120〕見同上。
〔註121〕張氏自注：「西人天文、格致一切學術，皆分專門學堂，與普通學堂為兩事。」

人，皆通曉中學大略之人，書種既存，終有萌蘖滋長之日，吾學吾
書，庶幾其不亡乎。〔註122〕

張氏開列的簡約讀書法是：經學貴通大義，讀經知要約方「事半功倍」，讀「群
經以國朝經師之說為主」；治史學最重切用，切用者在能「考治亂典制」，「可
資今日取法者」；讀諸子則知取捨，理學要看學案，詞章要讀有實事者，政治
書宜讀近今者，地理考今日有用者，算學各隨所習之事學之，小學但通大旨大
例〔註123〕。

　　他對小學十分重視，是出於遠慮，擔心「若廢小學不講，或講之故為繁難，
致人厭棄，則經典之古義茫昧，僅存迂淺俗說，後起趨時之才士，必皆薄聖道
為不足觀，吾恐終有經籍道熄之一日也」，恐經籍終有道熄之一日，正是他對
儒學消亡的一份危機感。為了保存儒學之不絕，要國人「於中學亦有主宰」，
他又設一更簡易之法，讓「資性平弱」，於以上各種已求簡約讀書法也感困難
者，可先讀《近思錄》、《東塾讀書記》、《御批通鑑輯覽》、《文獻通考詳節》，
並稱「果能熟此四書，於中學亦有主宰矣」〔註124〕。要國人不忘本、不要廢
棄本身風俗、禮教這一文化傳統，是他極力維護儒學的中心指歸。

　　張氏在《勸學篇》除力斥諸子學說「害政害道」以保護傳統儒學外，對今
文經學家的公羊學說也有強烈的批評〔註125〕。這一點與他在四川學政時期對
《公羊》家仍有正面評價的思想大異。在《輶軒語‧語學第二》「通經‧治經
宜有次第」一段，他對《公羊》家有如下評說：

　　三《傳》並立，旨趣各異。《公羊》家師說雖多，末流頗涉傅會，何
　　注又復奧樸。《左傳》立學最晚，漢人師說寥寥，惟杜註行世。世人
　　以其事博辭富，求傳而不求經。故《公羊》家理密而事疏，《左傳》
　　家事詳而理略，《穀梁》師說久微，國朝人治者亦少。〔註126〕

《公羊》家雖「理密而事疏」，但有「《左傳》家事詳而理略」以補其短，故
亦為可讀之書。在《書目答問》，他把《春秋公羊傳》一類歸入「列朝經注

〔註122〕見《張之洞全集》第12冊，頁9727。
〔註123〕參閱同上，頁9727～9731。
〔註124〕參閱同上，頁9731～9732。
〔註125〕有關張對「公羊」學說的批評，請參閱氏著《駁〈公羊〉大義悖謬者十四事》、
　　　　《駁〈公羊〉文義最乖舛者十三事》二文（見「讀經札記二」，《張之洞全集》
　　　　第12冊，頁10039、10041）。
〔註126〕見《輶軒語‧語學第二》，同上，頁9789。

經說經本考證第二」，共有十餘種，並注明選取標準，凡「空言臆說、學無家法者不錄」，故所錄公羊家各書，均非空言臆說而是有家法者，如：《公羊逸禮考徵》一卷（陳奐。潘氏滂喜齋刻本）、《公羊何氏釋例》十卷（劉逢祿。學海堂本。褚寅亮《公羊釋例》三十卷，未刊）、《公羊補注》一卷（姚鼐。《惜抱軒集》本）等〔註127〕，但在《勸學篇》，張氏對公羊家的學說已表示了懷疑。他指出：

> 假如近儒《公羊》之說，是孔子作《春秋》而亂臣賊子喜也。竊惟
> 諸經之義其有迂曲難通、紛歧莫定者，當以《論語》、《孟子》折衷
> 之，《論》、《孟》文約意顯，又群經之權衡矣。〔註128〕

張氏對《公羊》學的批評，近人多認為主要是對康有為借《公羊傳》附會孔子改制之說而發議的。從張氏初對《公羊》學說採較客觀持平態度轉持批判，不難看出，這種變化正是他維護正統儒學的自然本質。

除上述論說外，《勸學篇》又論列了改革科舉、新式學制、新式學堂的措施。在庚子（1900）後，《勸學篇》的重要思想在他主持的新政中得到充分體現，這方面的主要內容將留在第四章《張之洞「通經致用」教育思想的體現》中討論。除了關心教育之外，《勸學篇》有關其他國計民生之建議則稍為遜色，如經濟改革的建議只有外篇《礦學第十一》、《鐵路第十二》；有關政制改革的建議則僅有《正權第六》一篇；有關軍事改革的建議有《兵學第十》、《非弭兵第十四》。

本章小結

《輶軒語》和《書目答問》是張氏任四川學政時，為要訓勉士子端品行、讀書求實學而撰著。曾是兩湖書院學生的張繼煦（1876～1956），在《張文襄公治鄂記》說：

> 十二年（同治），典試四川，就授學政，奏設尊經書院，建尊經閣，
> 度藏書籍。開印書局，刊行小學、經、史諸書。又撰《輶軒語》、《書
> 目答問》，示諸生讀書之法。〔註129〕

〔註127〕 參閱《書目答問‧經部》卷一，同上，頁 9829、9843。
〔註128〕 見《勸學篇‧內篇‧宗經第五》，同上，頁 9720。
〔註129〕 見「傳記資料三」，同上，頁 10739。（本文摘錄自張繼煦《張文襄公治鄂記》
（卷十三）「附錄」一篇，湖北通志館編印，1947 年版）

對於《書目答問》的成書雖有一些爭議〔註130〕，但亦不損其「勵學愛士」之意，張氏幕僚陳衍（1856～1937）在《張相國傳》便這樣寫道：

> 丁卯、庚午，典浙江、四川試，皆遍搜經策遺卷，名下士無一失者。遂督川學，著《輶軒語》、《書目答問》教士。道、咸以來，士溺於陳腐時藝，愈益不學，自是後進乃略識讀書門徑，有訾謷《書目》不盡翔實，稿非己出，然不害其勵學愛士勤勤意也。〔註131〕

顯然，張氏想救「道咸以來，士溺於陳腐時藝，愈益不學」的衰敗學風而有二書出。看《輶軒語・語行第一》，其切切勸勉士子要「立志希古，不隨流俗，無論學行兩端，常與古人比較，不以今人自寬，是謂遠大」的語句〔註132〕，即可為證。在《語行第一》他續說：

> 扶持世教，利國利民，正是士人分所應為。……國家養士，豈僅望其能作文字乎？通曉經術，明于大義，博考史傳，周悉利病，此為根柢。尤宜討論本朝掌故，明悉當時事勢，方為切實經濟。蓋不讀書者為俗吏，見近不見遠；不知時務者為陋儒，可言不可行。〔註133〕

要讀書人立志遠大，通曉經術，在明大義；博考史傳，明悉利病，不做俗吏，不為陋儒，希望他們做胸懷家國的秀才、著述皆有用於世的名儒，這便是他亟亟追求的教育理想。《輶軒語》於光緒二年（1876）出版後，有「被視為科舉

〔註130〕 《書目答問》是否由張之洞親自撰輯，還是由目錄學家繆荃孫（1844～1919）執筆，素有爭議。民初學者范希曾在編《書目答問補正》時，在跋中稱：「張氏《書目答問》，出繆筱珊先生手，見《藝風堂自訂年譜》。」（見《書目答問補正》，上海古籍出版社，1983年版，頁361）。柳詒徵於《書目答問補正・序》亦稱：「文襄之書，故繆藝風帥代撰」（見同上，第2頁）。繆荃孫於自著《藝風老人年譜》中說：「光緒元年，年三十二，八月，執贄張孝達先生門下，命撰《書目答問》四卷。」後來繆荃孫在《豐岩廠所見書目序》卻別有另一說法，謂：「同治甲戌，南皮師相督四川學，有《書目答問》之編。荃孫時館吳勤惠公（棠）督署，隨同助理。」若依此說，則張為《書目答問》著者，繆為協助者。李細珠在《張之洞與清末新政研究》一書對此有較多的分析推論，認為繆氏代為「訂正」較合史實（參閱氏著，上海書店出版社，2004年，頁36，注〔4〕）。又據張氏於光緒二年（1876）《與王廉生》信中托王廉生（懿榮）「轉交」《書目答問》刊本給在京的繆氏，「囑其訂正，亦即列詳見覆為要」一說或可證明張親定此書，繆只為協助者。（參閱《張之洞全集》第12冊，頁10124）

〔註131〕 見《張之洞全集》第12冊，「傳記資料三」，頁10736。

〔註132〕 參閱同上，頁9771。

〔註133〕 見同上，頁9772。

金針」〔註134〕，因而坊間翻印或官方重刊者為數不少〔註135〕，同年退補齋《輶軒語》重刊本有這樣的評語：

> 所言獨平易近情，篤實切理，無岐涂，無躐級。聰明既不至於誤用；
> 即中人以下，積日累月，勤求弗懈，仰跂亦自易。〔註136〕

光緒乙未年（1895）福建學署重刊本，則指《輶軒語》「蓋所以激勵而誘掖者，其用意甚厚」，「『語行』篇中，抉摘學人流弊，深切著明，讀之者洵當奉為弦韋，服膺勿失」，「『語學』篇討論漢學、宋學」，「融門戶之見，尤為折衷至當」〔註137〕。當然，《輶軒語》成書於清季，與今日教育內容、思想上自有大異，惟其中的教士之道、訓誡規條及指示學生如何紮實學問基礎的方法，則仍然有大用，不少內容仍可資今日學生取法、學校借鑑，學生若能按指引去求知識，它也是不錯的「良師」。

《書目答問》面世後，在清末幾十年間，更是「翻印重雕不下數十次，承學之士，視為津筏，幾至家置一編」〔註138〕。目錄學家繆荃孫（1844～1919）曾稱許說：

> 此書通行後，何啻得千百萬導師於家塾，而保全舊學不致湮沒於塵
> 埃，流失於外域。舊學絕續之交，豈非絕大關係之事哉！〔註139〕

梁啟超也說：

> 得張南皮之《輶軒語》、《書目答問》歸而讀之，始知天地間有所謂
> 學問。〔註140〕

民國二十五年（1936）有君中書社重刊《書目答問》，於序中云：

> 如《四庫書總目》等編制，是有網羅一時所有而以多尚者……但此
> 等撰集……對求學門徑，則未有指示之。至若以書目為名，實指示

〔註134〕參閱秦進才《張之洞版本著述》，同上，頁10882。
〔註135〕如光緒四年有嘯園本，光緒八年有江西書局聚珍本，光緒二十一年陝西學署增訂本，光緒二十一年有貴陽重刊本，等。（參閱同上，附錄四，頁10755）
〔註136〕見《輶軒語·序》，永康胡鳳丹識，同上，附錄四，頁10755。
〔註137〕參閱《重刊輶軒語·序》，福建學政黃縣王錫蕃序，同上，附錄四，頁10757。
〔註138〕參閱范希曾《書目答問補正·序》，北京中華書局，1981年。自《書目答問》刊布後，重訂、重刊或箋補刻本不少，計有光緒五年湘鄉成氏重刊本、光緒三十年（八月）江氏刊本《書目答問箋補》、光緒三十年漢川江氏刊本，等。（參閱《張之洞全集》第12冊，附錄四，頁10750～10753）
〔註139〕見繆荃孫《藝風堂文集·續集》卷5，頁9。
〔註140〕見《飲冰室合集·文集之一》，北京中華書局，1989年，頁55。

讀書之法者，則莫如張文襄公《書目答問》。〔註141〕

魯迅（1881～1936）也言：

我以為倘要弄舊的呢，倒不如姑且靠著張之洞的《書目答問》去摸門徑。〔註142〕

陳垣（1880～1971）也表示，透過讀《書目答問》，他學會了按目錄買自己需要的書〔註143〕。目錄學者余嘉錫（1884～1955），則說他的學問，是從《書目答問》入手〔註144〕。錢穆先生於四十年代時就讀書治學一事亦表示：

余學無師承，亦未受過大學教育，但自知鑽研，恆以曾、張二公為師耳。〔註145〕

綜合上述所見，《書目答問》似乎是一部指示人如何選書、何書該讀及如何分類求知的入門指南書，成了問學者案頭的必備工具。

錢穆先生於《近百年來諸儒論讀書》一文，又從另一角度對《書目答問》做了評述，指它把全部的學問，「都平鋪放在一堆，教人茫如煙海，望津向若，問津無從」，反不及「讀曾氏的家書家訓，雖似簡陋，然循此做去，卻可成就一種學問」〔註146〕，與他「余學無師承」的說法似相互矛盾。大概學者在不同時期，因著知識、看法的轉變出現前後不同的說法，是可以理解的。錢先生的話，給人新的思考角度。畢竟稱讚《書目答問》者多，批評的少，所批評者也多從書籍版本訛誤等方面做功夫，較少就是否入門做深入一點的探討，而錢先生做了。

至於《勸學篇》，與張氏晚年所推行的新政內容比照，其中心思想所言大多相近，實可視此書為張氏三十餘年來教育思想的一次總結、一個總綱領。張氏一生重視儒家傳統價值的追求，惟於晚清之期，在西學的衝擊下，貫古博今的治學理想，要適時地作出讓步、並有所折衷，儒學之被人詆為無用，有喪亡的危機，使他感到要作出改變來應合時代的需要，從前教人讀經須重考據訓詁，此刻他認為「考古非要，致用為要」；從前說讀經通大義是泛指通各書之

〔註141〕見樂亭李時，《張之洞全集》第 12 冊，附錄四，頁 10754。

〔註142〕見《讀書雜談》（發表於 1927），《魯迅書話》，北京出版社，1996 年，頁 19。

〔註143〕參閱陳垣《談談我的讀書經驗》，《中國青年》1961 年第 16 期。

〔註144〕參閱余嘉錫《余嘉錫論書雜著・序》上冊，北京中華書局，1963 年，頁 1。

〔註145〕轉引自堅如《張文襄公治學方法述評》，《新東方雜誌》2 卷 1 期，1940 年 11 月。

〔註146〕參閱錢穆《學籥》，1966 年，自印本，頁 101。該文首次發表於 1935 年，因「北平各大學學生發起一讀書運動，來徵文」成篇。（見《學籥・序目》）

大義，此時只取其可「切於治身心、治天下者」之大義〔註147〕。何謂「大義」？
在《守約第八》他這樣解釋：

> 凡大義必明白平易，若荒唐險怪者乃異端，非大義也。《易》之大義，
> 陰陽消長；《書》之大義，知人安民；《詩》之大義，將順其美，匡救
> 其惡〔註148〕。《春秋》大義，明王道，誅亂賊；《禮》之大義，親親、
> 尊尊、賢賢；《周禮》大義，治國、治官、治民，三事相維。〔註149〕

在張氏心中，五經大義全都是治國安民之事，明白而平易，人人讀之，便不會
有「廢時破道之患」，也不會有「經籍道熄之一日」〔註150〕。張氏在《兩湖、
經心書院改照學堂辦法片》（光緒二十四年閏三月十五日）中說：

> 兩書院分習之大指，皆以中國（學）為體，西學為用，既免迂陋無
> 用之譏，亦杜離經叛道之弊。〔註151〕

此時正是他發表《勸學篇》之初，「中學為體，西學為用」已成為他創辦新學
制的圭臬，也是他在光緒二十七年（1901），統籌新政的強國總綱。張氏強調
「中學為體，西學為用」，是有其歷史根源的，他說：

> 今欲強中國存中學，則不得不講西學。然不先以中學固其根柢，端
> 其識趣，則強者為亂首，弱者為人奴，其禍更烈於不通西學者矣。
> 〔註152〕

在國難當前，處於西學東漸、中學將絕的文化亂局中，作為一位以保守傳統
儒學自任的儒士大夫，維護中學之不墜便是他份所應為的責任，何況他憂慮，
若「不先以中學固其根柢，端其識趣」，則容易出現「強者為亂首，弱者為
人奴」的局面，「其禍更烈於不通西學者矣」，應是他保全中學的真正憂國之
思。

縱觀張氏一生，尤其於晚清國勢瀕臨危亡之期，卻能傾其識力，務要為國
家、民族、聖教，籌劃出一個致治藍圖，其志可嘉，其情可憫。《勸學篇》一
發表，卻引來維新派的猛烈抨擊，如維新人物何啟、胡禮垣於1899年對此書
進行了逐一批駁，其中云：

〔註147〕參閱《勸學篇·序》，《張之洞全集》第12冊，頁9704。
〔註148〕張氏自注：「詩譜序：論功頌德，所以將順其美；刺過譏失，所以匡救其惡。」
〔註149〕見《張之洞全集》第12冊，頁9727。
〔註150〕參閱同上，頁9732。
〔註151〕見《張之洞全集》第2冊，頁1299。
〔註152〕見《勸學篇·內篇·循序第七》，《張之洞全集》第12冊，頁9724。

其志則是，其論則非，不特無益於時，然且大累於世。〔註153〕
批評是書「無一是處」，內外篇所論，皆「見解謬妄，首尾乖方」，「使由其言
而見諸行，則禍國殃民，指日可見」〔註154〕。顯然，二氏的批評是站在其政
治角度而發議的。在批評聲中，亦有不少讚譽。如當時《申報》在發表《讀南
皮張制軍〈勸學篇〉書後》一文稱：

> 偉哉！此篇殆綜中西之學，通新舊之郵，今日所未有，今日所不可無
> 之書也。詳觀大意，內篇正人心類守舊之言，外篇開風氣類維新之言。
> 誠以舊者體也，新者用也。言舊不言新，恐涉於迂陋而人才不備；言
> 新不言舊，恐趨於狂誕而流弊無窮。苦心分明，苦口勸導，日望海內
> 人人知學，守之以正，濟之以通。數年以後，正人君子講求西政、西
> 學、西藝者必多，成材亦必眾。於是開守舊之智，範維新之心，其意
> 厚矣，其功大矣。日月不利，江河不廢，此書之謂也。〔註155〕

西方教士對此書也多有推尊。西班牙宣教士宜穆（Jerorme Tober）將其譯
成法文，於 1898 年冬先在《中法新匯報》〔註156〕中連載，後結集成書出版。
英文版則由美國南長老會 Samuel I. Woodbridge 宣教士翻譯，在《教務雜誌》
（The Chinese Recorder）上刊載，稍後結集成單行本出版〔註157〕。在英國倫
敦出版的《勸學篇》，被命名為《中國唯一的希望：最偉大的總督張之洞的訴
求》，書中一篇導言由倫敦布道會楊格非（Griffith John）牧師所寫，對張之洞
推崇備致，指他是當今中國最偉大的政治人物〔註158〕。

　　1902 年，上海《東亞雜誌》刊登一篇由德文譯成英文的文章，名《張之
洞與中國的改革運動》，詳細地介紹了張之洞的改革思想綱領著述《勸學篇》，

〔註153〕 見何啟、胡禮垣《〈勸學篇〉書後》，《新政真詮五編》（中國啟蒙思想文庫），
　　　　　鄭大華點校，遼寧人民出版社，1994 年，頁 335。另見《〈勸學篇・書後〉弁
　　　　　言》，《張之洞全集》第 12 冊，頁 10761。
〔註154〕 參閱何啟、胡禮垣《〈勸學篇〉書後》，《新政真詮五編》，頁 335～336。
〔註155〕 見《申報》，光緒二十四年（1898）9 月 26 日刊。
〔註156〕 "Cour Mixte," L' Echo de Chine（《中法新匯報》），是晚清時期上海最主要的法
　　　　　文報紙，其中有大量關於法租界會審公廨的報導。
〔註157〕 參閱黃興濤《張之洞〈勸學篇〉的西文譯本》，《近代史研究》2000 年第一
　　　　　期。
〔註158〕 參閱 Samuel I. Woodbridge translated, *China's Only Hope : An Appeal by Her
　　　　　Greatest Viceroy, Chang-Chih-tung, with the Sanction of the Present Emperor*,
　　　　　Kwang Su. Fleming H. Revell Company (New York, Chicago, Toronto and
　　　　　London),1900.

稱張之洞是最卓越的改革運動領袖人物〔註159〕。

現代學者董寶良、熊賢君在合著的《從湖北教育看中國教育近代化》，就張氏《勸學篇》內所倡「舊學為體，新學為用」的理論提出了批評，指他如此二分法一說，是沒意識到二者不可兼得的問題，把體用分割開來，在兩湖書院雖做了許多「固本培基」的工作，但學生受「中學為體，西學為用」的教育後，卻走上排滿革命的路上去，證明體用二分的困境〔註160〕。

錢穆先生對《勸學篇》亦提出過意見，指本書是在《書目答問》之後二十三年所著，其意識態度比諸前者有大變，所變在張氏之前讀書主先博後約，今日則由約入博以存中學，前者舉書目二千餘部，今則損之又損，這是張氏的一種覺悟和進步，破除了舊日「殫見洽聞為賢」的門面，由博返約，正是近百年諸儒論讀書的一個共同傾向。錢先生更謂，「《勸學篇》乃透露了同光以下的時世」，稱張氏各項學問的守約論，「有幾許通明的見解。如經學先學《四書》，《四書》專主朱注。史學主通今致用，不取考古。理學重新加入到學問的圈子內。小學退居到最後。這幾點，只須稍治清代學術史，便可知其意態之開明與識解的重要了」。錢先生進一步指出，《勸學篇》叫人讀的書一再打折扣，只希望人讀《近思錄》、《東塾讀書記》等便可，證明偌大的一個學術門面，在短短二十餘年間給「破壞無遺了」，「中國學術界情形之惡化」，「急轉直下之勢」〔註161〕，可於兩書中看到。錢先生的分析，給我們清楚地指出近代中國文化學術衰落的原因。而錢先生所說的話，更透露了一位學者對學術界的凋零所感到的深刻傷痛。

有學者指出，張氏的重要著述，其實滿載著他對「通經致用」功能最深切的致意，《勸學篇》則是集合他全部思想的價值中心，充分地體現了他「通經致用」思想的精神所在〔註162〕，這位學者的分析合理，與本人的想法也相同。

〔註159〕 參閱 L.Odontins, *"Chang-Chih-tung and the Reform Movement in China"*, (Translated from the German by E. Zillig), Shanghai "North-China Herald" Office, *The East of Asia Magazine*,Vol.1.,1902.

〔註160〕 參閱董寶良、熊賢君《從湖北教育看中國教育近代化》（中國教育近代化研究叢書），廣東教育出版社，1996，年，頁90～92。

〔註161〕 參閱錢穆《近百年來諸儒論讀書》，《學籥》，1966年，自印本，頁106～110。

〔註162〕 參閱秦進才《張之洞著述編撰的特點》，《張之洞全集》第12冊，頁10796。

第四章　張之洞「通經致用」教育思想的體現

　　張之洞為官逾四十年，由同治六年（1867）任湖北學政至光緒三十三年（1907）進入軍機處任協辦大學士補授軍機大臣，對於為國家興學育才，保存儒教，耗費畢生心力。他的幕僚辜鴻銘在《張文襄幕府記・清流黨》這樣評論張氏：

> 張文襄儒臣也，曾文正大臣也，非儒臣也。三公論道，此儒臣事也；計天下之安危，論行政之得失，此大臣事也。國無大臣則無政，國無儒臣則無教。政之有無，關國家之興亡，教之有無，關人類之存滅，且無教之政終必至於無政也。……是以文襄在京曹時，精神學術無非注意於此。即初出封疆重任，其所措施亦猶是欲行此志也。〔註1〕

張氏任湖北學政三年，整頓科場、創辦經心書院，已表現出對教育的關注；任四川學政次年創辦了尊經書院，期間編撰《輶軒語》、《書目答問》教川省學子做人與治學的方法，對於川省科場積弊又大力整頓，並制定了八條施治辦法。其後出任山西巡撫，籌建令德書院，仍以經學、史學傳統內容課士，以培養「端品行，務實學」的士人。中法戰爭後，為培養新式軍官和軍工科技人才，於光緒十三年（1887）他在廣州創設廣東水陸師學堂，聘請外國教習，傳授各門軍工知識，強調通經教育理念之外，也重視專業實踐，提倡分門研究，尚實尚精。

　　甲午戰後，張之洞分析了中國戰敗的原因，向朝廷上《籲請修備儲才摺》，

〔註1〕見辜鴻銘《張文襄幕府紀聞・清流黨》，黃興濤編譯《辜鴻銘文集》上卷，海南出版社，1996年，頁418。

指出：「外洋之強由於學」、「立國由於人材，人材出於立學」〔註2〕，請朝廷注重養才儲才，並開始探求變法維新，在書院原有的經學、史學、文學之外，加入輿地、算學、格致、體操等西學課程；同時又創設了一批專科學堂，聘請外國人任教習，希望加快實學人才的培養。

戊戌年（1898）春他發表了《勸學篇》，詳論教育改革、變通科舉和強國之道，提出「保種必先保教，保教必先保國」，是書之成，在「正人心、開風氣」〔註3〕，並為戊戌變法作「會通中西，權衡新舊」的工作，為變法維新預製藍圖。

在庚子事件（1900）後，張氏對朝廷與國人的愚昧無知深感氣憤和失望，知道國家再不仿傚西法進行改革，已沒有生存餘地。光緒二十七年（1901）二月他致電劉坤一等人時已明確表示，「必變西法，人才乃能出，武備乃能修」，「內地洋人乃不橫行，亂黨乃能消散，聖教乃能久存」〔註4〕。同年五、六月，他會同劉坤一等人聯銜上《變法三摺》，向清廷提出改革科舉、廣開學堂、廣譯西書、派員遊歷外國，以及整頓軍隊、修吏治、著重農工商政等發展的請求。慈禧太后於同年八月二十日發佈懿旨：

> 劉坤一、張之洞會奏整頓中法、仿行西法各條，事多可行；即當按照所陳，隨時設法擇要舉辦。各省疆吏，亦應一律通籌，切實舉行。
> 〔註5〕

此後數年，張氏進行了多項改革。

光緒二十八年（1902），張氏率先於湖北創設學務處，並奏請朝廷請各省仿辦。光緒二十九年（1903）末清廷頒布了《奏定學堂章程》，其中《學務綱要》規定各省設學務處，總理一省學務，它是省級教育行政制度設置之始。光緒三十一年（1905）九月，張氏會同袁世凱、趙爾巽等地方督撫上書請立廢科舉，清廷很快便作出回應，下論曰：

> 自丙午科為始，所有鄉試會試一律停止，各省歲科考試，亦即停止。〔註6〕

〔註2〕 參閱《籲請修備儲才摺》（光緒二十一年閏五月），《張之洞全集》第2冊，頁989。
〔註3〕 參閱《勸學篇・序》，《張之洞全集》第12冊，頁9704。
〔註4〕 參閱《致江寧劉制台發後轉成都奎制台》，《張之洞全集》第10冊，頁8533～8534。
〔註5〕 見《光緒宣統兩朝上諭檔》第27冊，廣西師範大學出版社，1996年，頁188。
〔註6〕 參閱朱壽朋編《光緒朝東華錄》第5冊，總頁5392；《光緒政要》卷三十一，第57～59頁。

然而罷廢科舉不久，學校出現偏重西學的情況令張氏憂懼不已，擔心不幾年中學將滅絕，遂於光緒三十三年（1907）七月，奏請要在武昌經心書院舊址建「存古學堂」以挽儒學之將絕。

本章分別以張氏「從創建書院到創設新學制」、「從整頓科場到廢除科舉」、設立「通儒院與存古學堂」三方面來論述其「通經致用」教育思想的實踐。

第一節　從創建書院到創設新學制

同治六年（1867）至光緒十年（1884）中法戰爭前，張之洞的教育思想和學術宗旨專重端本之學，即步趨聖賢為一切學問的根本，對西學、西藝的認識尚不廣，創辦經心書院、尊經書院、令德書院的宗旨是要培養通經學古之士，課程內容仍以經史、考據、詞章等傳統學問為基礎。

中法戰爭期間，他臨危受命，出任兩廣總督，開始辦實業，在辦實業的過程中，感到通曉時務人材的匱乏，進而認識到中國的貧弱，發現是「不貧於財而貧於人材，不弱於兵而弱於志氣」，導致人材貧乏的原因，是「由於見聞不廣，學業不實」〔註7〕。因此在推進實業事務之期，他開始向西學轉化，繼而積極講求西學。光緒十三年（1887），他在廣東創辦水陸師學堂，便是仿照西方軍事教育模式來培養水陸軍事人才。

光緒十五年（1889）他調任湖廣總督，仍極注重人才的培育，興辦更多的專科教育，又設普通文武學堂。在新式學制推行期間，他統籌全國學校之建設，並創設各級師範學堂，率先派兩省學生出國留學，為中國「求強」、「求富」，竭其全力輸送人才。

按張之洞興辦教育事業的模式和宗旨，約可分為三個發展階段：一、書院的創建與改制；二、書院改革與學堂的設置；三、創設新式學制。

一、書院的創建與改制

同治八年（1869）至光緒十年（1884），是張氏創建書院和改制之期。當時，傳統書院以儒學經籍為主要研習內容，學生以自由研習為主，每月定期舉行月講，使學子能相互切磋問答，增益學問，有疑難才向業師請益。教課形式是集體講解、單獨問詢兩相結合。但至晚清，傳統書院講實學的風氣早已失去，書

〔註7〕參閱《變通政治人才為先遵旨籌議摺》，《張之洞全集》第2冊，頁1394。

院所習多重制藝時文和應試之學，學風已變得空疏不實。因此張氏於湖北學政任內，即力倡士子讀書務在通經，通經在求致用。「期與本邦人士，研究實學，共相切磋，務得通經古之士，經世湉用之才」便是他身為儒師課士的教育宗旨。每到一地按試、視學、或到書院授課，他必以「端品行、務實學兩義」反覆訓勉諸生〔註8〕，對學業優秀者給予獎勵，對浮華不實者予以革黜，希望由此扭轉衰頹的學風，冀重振地方文化和學術。下面將重點敘述他創建的三所書院。

（一）經心書院

經心書院（初名文昌書院），創建於同治八年（1869），是張氏於湖北學政任內，為要砥礪學生氣節、培養講實學之士，以擺脫舊式書院不重實學的風氣，特別在省城籌辦一所新式書院，當時任湖廣總督兼署巡撫的李鴻章，對此頗為支援。書院所取生員，大都由他於各縣生員中親自考取選拔。書院面積寬闊，住宿條件優越，分設經、義、治、事四齋，每齋二十人，人各一室，務使學生專心讀書。研習內容有經解、史論、詩賦、雜著等，卻不習科舉八股文，由此培養出不少注重經世致用的人才。到二十年後，他到湖廣出任總督時，又把書院改為仿西方學校模式，增設外文、天文、格致、製造四門，讓學生分年輪習。另設經史一門，專講《四書》義理及中國歷史，讓舊式書院在轉變為新式學堂之時仍保留中學課程。

（二）尊經書院

尊經書院，是張氏於四川學政任上於同治十三年（1874）所籌建，翌年落成。由於川省學風較他省衰落，張氏深明「欲治川省之民，必先治川省之士」的道理〔註9〕，故在創建尊經書院時，「擇郡縣高材生肄業其中，延聘名儒，分科講授」〔註10〕，以為善俗之道。首批學生從全川三萬餘名生員中擇優拔取一百名。以後逢科歲兩考，把各府縣考取第一二名的秀才送院肄業。這一時期，他以「天下人材出於學」為辦學理念，反對學生習時文，提倡厚植根基，以「非博不通，非專不精」為治學方針。課程有經學、史學、小學、地理、算學、經濟、詞章等〔註11〕。當時四川科場流弊不少，為端正該省學風，他率先確立「首

〔註8〕 參閱許同莘《張文襄公年譜》，頁12。
〔註9〕 參閱《整頓試場積弊摺》，《張之洞全集》第1冊，頁3。
〔註10〕 參閱趙爾巽《已故大學士興學育材成效卓著，請宣付史館》（宣統元年十二月），《張之洞全集》第12冊，頁10652。
〔註11〕 參閱《創建尊經書院記》，同上，頁10076。

勵以廉恥，次勉以讀有用之書」的教學原則〔註12〕，在所撰《創建尊經書院記》
中，又為書院制定了十八條程式，詳述「建置書院之本義」和「學術教條之大
端」〔註13〕，既為學生指示讀書方法和步驟，又為教師提供教學管理和指引。
他要學生明白讀書之要：第一，明讀書本義，在學得通博知識，養成致用之材；
第二，在定志，即為學要定立目標，要有勝人之處；第三，在擇術，既然志在
讀書，便得精求一門，期於有成；第四，明通經之要意，在有本；第五，避讀
書之繁難，則要知讀書之精要；第六，讀書要有成效，在定課；第七，讀書要
有所得，在用心；第八，讀書要有成，在篤信；第九，袪不學之病，去漢宋門
戶，在息爭；第十，虛心請業，在尊師；第十一，求進功，在慎習。前十一條皆
「為蜀士計」，其餘八條在教老師如何授課、督導學業和循循善誘學生，以及怎
樣管理好書院諸項。張氏於倡導士子「通經學古」、「通經致用」之學時指出：

> 凡學之根柢必在經史，讀群書之根柢在通經，讀史之根柢亦在通經，
>
> 通經之根柢在通小學，此萬古不廢之理。〔註14〕

他撰《輶軒語》、《書目答問》，是要教導書院學生如何做君子人及為學之方、
治學的門徑。為鼓勵讀書風氣，使院內學生於課餘有機會飽覽群書，他更「捐
置四部書數千卷，起尊經閣庋藏之」，且「時以暇日，蒞院為諸生解說」〔註15〕，
不單重言教，更注重身教。四川學政任滿，在回京路上，他尤念念不忘尊經書
院的辦學情況，寫信給繼任者譚宗浚（1846～1888）表示自己「身雖去蜀，獨
一尊經書院，惓惓不忘」〔註16〕。後尊經書院於光緒二十八年（1902）併入四
川省城高等學堂。

（三）令德堂書院

令德堂書院創建於光緒九年（1883），書院位於山西省城太原。光緒七年
（1881）末，張氏奉諭任山西巡撫，到任後，針對山西「斯文日替，人不以
讀書為重，讀書人亦不知自重」情況，以及苦當地人才之貧乏，因而與學使
王學莊（生卒不詳）情商，會銜上奏，要辦一所仿阮元（1764～1849）學海
堂、詁經精舍例的新式書院，名曰令德堂，目的在「裁俗正蒙」〔註17〕，在

〔註12〕參閱《恭報到任日期摺》，《張之洞全集》第1冊，頁1。
〔註13〕參閱《創建尊經書院記》，《張之洞全集》第12冊，頁10076。
〔註14〕見同上，頁10075～10080。
〔註15〕參閱趙爾巽《張文襄公榮哀錄》，《張之洞全集》第12冊，頁10653。
〔註16〕參閱《致譚叔裕》，同上，頁10129。
〔註17〕參閱《咨學院籌商學校事宜》，《張之洞全集》第4冊，頁2401。

興文教、振士風。光緒十年（1884），他札飭冀寧道，請其詳擬令德堂辦學章程〔註18〕，於延請主講、編立功課、修繕支出、購置書籍、課卷日記定式、監院教諭等項，均要詳細列明，以為今後長久定制。所收生員，主要從全省各府、州、縣高材生中選拔，課程則以經史、考據、詞章等科為教士內容，不准習時文。「諸生肄業者初僅三十人，後廣為五十人，續增至七十人，其後通省人才多出於此」〔註19〕。戊戌變法期間，令德堂肄業人數已增至一百二十人，並添設政治事務、農工物產、地理兵事、天算、博藝等經濟日課四門，學生任選一門。光緒二十六年（1900）發生庚子事變後，令德堂停辦，肄業生一律轉入新設立的山西大學堂，這所學堂的中學專齋最初教學內容和教學法多承襲自令德堂舊制，最後變成師範學校。

二、書院改革與學堂的設置

　　光緒七年（1881）十一月，張氏補授山西巡撫，聞英國傳教士李提摩太（Timothy Richard）於山西大旱時，曾向時任山西巡撫的曾國荃（1824～1890）提出以工代賑來重建地方經濟的方案，於是他邀請李提摩太為顧問。張氏此時對西政、西藝方有真正接觸，是他辦洋務實業之開端。光緒九年（1883）他設立洋務局專門講習洋務，在《札司局設局講習洋務》（光緒十年四月初一日）解釋設洋務局的原委：

> 照得地球上下各國通商以來，中外交涉，事體繁多，自應籌知己知彼之法，為可大可久之圖。開物成務以富民；明體達用以自立……。
> 現於省垣建設洋務局，延訪習知西事通達體用諸人，舉凡天文、算學、水法、地輿、格物、製器、公法、條約、語言、文字、兵械、船炮、礦學、電汽諸端，但有涉於洋務，一律廣募。〔註20〕

「籌知己知彼之法」，圖可久可大之計，便是張氏設立洋務局的動因。為此他到處延攬洋務人才，目的在做成「局、廠、學堂，人才輩出」，同時大量求購「各種洋務之書」，推進洋務教育。他在《延訪洋務人才啟》說：「蓋聞經國以自強為本，自強以儲材為先。」〔註21〕他積極養材、儲材，無非是要助國家實

〔註18〕參閱《禮制·學校六》，剛毅補輯，安頤等纂《晉政輯要》卷二十三，光緒十三年刻本，頁56。
〔註19〕參閱胡鈞輯《重編張文襄公（之洞）年譜》，頁71。
〔註20〕見《張之洞全集》第4冊，頁2399。
〔註21〕參閱同上，頁2400。

現自強輸送人才。

光緒十年（1884）四月，張氏奉諭接任粵督，對於法人之侵欺，奪我越南宗主國地位，面對「法國不勝而勝，中國不敗而敗」的屈辱結局〔註22〕，尤令他痛心不已，深知中國受此不平等對待，是因為弱國無外交，也與自己一切不如人有關，乃激發他萌生了「自強持久之計」。在《籌議海防要策摺》裏，他對自強有如下陳述：

> 自強之本，以操權在我為先，以取用不窮為貴。夫欲善其事，先利其器。百工居肆，君子致道，經之明訓也。……自法人啟釁以來，歷考各處戰事，非將帥之不力，兵勇之不多，亦非中國之力不能制勝外洋。……實因水師之無人，槍炮之不具。……如有利械，何敵不摧？……當時急務：首曰儲人材。夫將帥之智略，戰士之武勇，堂堂中國，自有干城腹心，豈待學步他人，別求他法？獨至船台炮械，則雖一藝之微，即是專門之學。……查泰西各國，莫不各有水師、陸師學堂，粵省曩年設立實學館，近改名博學館，以教翻譯、算法。因經費未敷，規模未廣。臣擬就博學館基址，設水陸學堂一所。〔註23〕

偏重軍工事業的發展，加強軍事人材的培訓是他自強計策的要務，說明他的思想並未脫離早期自強運動偏重軍事實業發展的窠臼，這大概把中國戰敗，歸咎於軍事落後他人。因此他在任內開始編練廣勝軍，聘德國人為教習，採用新式訓練法，期於「專備洋戰」、「務成勁旅」〔註24〕。之後創「廣東水陸師學堂」，可視為是他辦洋務學堂之始。為國家儲養有專門技能，又兼習經史的通材，是他這時期的辦學宗旨。為令讀書人有濟於世用，光緒十六年（1890），當他接任湖廣總督時，立刻把經心書院改為兩湖書院，在經、史、理、文四科外，增加輿地、算學、格致和體操等西學課程。同時又陸續創辦了各類專科學堂，以造就軍事、工業、西藝技術和通各種洋務的專才，證明他的辦學方向已偏重於西學。

（一）廣東水陸師學堂

廣東水陸師學堂創建於光緒十三年（1887），是張氏聯合廣東巡撫吳大澂

〔註22〕參閱馮天瑜、何曉明《張之洞評傳》（中國思想家評傳叢書），南京大學出版，1998 年，頁 87。

〔註23〕見《籌議海防要策摺》（光緒十一年五月二十五日），《張之洞全集》第 1 冊，頁 307～308。

〔註24〕參閱《教練廣勝軍專習洋戰片》，同上，頁 313～314。

（1835～1902）之力，由原博學館擴建而成，主要培養軍事人才。學堂仿北洋水師和福州船政學堂章程辦理，設水、陸師二部，分水師講堂、水師操堂、陸師講堂、陸師操場、陸師馬步槍炮操場五部分。學生每年在學堂學習九個月，在兵艦或兵營實習三個月。水師學員畢業後，須到兵艦實習一年，後延至三年。聘英人為水師教習，學生須兼習英語。水師學堂設管輪、駕駛兩專業。管輪，學習機輪理法、製造運用；駕駛，學習天文、海道、駕駛、攻戰之法。陸師學堂設馬步、槍炮、營造等課程，聘德人為陸師教習，學生要兼習德文。

堂內學生分為「內學生」和「外學生」兩類：「內學生」，一從「博物館舊生」中挑選三十名，一從「營學生」，即軍營中挑選「歷練膽氣素優」的武弁二十名；「外學生」，則招收十六至三十歲文生二十名，專取「志向已定，文理已通」者。此外，亦從天津招收已讀書能文幼童，先學英文、算學等基礎科，再登船艦實習軍事技術等知識，畢業後派赴各營充任。學員除習天文海道、駕駛攻戰之法等軍事知識外，每日清晨須習《四書》、《五經》，「以端其本」；洋教習休假日「即令講習書史，試以策論」，旨在讓學生「通知中國史事，兵事，以適於用」〔註25〕。

光緒十五年（1889），學堂增設礦學、化學、電學、植物學、公法學。該學堂屬黃埔軍校的前身。

（二）廣雅書院

廣雅書院創建於光緒十四年（1888），以「講求經史、身心、希賢、用世之學」為宗旨，所以名為「廣雅書院」〔註26〕。「院內建祠，崇祀先儒濂溪周子，並以歷代名賢、有功兩廣文教者」及「品學足為進矜式者，附祀其中」〔註27〕，使學生於人品修養上有學習的典範。生員從廣東、廣西兩省調集那些「才志出眾者」肄業其中，各省收生一百名，對住院者「豐其膏火」〔註28〕。院內課程包括經學、史學、性理之學、經濟之學四門。辦學宗旨是：

〔註25〕 參閱《創辦水陸師學堂摺》（光緒十三年六月），《張之洞全集》第 1 冊，頁 575。
〔註26〕 參閱《札委知府方功惠等監修廣雅書院》（光緒十三年閏四月十五日），《張之洞全集》第 4 冊，頁 2548～2549。另見高時良《中國近代教育史資料彙編‧洋務運動時期教育》，上海教育出版社，1992 年，頁 770。
〔註27〕 參閱《札委知府方功惠等監修廣雅書院》（光緒十三年閏四月十五日），《張之洞全集》第 4 冊，頁 2548～2549。
〔註28〕 參閱《創建廣雅書院摺》（光緒十三年六月十六日），《張之洞全集》第 1 冊，頁 586。

> 善俗之道，以士為先；致用之方，以學為本。……調集兩省諸生才
> 志出眾者，每省百名肄業，其中講求經濟之學，廣置書籍以備誦
> 習。……經學以能通大義為主，不取瑣屑；史學以貫通古今為主，
> 不取空論；性理之學以踐履篤實為主，不取矯偽；經濟之學以知今
> 切用為主，不取泛濫；詞章之學以翔實爾雅為主，不取浮靡；士習
> 以廉謹厚重為主，不取囂張，其大旨總以博約兼資，文行並美為要
> 規。〔註29〕

對書院內違規者「即行屏黜」，務求培養出「上者效用國家，次者儀型鄉里」
的人才〔註30〕。光緒十五年（1889），書院將「經濟之學」改為文學，成績在
前七十名者有獎。張氏更「於公餘之暇，間詣書院考業稽疑，時加訓勉，先之
以嚴辨義利，課之以博約兼資，大旨欲力救漢學宋學之偏，痛戒有文無行之弊。
兩年以來，才俊輩出，造就斐然，其餘亦多恪守院規，不蹈陋習，十年以後人
才必大有可觀」〔註31〕，反映了他辦學的理想。

（三）兩湖書院

兩湖書院創建於光緒十六年（1890），設於武昌都司湖，收錄生員皆為兩
湖學子，每省一百，故稱兩湖書院。因籌建經費多取自湘鄂二省茶商的釐捐，
所以撥四十學額給商籍學生入讀，並規定報考學生須經面試，但亦有破格舉
措，對篤學潛修之士，未經歲科考試者，如經該府州縣諮訪確實，得具文申送；
因額滿而有入學資格者，可作候闕，仍應外課；凡報考而未具資格者，可錄為
旁聽生附課。

張氏表明，書院辦學是在「作養賢才，貴得明體達用之士，以備國家任使，
庶可以羽翼聖道，匡濟時艱」〔註32〕。因此對學生定有嚴格要求，他在親定書
院學規中指出：

> 每課優獎，以勸力學。廣置書籍，以供博覽。嚴立學規，以端趨向。
> 勤考日記，以驗功修。博約兼資，言行並勖，期於他日成就，出為
> 名臣，處為名儒。〔註33〕

〔註29〕見同上。
〔註30〕參閱同上。
〔註31〕參閱《請頒廣雅書院匾額摺》，《張之洞全集》第 1 冊，頁 695。
〔註32〕參閱《咨南北學院調兩湖書院肄業生》（光緒十七年正月初一），《張之洞全集》
　　　　第 4 冊，頁 2755。
〔註33〕見同上，頁 2756。

要為國家養賢才以濟時艱，更對士子定下「出為名臣，處為名儒」的極高標準，期望士子學成後發揮「化民成俗」的作用。對凡「荒嬉廢學、侮慢師儒、不敬長官、詆毀先賢、妄談時政」的學生，查明屬實則隨時予以「屏逐出院」〔註34〕。

　　書院課程初設經、史、理、文四門，另設算學、經濟兼習課。甲午中日戰爭後，西學興起蔚然成風，書院將經、史、理、文四科，改為經、史、天文、輿地、地圖、算學六門。開辦初期，每月考試一次，稱「月課」，光緒二十二年（1896）十一月改月課為日課，學生要按日上課，且設體育科，由留日歸國武備學堂畢業生任教。

　　光緒二十五年（1899）正月，他對兩湖書院課程有所改定。他在《札兩湖、經心、江漢書院改定課程》說：

> 書院之設，原以講求實學，非專尚訓詁、詞章，凡天文、輿地、兵法、算學等經世之務，皆儒生份內之事。現在時勢艱難，尤應切實講求，不得謂一切有用之學非書院所當有事也。〔註35〕

因此除原有課程外，加入測繪地圖，因它屬「兵法中最要之務」，並把地圖一科改稱兵法，講授一切與兵學知識有關的課程，如歷代史鑑兵事方略、兵法史略學等，同時增設化學、博物、測量、軍訓和體操等課。書院雖力倡西學，但要養成有用人才，還是「必以砥礪品行為本」，「訓以四書大義、宋明先儒法語」，更要「考其在院是否恪遵禮法，平日是否束身自愛」，又設立獎懲制度，按學行分數等次分別獎懲。書院規定生員須文武兼習，必課以體操和兵操，目的在改善學生弱不禁風的體質，練成體格健全的人才，期為國家儲有用之才〔註36〕。在一般書院開設體育課和兵操訓練，是湖北書院的首創。

　　光緒二十八年（1902）三月，他改兩湖書院為大學堂，光緒三十年（1904）六月，因「教員缺乏，師範學堂未造就」，所以改兩湖大學堂（即兩湖書院）為培訓師資的院校，收生千名，務求盡快造就出各級學堂教員，分優、初兩級教授〔註37〕。

（四）自強學堂

　　自強學堂創建於光緒十九年（1893），因「湖北地處上游，南北要衝，漢

〔註34〕參閱同上，頁 2755～2756。
〔註35〕見《張之洞全集》第 5 冊，頁 3747。
〔註36〕參閱同上，頁 3747～3748。
〔註37〕參閱胡鈞《重編張文襄公（之洞）年譜》，頁 223。

口、宜昌均為通商口岸」，面對「洋務日繁，動關大局」的形勢，考慮到「治術以培植人才為本，經濟以通達時務為先」，「造就人才，似不可緩，亟應及時創設學堂」，他於光緒十九年（1893）上《設立自強學堂片》，詳列學堂措置，是要為自強學堂設立永久制度。立意在栽培「講求時務，融貫中西，研精器數，以期教育成材，上備國家任使」的人才〔註38〕。

　　學堂初設方言、格致、算學、商務四門。他視方言「為馭外之要領」，而格致如化學、重學、電學、光學等，則屬「眾學之入門」；算學則屬「製造之根源」；商務則「關富強之大計」，因此須「分齋教授，令其由淺入深，循序漸進，不尚空談，務求實用」〔註39〕。每門收生二十名，後因商務、格致兩科出現「多空談而少實際」的情況〔註40〕，且無法求得合適教材和師資而停辦，只餘方言一門按日上課。在光緒二十二年（1896）他重定了學堂章程，將算學移入兩湖書院，停開格致、商務兩門，學堂「一律改課方言」，是因「方言為一切西學之階梯」，而「格致、商務，即包括其內」，理由是：「自強之道，貴能取人所長。若非精曉洋文，即不能自讀西書，若不能多讀西書，即無從會通博採」，故向諸生闡明：

　　　　本部堂講求各國語言文字之意，在於培植志士，察鄰國之政，通殊

　　　　方之學，以期共濟時艱。並非欲諸生徒供翻譯之用。〔註41〕

學堂設英、法、德、俄四門方言，每門招生增至三十人，光緒二十二年（1896）又增設了日語，合共五門，專門培養外交、洋務和翻譯人材，後附設化學一科。自強學堂規定「以華文為根底，以聖道為準繩」，「每日除西文功課外，盡可自溫舊業」，對「華文粗淺之學生」，他著令學堂設立「華文教習，於西文之暇，課授儒書華文，並作論說，庶幾中外兼通，不至忘本」〔註42〕，反映他心思之細。雖然自強學堂專習外國語言文字，無疑已屬一所專課西學的學校，但張氏仍然要學生在功課餘暇，專補中學，目的在用中學固其根柢，使他們不要忘記本土文化與禮教。

〔註38〕參閱《設立自強學堂片》（光緒十九年十月），《張之洞全集》第2冊，頁898。
〔註39〕參閱同上。
〔註40〕參閱《札蔡錫勇等改定自強學堂章程》（光緒二十二年六月二十七日），《張之洞全集》第5冊，頁3289。
〔註41〕見同上，頁3290。
〔註42〕參閱《札發招考自強學堂專課英法俄德四門方言學生告示章程》（光緒二十三年三月），同上，頁3376～3378。

為應付緊迫的時局，他勸喻官員要盡量研習洋文，通曉洋文是為了明西學之精，濟救時之用。故他在 1898 年又更改了自強學堂課程，在《自強學堂改課五國方言摺》中表示：

> 新理新學，非貫通洋文者無從得其底蘊，必士大夫多半諳洋文，而後各種政學有所措手，儲譯材於此，儲通材亦於此。[註43]

於是在學堂內附設洋務書局，專譯本學堂所需之書，目的是不要重蹈同文館、上海廣方言館偏重武備書籍翻譯之弊。他的立意是：

> 方今商務，鐵路將開，則商務律、鐵路律等類，亦宜逐漸譯出，以資參考。其他專門之學，如種植、畜牧厚生之書，以及西國治國養民之術，由貧而富、由弱而強之陳跡，何一非有志安攘者，所宜講求。……應聘通曉華語之西士一二人，口譯各書而以華人為筆述，刊布流傳，為未通洋文者，收集思廣益之效。[註44]

由上可見，他考慮問題往往能從全局出發。對於學堂管理，他主嚴。光緒二十四年（1898）十月，學堂因有生員滋事，他即指示漢文教習說：

> 學堂為造就通才之根本，所有中學教習不獨講明經史課作論說，尤必須約束諸生率循規矩，時時切加訓迪，勉以修身立品成材、報國之道，令其忠愛廉恥之心勃然奮發，方能力爭上流，儲為大器。……每日務須騰出日力，或早或晚，酌留六刻工夫，為講習中學之地。[註45]

自強學堂於光緒二十八年（1902）更名為方言學堂，每年仍收生一百五十名，維持五年修業期，課程則由八門增至十五門，除增設地理、理財、算術、公法、交涉、繪圖、體操外，還添置人倫道德、經學、中國文學、教育、歷史，除加強西藝、西政內容外，復又重視「中學」的教育，此或反映張氏憂重西學下中學將失存。光緒二十七年（1901）後，該學堂又改為普通學堂。

（五）湖北武備學堂

甲午戰敗，張氏深刻意識到必須行自強之路，方可有富強之進境，而他的「自強之策」，仍圍繞在「以教育人材為先」，其「教戰之方」，則「以設立學堂

[註43] 見《張之洞全集》第 2 冊，頁 1298。
[註44] 見《札蔡錫勇等改定自強學堂章程》（光緒二十二年六月二十七日），《張之洞全集》第 5 冊，頁 3291。
[註45] 見《札委唐監金等充武備、自強學堂教習》（光緒二十四年十月十八日），同上，頁 3712。

為本」，於是在光緒二十二年（1896）正月創設武備學堂。因考慮到「向來中國學堂所教，多係俊秀幼童及各營兵勇，文理既昧，氣質亦粗，斷難領會精要，且資地寒微」，擔心「數年之中，斷不能遽膺文武官職」，故據外洋武備學堂之設，分為：小學堂、中學堂和大學堂，三級。小學堂主要教弁目，中學堂教武官，大學堂教統領。由於大學堂一時不能遽設，他希望先從培養「將領之材」做起，拔「選文武舉貢生員及文監生」、「官紳世家子弟文理明通、身體強健者」為生員，因這些人「皆科名仕宦中人，將來效用國家，引伸領會」較易，「上可任帶兵征戰之事，次亦可充營務、幕府、軍械局所之官」。他更舉「孔門諸賢多能戮力行間，執戈衛國」為據，講明此類學堂「係國家經武儲材之要政」〔註46〕。

武備學堂課程，主要仿德國軍事學堂標準，分講堂、操場兩種。「講堂以明其理，操場以盡其用」，在習軍事知識之暇，仍令學生讀中國書，於「洋教習課程餘暇，即令其誦讀《四書》，披覽讀史兵略，以固中學之根柢，端畢生之趨向」〔註47〕。堅持以中學鞏固生員根柢，端其畢生志向，不使學生因專習軍事而放鬆中學，始終是他辦教育所堅守的理想。

（六）江漢書院

武漢原有江漢書院，始建於明代洪武二年（1369），因年代久遠早已破敗不堪，在清代曾經多次修葺，同治六年（1867）進行了擴建，補修了齋舍，使能容納更多生員。課程內容主要是《四書》、《五經》和宋明理學等儒家經典。張氏出任湖北學政，選拔各府諸生才學優秀者送院肄業，除籌給膏火外，他還捐出俸祿來購置經史書籍以充實書庫，便利學生們於課餘能研磨實學。

到張氏出任湖廣總督，光緒二十三年（1897）他對書院課程進行了改章，除以上傳統科目外，增設了天文、地理、算學、兵法等科目，後添經史一門。教習多由經心書院分教兼任。光緒二十八年（1902）書院併入經心書院，後改為勤成學堂，專教文優學長的生員。

（七）實業學堂

實業學堂的興辦，是張氏有見「洋務日繁，動關大局，造就人才，似不可緩」，在「亟應及時創設學堂」的情況下〔註48〕，於是在湖廣任內大力推動各

〔註46〕參閱《設立武備學堂摺》，《張之洞全集》第2冊，頁1226～1227。
〔註47〕參閱同上，頁1228。
〔註48〕參閱《設立自強學堂片》（光緒十九年十月），同上，頁898。

類實業教育。現分述如下：

（1）湖北算學學堂，創建於光緒十七年（1891年）八月。它位於省城鐵政局附近，其中附列方言、商務兩門。學生若願兼習化學、礦學，可就近往鐵政局見習。

（2）陸軍、鐵路學堂，創建於光緒二十一年（1895），甲午戰敗後，張氏向朝廷奏請設立陸軍學堂，主要是考慮到中國軍事不如人，而「整軍禦侮，將材為先」，了解到「德國陸軍之所以甲於泰西者，固由其全國上下無一不兵之人，而其要尤在將領營哨各官無一不由學堂出身，故得人稱盛」，所以主張「當急練陸軍，亟宜設法推廣，儲異日干城之選」。學額一百五十名，選生範圍在「年十二歲以上二十歲以下聰穎子弟，文理通順、能知大義者」，皆使「研習兵法、行陣、地利、測量、繪圖」，「操練馬、步、炮各種陣法」，「約以二年為期，二年後再令習炮法一年。又須習德國語言文字，以便探討圖籍」，三年期滿，選出「學業貫通、秉性忠正者分派各營任用，不使已成之材坐嘆閑散」。辦陸軍學堂之同期，又附設鐵路學堂，因它「與陸軍尤相關係」，而鐵路是一專門之學，「聞德國通鐵路學術者至數萬人之多」，「中國方經營鐵路，而人材缺乏，勢必多用洋人，費且不貲，是非亟備人材不可」。他建議「另延洋教習三人，招習學生九十人，別為鐵路專門，附入陸軍學堂，以資通貫」〔註49〕。

（3）農務、工藝學堂，兩學堂創建於光緒二十四年（1898）四月。由於「不講農工商之學，則中國地雖廣、民雖眾，終無解於土滿人滿之譏」〔註50〕，「農務尤為中國之根本」〔註51〕。於是他委屬吏張鴻順（生卒不詳）籌辦農務、工藝學堂。同年四月他在《札委張鴻順等督辦農務、工藝學堂》表明了辦學之旨：

> 中華向為重農之國，乃因農學不修，農利日薄，而工藝一切尤多拘守舊習，不能用新法製造，以致利權外溢，民生益困，亟應創設農務、工藝各學堂，採用西法，實力講求，以開風氣而廣利源。〔註52〕

〔註49〕 參閱《創設陸軍學堂及鐵路學堂摺》（光緒二十一年十二月十九日），《張之洞全集》第2冊，頁1089～1090。

〔註50〕 參閱《勸學篇・外篇・農工商學第九》，《張之洞全集》第12冊，頁9754。

〔註51〕 參閱《設立農務工藝學堂暨勸工勸商公所摺》（光緒二十四年三月二十六日），《張之洞全集》第2冊，頁1285～1286。

〔註52〕 見《張之洞全集》第5冊，頁3572。

他期待能「招集紳商士人有志講求農學者入堂學習，研求種植畜牧之學」〔註53〕；由於「農政修明以美國為最」，故宜聘美國人為教習，「教導學生農人，研求物理，依法種植」〔註54〕。辦農務學堂的同期，於洋務局內又附設工藝學堂，望能「招集紳商士人有志講求商學者入堂學習，並派中國通曉化學製造之士人協助教導藝徒，講求製造各事宜」〔註55〕，聘日本教習分授理化、機器等學，又「派委大員督率經理，以收實效」〔註56〕。辦工藝學堂的其中目標，在使遠近商民都來取法，「以期漸開風氣」，達致興商業、勉工藝、促進貿易日盛的成效，使「民困漸蘇」、「利源漸闢」〔註57〕。他向朝廷上《設立農務工藝學堂暨勸工勸商公所摺》時，已為學堂未來發展建立了一套良好的制度模式。

　　光緒二十四年（1898）十一月，工藝學堂脫離洋務局獨立發展。從《札發招考工藝學生告示章程》，可見到張氏注重辦工藝學堂的思想本源。他說：

> 近數百年來，機器之靈巧，製造之精美，中國轉遜於外人，蓋由洋人工藝各有專門。……而中國士人皆不屑講求，凡諸百工類多目不識丁之人，沿習舊業，不特不能自出心裁，創物製器……尚多失其真傳精意，以致土貨日就窳陋，洋貨日見充斥……是以本部堂於設武備、自強、農務諸學堂之外，復奏設工藝學堂於湖北省城，選紳商士人子弟肄業，其中擇中、東匠首教習分授工藝十數門，兼課格致、理化、算繪諸學，使生徒熟習各項工藝之法，兼探機器製造立法之本原，庶三年學成之後，既明其理，復達其用，旁通十餘門之製造，根基既立，中人以上隨時加功講求，或可創製新奇。〔註58〕

最特別之處在他取錄生員的標準，專招省內紳商士人聰穎子弟，並曾讀《四書》識字、十二歲以上十六歲以下須身家清白者，只為入讀學生提供飯食、

〔註53〕參閱《設立農務工藝學堂暨勸工勸商公所摺》，《張之洞全集》第 2 冊，頁 1285～1286。

〔註54〕參閱《札委張鴻順等督辦農務、工藝學堂》（光緒二十四年二月二十六日），《張之洞全集》第 5 冊，頁 3572。

〔註55〕參閱《設立農務工藝學堂暨勸工勸商公所摺》（光緒二十四年三月二十六日），《張之洞全集》第 2 冊，頁 1286。

〔註56〕參閱《札委張鴻順等督辦農務、工藝學堂》，《張之洞全集》第 5 冊，頁 3572。

〔註57〕參閱《設立農務工藝學堂暨勸工勸商公所摺》（光緒二十四年三月二十六日），《張之洞全集》第 2 冊，頁 1285。

〔註58〕見《札發招考工藝學堂告示章程（附章程）》（光緒二十四年十一月二十一日），《張之洞全集》第 5 冊，頁 3725～3726。

書籍、紙筆，而不像舊時書院發給膏火〔註59〕。對於在校學生，章程定有嚴格規程：

> 學生每日工作四點鐘，讀格致、化學、算繪諸書四點鐘，晚間仍須讀中國書……每日由各教習分別勤惰，逐名核記分數……其有不堪造就、不受約束、屢犯堂規者，隨時斥革。〔註60〕

工藝學堂本希望可招收讀書分子入讀，培養他們成為工程師，作為各業之「匠首」、行業的領袖，但因「士人皆不屑講求」，竟無人報考，只好降低收生要求，把目標定在訓練技術工人上。光緒二十八年（1902）工藝學堂升為高等學堂，修業期五年，畢業後可充任工程師。光緒三十三年（1907）它改名為湖北中等工業學堂。

（4）**湖北方言學堂**，創建於光緒二十四年五月（1898）。學堂主力在專門培養外交和翻譯人才。生員由自強學堂內選拔品端文優者入學，習歷史、地理、公法、交涉等課程，並分習英、法、德、俄、日語，學制五年。

（八）師範教育

張之洞在興辦學堂的過程中，發現大辦各級學堂，必須有足夠的師資。為解決這一緊急問題，他曾在兩湖經心書院、江漢書院和兩湖書院裏選派優級生到日本學習師範，學成回國擔任各級學堂的教師，也從多聘外國教師來緩解急需，不過因經費短絀，不能多派員留學，也不能多聘外國教習。為了解決這一問題，他以為必須從內部設法，若要興起全國普及教育之盛行，尤要面對大量師資問題。從長遠計，人才的養成，實有賴學校，而學堂能否辦出成效，又端靠師資，既然師範教育為造端之地，這使他產生了要辦師範教育的想法。光緒二十八年（1902）十月，他在《籌定學堂規模次第興辦摺》中，向朝廷提出了興辦師範學堂的建議，理由是：

> 查各國中小學教員，咸取材於師範學堂，故師範學堂為教育造端之地，關係至重。〔註61〕

不久他即於湖北辦起全國第一所師範學校，冀盡快為各級學堂輸送合資格教員。到了翌年，當他參與制定「癸卯學制」工作時，便把師範教育納入全國學制範圍內，在《學務綱要》提出了辦師範教育的理想藍圖，他指出：

〔註59〕 參閱同上，頁 3725～3726。
〔註60〕 見同上，頁 3726。
〔註61〕 見《張之洞全集》第 2 冊，頁 1489～1490。

　　宜首先急辦師範學堂。學堂必須有師。此時大學堂、高等學堂、省
　　城之普通學堂，猶可聘東西各國教員為師。若各州縣小學及外府中
　　學堂，安能聘許多之外國教員乎？此時惟有急設各師範學堂，初級
　　師範以教初等小學及高等小學之生；優級師範以教中學堂之學生及
　　初級師範學堂之師範生。〔註62〕

在「開國民知識，普施教育，以小學堂為最要，則是初級師範學堂，造就教小
學之師範生，尤為辦學堂者入手第一義」的思想指引下〔註63〕，湖北各道、
府、州辦起了各級師範學堂。在湖北所辦的師範教育中，均由張氏親手設計，
它們分為：一經史之學，二教育學，三普通學。不同的師範學校有不同的側重
點。而這三分法的教育宗旨，皆不離「中學為體，西學為用」範圍，即注重中
學的講求，然後求實用的西學為原則。

　　（1）**湖北師範學堂**，創建於光緒二十八年（1902），位於省城賓陽門南，
把東路小學作為附屬小學，歸師範生教課以資實驗。「師範課程於普通學外，
另加教育學、衛生學、教授法，學校管理法等科」，每日上課八小時，學生名
額定一百二十名，選取品學兼優之文生入學，將來則收中學堂畢業生。師範
學堂初設三班，一屬速成班，以一年為期，其餘兩班屬正科班，以兩年和三
年為修業期。速成班招收學生年齡在二十五至三十歲範圍，正學科生則定在
二十至三十歲內。辦速成班，目的在紓緩師資之急〔註64〕。教員則多聘日本
人充任。

　　（2）**兩湖總師範學堂**，由於「教員缺乏，師範學堂未造就」，光緒三十年
（1904）六月他決定把兩湖書院改為培訓師資的師範學堂。學堂專習經學和教
育學，但亦須兼習：修身、文學、博物、物理、化學、史學、地理、英文、算
學、音樂、圖畫、書法、體操等，按所需分課學習，並規定經學和教育學兩個
主科每周須上課六小時，其他各科則隨課程需要而有不同安排。教習多為日本
人，教經學的多為有名的經學家。

　　學堂分設南北教學樓兩棟，一棟是專門教理化課，一棟則主要用於存放儀
器，為學生進行實驗之用。學堂內更設有南北書庫，藏書達四萬餘卷冊，除經
史子集外，尚有不少西學書籍，其藏量頗豐。

〔註62〕見舒新城《中國近代教育史資料》上冊，頁200。
〔註63〕參閱同上。
〔註64〕參閱《籌定學堂規模次第興辦摺》，《張之洞全集》第2冊，頁1489～1490。

（3）**湖北師範傳習所**，由於張認識到「興辦學堂，全賴師範得人」，看到師範學堂速成班畢業生不敷分派，於光緒三十年（1904）九月他向屬員提出，著他們在城內開設師範傳習所，以廣師資。並以「課程方能合度，管理方能得宜」為宗旨〔註65〕，務為小學教員提供經學、教育學的培訓。其收生準則在：

> 選派備充小學堂教員之舉貢生員，來省分入各師範傳習所，講授教育學、管理法及初等小學堂各科學之要旨大義，俾粗諳師範規程，從事教育不致茫無措手，將來推各屬遞相傳習，庶師資易得，各州縣初等小學可以隨地擴充。〔註66〕

為加強學生於經學、國文基礎方面的能力，張氏特別指出：

> 經史國文，最為學校根柢。故小學宗旨，首重在講經書、知史事、綴文法、習字體。必使學童義理明通，知遵聖教之倫紀；文筆條達，能解經典之文章，則既無離經叛道之言，自無犯上作亂之事，如此方足為將來立身應事之基。而初等小學功課，尤為蒙養緊要關鍵，萬不可忽。〔註67〕

要強化學生的經學和國文基礎，其所持理由是：

> 若學童於經書未曾多讀，中史未經講說，義理不能明通，文筆不能條達，則立身之趣向，必不端；愛國之心思，必不篤。所謂國民教育者安在？此等生徒強令肄業，中學課程安能領悟貫通？欲望其造成人材，不流邪僻，不其難乎！此乃見好目前誤人子弟之事，本部堂斷斷不為。〔註68〕

　　綜合上述分析，張氏辦師範學堂的宗旨，在培養具備經學、國文和教育知識的教員，並以此養成教員愛國忠君的思想，繼而在學生中發揮影響力，於保聖教、固國家根基上貢獻力量〔註69〕。用曲線方式來保儒學、保聖教、保家

〔註65〕 參閱《札學務處開設師範傳習所》（光緒三十年九月十三日），《張之洞全集》第 6 冊，頁 4255。

〔註66〕 見同上。

〔註67〕 見《札學務處飭中學暨實業各學堂補習小學功課》，同上，頁 4267～4268。

〔註68〕 見同上，頁 4268。

〔註69〕 為培養師範生愛國之心，張氏特頒定學堂歌，目的在「感發其忠愛之忱，鼓勵其自強之志……以振奮精神」。（見《札學務處發學歌、軍歌》〔光緒三十年十二月〕，同上，頁 4258）

國，相信是他辦師範教育的初衷〔註70〕。

三、創設新式學制

　　廣設學校之議，最先由刑部郎中李端棻（1833～1907）於光緒二十二年（1896）提出，他在上《請推廣學校摺》中指出：「人才之多寡，國家之強弱也」，而中國之弱「非天之不生才也，教之之道未盡善也」，因而主張自京師及各省、府、州、縣皆設學堂，京師設大學堂，課程除經、史、子、集諸書外，應開設各國語言文字、天文、輿地、算學、格致、製造、農、商、兵、礦、時事、交涉等學，學習期限為三年，讓畢業生「等其榮途，一歸科第，予以出身，一如常官」〔註71〕，向朝廷建議改變書院章程，給予畢業學生等同科舉之出身，開啟新式學校勃興之路。同年，翰林院侍講學士秦綬章（1849～1925）也上奏摺，建議改革書院學科，史學加附時務，掌故附以洋務、條約和稅務，輿地附以測量和圖繪，算學附以格致和製造，譯學附以外國語言文字。這些建議最終被朝廷採納，頒令各省推行。

　　觀察張氏推重新式學堂，實要到光緒二十四年春（1898）發表《勸學篇》時，他在《學制第四》一篇，對新式學堂有如下定義：

> 外洋各國學校之制，有專門之學，有公共之學。專門之學極深研幾，
> 發古人所未發，能今人所不能……公共之學所讀有定書，所習有定
> 事，所知有定理，日課有定程，學成有定期，入學者不中程不止，
> 惰者不得獨少。……生徒有同功，師長有同教，此有限制者也。……
> 師無不講之書，徒無不解之義，師以已習之書為教，則師不勞；徒
> 以能解之事為學，則徒不苦。問其入何學堂，而知其所習何門也；
> 問其在學堂幾年，而知其所造何等也。
>
> ……小學、中學、大學又各分為兩三等，期滿以後，考其等第，給
> 予執照。國家欲用人才，則取之于學堂，驗其學堂之憑據，則知其
> 任何官職而授之，是以官無不習之事，士無無用之學。其學堂所讀
> 之書，則由師儒纂之，學部定之，頒於國中。數年之後，或應增減

〔註70〕董寶良、熊賢君指出：師範學堂為群學之基，它的最大作用在培訓人師，重新
　　　強調中學的重要，這使本已地位日漸消退的經學，又回到傳統書院時期，得到
　　　特別的推尊。（參閱《從湖北教育看中國教育近代化》，廣東教育出版社，1996
　　　年，頁136～138）
〔註71〕參閱舒新城《中國近代教育史資料》上冊，頁143～145。

訂正，則隨時修改之。

……學成之後，仕宦工商各有生計，自無凍餒。此以教為養之法也。

是以一國之內，常有小學數萬區、中學數千，大學百數。

……凡東西洋各國立學之法、用人之法，小異而大同，吾將以為學

式。〔註72〕

清末書院教育制度有改革之必要，早為識者所倡，百日戊戌維新曾有落實的良
機，惜事變而無法實行。因此真正落實改革的契機還在庚子拳亂後，朝廷不得
不銳意圖強之時。

　　庚子拳亂，導致八國聯軍攻陷京城，慈禧太后等一眾慌忙出宮西走，清廷
威信再次受到嚴重衝擊，政權岌岌可危。為平息國內輿論，對外粉飾，光緒二
十六年十二月初十日（1901 年 1 月 29 日）慈禧不得不用光緒名義發佈變法上
諭：

世有萬古不易之常經，無一成不變之漢法。窮變通久，見於大易。

損益可知，著於論語。蓋不易者三綱五常，昭然如日星之照世。而

可變者令甲令乙，不妨如琴瑟之改弦。……總之法令不更，錮習不

破，欲求振作，當議更張。〔註73〕

光緒二十七年（1901）三月，清廷設立了政務處督辦新政，委任兩江總督劉坤
一、湖廣總督張之洞遙為「參預政務大臣」，具體籌劃新政。不久張之洞即會
同劉坤一等大員聯銜上奏《變通政治人才為先遵旨籌議摺》、《遵旨籌議變法謹
以整頓中法十二條摺》和《遵旨籌議變法謹以採用西法十一條摺》三摺〔註74〕，
為清廷新政提供多方面的計策。在《變通政治人才為先遵旨籌議摺》中云：

保邦致治，非人無由，謹先就育才興學之大端，參考古今，會通文

武，籌擬四條：一曰設文武學堂，二曰酌改文科……蓋非育才不能

圖存，非興學不能育才……論外國設學之定法，自宜先由小學校辦

起，層累而上，以至中學、高等學、大學，方為切實有序。……今

日為救時計，惟有權宜變通，先自多設中學及高等學始，選年力少

壯通敏有志之生員，迅速教之，先學普通，緩習專門，應各就省城

─────────────

〔註72〕見《張之洞全集》第 12 冊，頁 9742～9743。

〔註73〕見國家檔案局明清檔案館編《義和團檔案史料》下冊，北京中華書局，1959
年，頁 914。

〔註74〕三摺分別於光緒二十七年五月二十七日、六月初四、五日上呈。

及大府酌量情形迅速籌辦，以資目前之用。〔註75〕

光緒二十七年（1901）八月，朝廷頒諭，令各省、府、縣以原有書院改辦新式學堂：

> 作育人材，端在修明學術，著各省所有書院，於省城均改設大學堂，各府、廳、直隸州均設中學堂，各州縣均設小學堂，並多設蒙養學堂，務使文行交修，講求實用，著切實通籌舉辦。〔註76〕

光緒二十八年（1902），管學大臣張百熙與榮慶等擬定學堂新章程，制定了中國第一個新式學制《欽定學堂章程》（史稱「壬寅學制」）。只是這個學制頒布後並未真正施行。同年十月，張氏上《籌定學堂規模次第興辦摺》，詳述仿西方新式教育以改革中國教育的方法，其云：

> 環球各國競長爭雄，莫不以教育為興邦之急務，其制以大學造就文武通材，以小學蒙學啟發國民之忠義，化成國民之善良……撥其立法用意之精深，合乎中國古先之制。〔註77〕

同時列出籌辦學堂的步驟為：師範第一、小學第二、文普通中學第三、武普通中學第四、文高等學第五、武高等學第六、方言學第七、農學第八、工學第九、勤成學堂第十、仕學院第十一、學堂經費第十二、省外中小學第十三、蒙學第十四、學務處第十五〔註78〕。

在該摺中，張氏又詳論義務教育之設，指義務教育是國家對人民應盡之責，由國家辦初等小學使人人入學，務令國民知修身，明義理，忠愛國家，同時獲得謀生之術，方為我國之民，因云：

> 知學為人民當盡之職份，使人民入學為國家當盡之職份，故全國初等小學經費皆官任之，其教法大指，一在修身，使人人知義理；一在愛國，使人人知保護國家；一在資生，使人人謀生有具。故謂之義務教育，又曰國民教育，言必入學知大義而後為我國之民，不入學則不知民與國一體之義，不得為我國之民，且君上不使斯民開其知覺，是視同膜外不以為本國之民也。……西人覘國者，每視小學官費年限之久暫與全國入學分數之多少以為文明程度之比較，不汲

〔註75〕見《張之洞全集》第 2 冊，頁 1393、1401。
〔註76〕見《籌定學堂規模次第興辦摺》，同上，頁 1488。
〔註77〕見同上。
〔註78〕參閱同上，頁 1490～1496。

汲問大學堂之成才若干也。〔註79〕

他並建議小學設讀經書科，中學設溫經科，每日各八刻。教科書方面則主張仿日本採用西方譯本。針對士氣過弱問題，規定文學堂要習體操，其餘各學堂均練兵操、體操。遇有典禮，文學優等生須服兵衣，以兵法列隊持槍步操。為求辦學得到實效，他認為不可吝嗇經費，更援引《論語》「見小利則大事不成」及《管子》「嗇則費」作喻。又謂畢業不可太速，因為《論語》有云，「速成非求益」，並援引《孟子》「揠苗助長」之語以為理據。對於學堂畢業學生，他請朝廷量材任用，因為「士心既然鼓舞，民心自無他歧」。《禮記》有云：「不從其所令，從其所行，上好是物，下必甚焉。」同時強調「幼學不可廢讀經」，中國雖貧弱而人心不散，正是因人人誦經書，使有綱常禮義廉恥灌浸其中之故。不過讀經不可苦讀強記，只須明大義即可。幼童可讀畢《四書》一部，大經一部，中小經一部，聽父兄或本人自擇。十五、六歲以後方可習洋文，因中文未通，專習洋文，則不能讀中國之書，必至「浮薄忘本」〔註80〕，更不得講泰西哲學，防範學生習染空言不切實際的風氣〔註81〕。

「壬寅學制」頒布未及一年，光緒二十九年（1903）十一月，清廷又頒布了《奏定學堂章程》（又名「癸卯學制」），這個章程是在前一章程基礎上重行修定、改良，且更精詳。這個學制由他與張百熙、榮慶共同釐定。立學宗旨是：

> 無論何等學堂，均以忠孝為本，以中國經史之學為基。俾學生心術
> 壹歸於純正，而後以西學瀹其智識，練其藝能。務期他日成材，各
> 適實用。〔註82〕

章程內有《蒙養院章程》、《家庭教育法》、《初等小學堂章程》、《高等小學堂章程》、《中學堂章程》、《高等學堂章程》和《大學堂章程》（附《通儒院章程》）各一冊；對師範教育尤為著重，其中說：

> 辦理學堂，首重師範……故此時各處興學，首以小學為急，夫有師
> 範然後有小學，師範固難，必得無數之師範可以供全省之小學則尤

〔註79〕 見同上，頁 1496。

〔註80〕 參閱同上，頁 1499～1501。

〔註81〕 對於泰西哲學，張氏指出：「中國之衰正由儒者多空言而不究實用，西國哲學流派頗多……近來士氣浮囂，於其精意不加研求，專取其便於己私者，昌言無忌，以為煽惑人心之助。……假使僅尚空談，不過無用，若偏古宕不返則大患不可勝言矣。中國聖經賢傳無理不包，學堂之中豈可捨四千年之實理，而騖數萬里外之空談哉！」（參閱同上，頁 1501～1502）

〔註82〕 見《重定學堂章程摺》，舒新城《中國近代教育史資料》上冊，頁 197。

難，故今日首以造就師範生為急。《易》曰：「蒙以養正」；周子曰：

「師道立則善人多。」此之謂也。〔註83〕

於是又擬《初級師範學堂章程》、《優級師範學堂章程》、《任用教員章程》各一冊；因「國民生計，莫要於農工商實業，興辦實業學堂，有百益而無一弊」，所以又制定了《初等農工商實業學堂章程》、《中等農工商實業學堂章程》、《高等農工商實業學堂章程》、《實業教員講習所章程》各一冊作為辦學指引。另設有京師仕學館供在職人員入讀，進士館供新進士入讀，都是暫時之設施〔註84〕。

　　光緒二十八年（1902）十月，張氏於湖北設學務處統籌全省學務，並奏請朝廷著各省仿辦。在翌年十一月頒布的《奏定學堂章程》中撰有《學務綱要》，它是教育思想的總綱領。《綱要》規定各省須設學務處總理全省學務，這是省級教育行政制度創設之始。在《學務綱要·全國學堂總要》中道明各省學堂辦學要旨：

> 以端正趨向，造就通才為宗旨，正合三代學校選舉德行道藝四者並重
> 之旨。各省興辦學堂，宜深體此意。從幼童入初等小學堂始，為教員
> 者，於講授功課時務須隨時指導，曉之以尊親之義，納之於規矩之中。
> 一切邪說詖詞，嚴拒力斥；使學生他日成就，無論為士、為農、為工、
> 為商，均上知愛國，下足立身，始不負朝廷興學之意。〔註85〕

《學務綱要》又詳列了全國辦學堂須遵行之法共五十六條，簡述如右：宜急辦師範、興學堂、員紳宜先出洋考察、宜速設實業學堂、重考核學生品行、中小學宜重讀經以存聖教、經學課程簡要不妨西學、不得廢棄中國文辭、小學堂不許習洋文、私學堂禁專習政治法律及兵操、學生不准妄干國政、外國教員不得講宗教、理學宜講明、各堂兼習兵學、畢業升等獎給出身由試官考定、學堂兼有科舉所長、學堂未畢業學生不准應鄉會試及歲科試、海陸軍大學堂宜籌建、京師應專設總理學務大臣等〔註86〕。

　　在保存中學方面，《學務綱要》也有指引，如在「中小學宜重讀經以存聖教」一節說：

> 若學堂不讀經書，則是堯舜禹湯文武周公孔子之道，所謂三綱五常

〔註83〕見《籌定學堂規模次第興辦摺》，《張之洞全集》第2冊，頁1496。

〔註84〕參閱《奏定學堂章程》，舒新城《中國近代教育史資料》上冊，頁197～198。

〔註85〕見同上，頁199。

〔註86〕參閱同上，頁199～220。

者，盡行廢絕，中國必不能立國矣。學失其本則無學，政失其本則無政。其本既失，則愛國愛類之心亦隨之改易矣。安有富強之望乎？
〔註87〕

規定學堂讀經書，是要使「三綱五常」維繫人倫，使社會秩序、國家安定的利器不被廢絕，以免國家失去立國根基，而中國富強之道，亦深繫於此。這是張氏「通經致用」教育思想的核心價值。

自光緒二十八年（1902）正月，張氏署兩江總督，於江寧設江楚編譯局，至光緒三十三年（1907）進入軍機處的前數年間，他在湖北相繼創辦了軍事學校、實業專科學校、師範學校〔註88〕。兩湖書院後來改為兩湖大學堂，自強學堂改為文普通中學堂，又合武備學堂、將弁學堂為武高等學堂，設武普通中學堂、師範學堂、高等普通小學堂，復設有方言學堂。湖北地區由此建立起由初等、中等、高等學堂彼此配套的普及教育系統，開創全國教育風氣之先。

第二節　從整頓科場到廢除科舉

張之洞由十二歲應考童生試，取得生員資格，十五歲應鄉試，第一場考《四書》文三篇，五言律詩一首；第二場考經文五篇；第三場考有關經史、時務、政治、策問五道，得中式第一名，成為舉人。後經多番轉折，他在二十七歲會試，得賜進士及第，五月授翰林院編修。三十一歲，他奉旨充浙江鄉試副考官，後簡放湖北學政，正式開始仕宦生涯。從科舉正途出身，對於科場不正之風他嚴加整頓，是他為學政之首務；通經致用，為國家培育步趨賢聖之才，更是他一生的追求。然而隨著時局、學風和社會思潮的轉變，到最後他卻有廢除科舉的舉措。

一、整頓科場以端正士風

清太宗（1592～1643）為了充實官僚隊伍以便於統治漢人，在天聰三年（1629）舉行了一次科舉考試，有三百多名漢族生員參加，其中二百多人中選，奠定了皇太極以文教興治的國策〔註89〕。順治元年（1644）成立國子監，次年八月舉行鄉試，錄取舉人一千四百二十八人。順治九年（1652），順治帝（1638

〔註87〕見《奏定學堂章程》，舒新城《中國近代教育史資料》上冊，頁203。
〔註88〕參閱《籌定學堂規模次第興辦摺》，《張之洞全集》第2冊，頁1488～1496。
〔註89〕參閱王先謙《清東華錄全編》「天聰三年條」，學苑出版社，2000年影印本。

～1661）親到太學舉行釋奠禮，以示尊崇儒學，並撰《臥碑文》頒行全國各府、州、縣，刊刻學宮曉示生員。其碑文云：

> 朝廷建立學校，選取生員，免其丁糧，厚以廩膳；設學院、學道、
> 學官以教之；各衙門官以禮相待。全要養成賢才，以供朝廷之用。
> 諸生皆當上報國恩，下立人品！……居心忠厚正直，讀書方有實用，
> 出仕必作良吏。〔註90〕

這講明清初興學舉措，重在「養成賢才，以供朝廷之用」，故要求讀書人須「居心忠厚正直」，「出仕必作良吏」。到康熙四十一年（1702），在舉行了二十次會試後，把辦學宗旨從專門培養官員，提升到教化層面〔註91〕。康熙（1654～1722）推崇理學，將朱熹的《性理大全》、《朱子全書》定為國子監和府、州、縣學的必讀書，確立了理學在儒家各流派的獨尊地位。康熙尊崇朱子，主要重視理學的躬行實踐，因此他訓誡各級學校學生要「秉忠貞以立志」〔註92〕。康熙四十一年（1702）向禮部頒《訓飭士子文》，表明對學生的要求，其文云：

> 國家設立學校，原以興行教化，作育人才。典至渥也。朕臨御以來，
> 隆重師儒，加意庠序，近復慎簡學使，釐別弊端，務期風教修明，
> 賢才蔚起。〔註93〕

由上說明了清初至康熙朝其辦學宗旨在用儒術培養「良吏」和「賢才」。自康熙後之歷代清帝，其辦教育主旨亦多遵祖制。

朝廷雖明令以「居心忠厚正直」、「風教修明」來培養治國人才，但學術士風並未因此得到振奮〔註94〕，科場弊端，並無止息。康熙五十年（1711），發生江南鄉試主考副都御史左必藩（生卒不詳）、副主考翰林院編修趙晉（生卒不詳）受賄事件，使蘇州鹽商子弟中多人中舉，其中頗多文理不通，遂引起了當地生員不滿，聚集於府衙抗議。政府於是下令嚴查，證明受賄案屬實，多名

〔註90〕見《欽定光緒大清會典》卷三十一。

〔註91〕參閱劉秀生、楊雨青編《清代教育史》，人民出版社，1993年，頁6。

〔註92〕參閱同上，頁43。

〔註93〕見《訓飭士子文》，《康熙政要》卷十六。

〔註94〕錢穆先生指出，清代雖推尊朱子，但對程朱學中主要的「秀才教」精神，則極端排斥（這種情況到乾隆時期更明顯），不願學者認真效法程朱，是造成應科舉只求仕宦，並沒養成士人以天下為己任的胸襟，正是學術日盛，吏治日衰的重要原因。（參閱《國史大綱》下冊，頁861～862）

涉案官員遭處斬懲治，作為警誡。下至雍正、乾隆、嘉慶三朝近百年間〔註95〕，再未發生科場大弊案，但科場作弊如故。咸豐八年（1858），發生了震動朝野的「戊午科場案」，當年順天府鄉試正、副主考官收受賄賂，涉案官員竟達數十人，最後主考官柏俊（？～1859）等五名大員被處死。

同治六年（1867）七月，三十一歲的張之洞獲充浙江鄉試副考官，隨正考官張光祿（生卒不詳）出都，八月再簡放湖北學政。當時鄉試有定制，試卷先由同考官評閱，再將優秀者圈選推薦給正、副主考，稱為「薦卷」，再由正、副主考校閱薦卷。為避免佳卷落選，正、副主考在看完薦卷後，仍要將餘卷再看一次，稱為「搜落卷」。由於主考官工作非常沉重，故常有「走馬看花，擇其悅目者，取而薦之」〔註96〕以交差的情況。

張氏卻務盡職守，將餘卷一一校閱，認真選才。他在《抱冰堂弟子記》憶述時，說自己「勤於搜遺，鄉試閱全卷，小試卷十閱其七，得人甚多」，所取錄人材，多根據其「根柢、性情、才識」，而「不拘拘於文字格式，其不合場規文律而取錄者極多」。至於「義理悖謬者，雖一兩語亦必黜」〔註97〕。經他選拔的便有陶模（1835～1902）、袁昶（1846～1900）、許景澄（1845～1900）和孫詒讓（1848～1908）等人〔註98〕，均屬一時佳選。當時名士李慈銘（1830～1895）亦記述浙江士人因仰慕之洞名聲，故對「張香濤以名士來浙主試」，稱「是鄉邦之幸」〔註99〕。

清廷在經歷二次鴉片戰爭、太平軍和捻、回、苗內憂外患後，時局稍告穩定，但社會風氣、學術士風已大不如前，學子應科舉「所尚者，非通經也，應舉之文也；所求者，非致用也，干祿之術也」〔註100〕。故張之洞一到湖北學政任上，即向屬員、諸生表明對教育的期許：

〔註95〕 雍正（1678～1735），1723～1735 年在位；乾隆（1711～1799），1736～1795 年在位；嘉慶（1760～1820），1796～1820 年在位。

〔註96〕 何德剛《春明夢錄》（卷上）對科場這樣描述：「房考閱卷，亦非逐卷批點，不過走馬觀花，擇其悅目者，取而薦之，其餘落卷，則預擬一空泛批語，如欠警策……並於文內補點數語，此卷便算畢命。」（見上海古籍出版社，1983 年，頁 41）

〔註97〕 參閱《抱冰堂弟子記》，《張之洞全集》第 12 冊，頁 10613。

〔註98〕 陶模，官至陝甘、兩廣總督。袁昶，官至總理衙門大臣。許景澄，歷任駐外使節。孫詒讓，著名學者，於經學、史學、文字學等方面均有所成就。

〔註99〕 李慈銘《越縵堂日記》（同治六年八月九日）條。

〔註100〕 參閱劉開《劉孟塗文集·貴齒論》卷二，龔書鐸《中國近代文化探索》，北京師範大學出版社，1988 年，頁 66。

剔弊何足云難，為國家培養人才，方名稱職。衡文只是一節，願諸

生步趨賢聖，不僅登科。〔註101〕

在給各州縣屬員的公文中，他也率先陳明其辦教育之旨在：「期與此邦人士，研究實學，共相切磋，務得通經學古之士，經世濟用之才。」鑑於生員「學業文章，各有優絀」，要在不同品性、才氣的生員中發掘更多可資造就的人才，便必須廣開門路〔註102〕。因此他在發給屬員的札文中表示：

札行各屬，發題觀風，聽生童量能自占，各盡所長。引用隱僻典實，

許自注書名出處。平日具有著作者，可隨卷送呈。〔註103〕

在選拔人才之外，張氏也注意到科場濫竽充數的問題。咸豐（1850～1861）一朝，為清剿太平軍，須籌措餉銀支援軍費，故清廷明令地方凡捐資助餉越多，即准擴大學額。學額過多，不單令學生不思進取，使根柢粗淺，學員又因疏於約束，導致學風日下。對生員數目大增後衍生出來的問題，李慈銘在《越縵堂國事日記》有這樣的記述：

道光以前，諸生有官簿尉、充幕友者，人皆笑其變操失步，而自好

者以為恥，今則為書吏，為屠沽，至有以舉人充門丁者。〔註104〕

故李對科舉取人，曾有「減天下舉額各三之二，而停選科舉三十年，庶可言品節、言政事、言文學」的主張〔註105〕。張氏到湖北時，當地生員數額已較原定增加了兩倍，被取錄者不少「根柢淺薄，文藝粗疏」輩〔註106〕。如何改善學額過濫情況，他首先做調查研究，搜集湖北府、州、縣取錄過濫數字以及引發的諸種問題。他在向朝廷上奏時，表明自己辦教育的原則：不習科舉時文，務以「端品行、務實學」訓勉諸生〔註107〕，並改經文為經解，讓學生報明認習何經，用經解作為考核，他以為，「學問之道須由淺入深」，對能「闡發大義，明實通暢者」的學生，將格外優獎，務使湖北士風無日下之患〔註108〕。張氏

〔註101〕見胡鈞《重編張文襄公（之洞）年譜》，頁35。

〔註102〕參閱同上。

〔註103〕見同上。

〔註104〕見李慈銘著，吳語亭編注《越縵堂國事日記》，沈雲龍主編《近代中國史料叢刊續編》第60輯（第597號），臺灣文海出版社影印本，1978年；陳茂同著《中國歷代選官制度》，華東師範大學出版社，1994，頁399。

〔註105〕參閱同上。

〔註106〕參閱許同莘《張文襄公年譜》，頁14。

〔註107〕參閱胡鈞《重編張文襄公（之洞）年譜》，頁36。

〔註108〕參閱同上，頁36～37。

在湖北進行的一番教育興革，曾國藩曾稱許說：

> 往時祁文端、張海門視學吾鄉，最得士心，近張香濤在湖北亦愜眾
> 望。〔註109〕

在湖北學政任滿後，於同治十二年（1873）六月，張氏又獲派充四川鄉試副考官後，十月復委為四川學政，任期三年。當時四川科場積習深、流弊極多，但他無所畏懼，在上《恭報到任日期摺》表達了治理決心：

> 竊查四川省分人文素優，惟棚數較他省為多，弊端亦較他省甚，至
> 軍興以還，學額日廣，品行實學尤須極力講求。臣惟有首勵以廉恥，
> 次勉以讀有用之書，至於別弊摘奸，惟力是視。總期有裨士類，少
> 答鴻慈。〔註110〕

整頓川省學風，於「品行實學」上，他「首勵以廉恥，次勉以讀有用之書」，至於剔弊摘奸，他在《川省隨棚錄遺片》亦說明了自己的整頓方法：

> 川省積弊，錄遺一場，大率代替，十無一真。緣七月中旬以前，本
> 生到者寥寥，若竟聽其假冒，殊非政體。……責令本生入場，不准
> 代替，法令可行，積弊可除。〔註111〕

在四川兩年，他已對科場積弊、學風敗壞原因有更透徹的認識，因而極思整頓辦法。在《整頓試場積弊摺》中，他分析了科場積弊原因，並設計了一個改善良策：

> 考試弊端，各省皆有，然未有如川省今日之甚者。弊實日巧，盤結
> 日深，幾乎並為一局，牢不可破。士子以舞弊為常談，廩保視漁利
> 為本分，以至寒士短氣，匪徒生心，訟端日多，士氣日敝。……欲
> 治川省之民，必先治川省之士。……培材除莠，勸學屬行。〔註112〕

「訟端日多，士氣日敝」，實與生員承辦訴訟歛財有關。關於這一點，他在同期上奏的《奏請敕議申明嚴飭辦理片》便有載述：

> 再，川省最多訟棍，而訟棍多系貢、監、文武諸生，暗地唆架，當堂
> 扛幫。遇有上控事件，尤所樂聞。出頭承辦，廣募眾資，以為訟費，

〔註109〕 見《曾文正與許仙屏書》，胡鈞編《重編張文襄公（之洞）年譜》（同治六年），
　　　　　頁37。
〔註110〕 見《恭報到任日期摺》（同治十三年七月），《張之洞全集》第1冊，頁1。
〔註111〕 見《川省隨棚錄遺片》，同上，頁2。
〔註112〕 見《整頓試場積弊摺》（光緒二年七月），同上，頁3～8。

> 浮開迭斂，藉此為生。……此輩大為民害……與官丁吏胥皆有來往，
> 多有陰事為其所挾，喜則為關說助惡之人，怒則為反顏訐告之舉，以
> 故官吏雖甚苦之而無可如何，此為川省敗壞士習之根。〔註113〕

為治理川省科場流弊，他擬定了八條整頓辦法，分別為：第一，懲鬻販；第二，禁訛詐；第三，禁拉磕；第四，拿包攬；第五，責廩保；第六，禁滋事；第七，杜規避；第八，防鄉試頂替〔註114〕。於設法糾正科場積弊的同時，他在成都創建了「尊經書院」，其辦學理想及宗旨，在《創建尊經書院記》有所說明：

> 方今聖上敦崇經學……使者奉宣德意，誠欲諸生紹先哲，起蜀學，然
> 歲、科兩試能進退去取其所已然，不能補益其所未至，批抹不能詳，
> 發落不能盡，僅校之，非教之也。於是乎議立書院……延師購書，分
> 業程課，學成而歸，各以倡導其鄉里後進，展轉流衍再傳，而後全蜀
> 皆通博之士、致用之材也。《語》云：「一人學戰，教成十人，萬人學
> 戰，教成三軍。」操約而施博，此使者及諸公之本意也。〔註115〕

張氏是因應書院職能往往僅做到「校」，而非「教」，即沒有發揮人師的作用，於是針對這問題，擬定了多條教士之法，示生員讀書之道，同時亦為教員提供教學指引。他為諸生詳列讀書之道為：一定志、二擇術、三務本、四知要、五定課、六用心、七篤信、八息爭、九尊師、十慎習。又向山長列明教學和管理辦法：一善誘、二程功、三惜力、四恤私、五約束、六書籍、七釋疑等八項，希望尊經書院的學生與教員廣為遵從，成一省士風的典範。他更寄望學成的士人回到鄉里，能把良好學風廣為傳導，繼而成就「一人學戰，教成十人」的效果，以造成全蜀都是「通博之士」和「致用之材」。

　　此外，他又撰著《輶軒語》，教導生員讀書要領，尤要他們著重砥礪氣節、人品德行的養成，同時編撰《書目答問》，指引士子讀書入門方法。所舉書目，皆「門徑秩然，緩急易見。凡所著錄，並是要典雅記，各適其用」〔註116〕。

　　科舉養士一途並沒能培養出以天下為己任、兼通達時務的英俊之材，一直為人所知，其流弊向為大儒所咎病，可是卻無解決良方。對科舉取士之弊，張氏早在同治二年（1863）參加殿試時，於《殿試對策》中已有論及。他說：

〔註113〕見同上，頁8。
〔註114〕參閱《整頓試場積弊摺》，同上，頁3～8。
〔註115〕見《張之洞全集》第12冊，頁10074。
〔註116〕參閱《書目答問·略例》，同上，頁9888。

制策又以得賢才所以治天下。而綜論資格、科目之得失。臣謂今日
人才之乏、資格太拘、科目太隘致之也。按選部之名始於漢季、吏
部之名始於魏，量能授職，古意未湮，循資格出而差次注銓，權歸
胥吏，計缺例但免羈候，無與本圖。此正前代之失，可為殷鑑。……
誠以文法之中必不足以得非常之士，如必棄狂狷而取鄉愿，治平且
不可，況多事乎？臣見其害，未睹其利。……督察之任有名無實，
謂由儒術者迂而弛事是已，然未可為儒術咎也。夫所謂儒者，宗法
聖賢，博通古今，以之為吏，誰曰不宜？今世士人殫精畢世，但攻
時文，一旦釋褐從政，律令且不曉，何論致治勘亂之略哉！〔註117〕

這時他二十七歲，已認識到國家缺乏治國之才原因有多項，一是「資格太拘、
科目太隘」，二是「差次注銓，權歸胥吏」，三是所謂讀書人「殫精畢世，但攻
時文」，而非真讀聖賢書，故無法養成聖人利民濟世之心，行聖人之德政，正
是朝廷吏治不清明、國家難以大治的重要原因，他提出的救弊辦法是，必須任
用「宗法聖賢，博通古今」之儒者，並「以之為吏」，使督察舉試能公平進行，
對科舉制度尚未有脫離傳統思路的改革建議。到他撰寫《輶軒語》時，多了十
年閱歷，對科舉的看法已有轉變。他說：

近人往往以讀書、明理判為兩事，通經致用，視為迂談。淺者為科
舉，博洽者箸述取名耳。……隨時讀書，隨時窮理，心地清明，人
品自然正直。從此貫通古今，推求人事。果能平日講求，無論才識
長短，筮仕登朝，大小必有實用。〔註118〕

他看到讀書人晉身仕途的目的在謀利祿，因此他希望發揮身為儒師的力量，提
倡「通經致用」方為正道，要求士子讀書注重窮理，以養成正直人品，然後「貫
通古今，推求人事」，待他日登朝作官，自能助國家致治。對舉業家不主張讀
經、史、子、集，他也提出了批評：

舉業家每謂經、史、子、集無關時文，方家文字不宜場屋，但讀浮濫
時墨，展轉摹效，此時文體即已甚敝，愈趨愈下，將來必致一書不知
文，亦不可為文，人人皆沒字碑矣，大為學校之憂也。諸生此時為學、
為教，異日身執文柄，普望努力挽回，即是有功世教。〔註119〕

〔註117〕 見《殿試對策》，同上，頁10044～10045。
〔註118〕 見《輶軒語・語學第二》，同上，頁9771。
〔註119〕 見《輶軒語・語文第三》，同上，頁9800。

時文雖無助學問的講求，但為了學生應考，張氏亦「舉其有關程試，及時俗易犯者。免致良材困學，誤蹈覆車，徒遭擯棄而不知」〔註120〕，表現了一位儒師對學生的關愛，他希望讀書人最少在為學、為教方面要「有功世教」。

由出任學政，到光緒二十年（1894）甲午戰爭前的二十餘年間，張氏對科舉並沒有作過太多批評，只在所辦書院、學堂中強調不習時文而專重實學的追求。基本上，這一時期他的教育思想是謹守傳統範圍：「通經」在於「致用」，對科舉制度之弊未有新的建言。不過，面對時局的急促逆轉，他卻能作出適時的應變舉措，當他知西學於富國實國上均起重要作用時，立刻於中學課程中加入西學內容。至甲午戰敗，面對戰敗傷痛，《馬關條約》的不平等使國家尊嚴掃地，以至維新派的激進言論及革命思想的悄然興起，都對社會內部造成極大衝擊，在「學術維人才，人才維國勢」觀念主導下，使他從關注科舉取士衍生之問題，轉對科舉制度弊端有了全新的看法，於《勸學篇》他首次提出改革科舉建議。到七八年後的光緒三十一年（1905），他更奏請朝廷廢除科舉，其思想在短短數年間有急速的改變。

二、廢除科舉在廣興學校

光緒二十一年（1895）三月二十三日，清廷與日本簽訂《馬關條約》，不單向日本割地，還得賠巨款，對中國來說真是前所未有的屈辱，張氏雖曾多次爭取修改條約，但不成功。這時，他深切感到變革的必要及急切性，於是在同年閏五月上《籲請修備儲才摺》，痛陳須興革的各項要務。在「宜多派員遊歷」一項更突出了他的識見。他說：

> 國家取士用人，首重科目，公卿大吏，皆出其中，而科目出身者，畢生困於考試，見聞狹隘，精力銷磨，以致未能盡嫻經濟。若洋務、軍務，更難語此，故議者多欲變通科目取士之法，然事體甚大，未易更張。竊謂遊歷人員，可多取翰林、部屬及各項正途出身之京官，回華後優予升途。蓋以科目進者，平日誦法聖賢，講明義理，本源固已清明，不過見聞未廣、世事未練，若令遍遊海外，加以閱歷，自能增長才識，將來任以洋務等事，必遠勝於洋行馴儈、江湖雜流，且較之詞曹但考文字、外吏但習簿書者，切於實用多矣。〔註121〕

〔註120〕參閱同上，頁9799。
〔註121〕見《張之洞全集》第2冊，頁1000～1001。

選科舉出身的公卿大吏出外遊歷，其利在他們已有中學根柢，再到海外考察，吸收人家的善政，增長其閱歷才識，回國後派上用場，便能救時之急，其法最善。關於須變通科目取士之法，他以為關係「事體甚大，未易更張」，憂輕易改章，會造成眾多問題，說明他思慮頗謹慎。光緒二十四年（1898）春，他透過《勸學篇》提出改革科舉之建議，於《變科舉第八》闡明科舉選士已不能適應時代的理由。他說：

> 今時局日新，而應科舉者拘瞀益甚，傲然曰：「吾所習者，孔孟之精理，堯舜之治法也。」遇講時務經濟者，尤鄙夷排擊之，以自護其短。故人才益乏，無能為國家扶危禦侮者。〔註122〕

由於學堂畢業生未獲等同科舉出身的資格，加上所收學生多屬資質平庸者，不能成為真正有用之人。世族俊才仍以時文、詩賦、小楷為本業，無論朝廷如何申儆告諭，依然「汶闇如故，空疏亦如故」，於是張氏提出「救時必自變法始，變法必自變科舉始」的主張〔註123〕，希望用行政措施提倡新學風氣，扭轉時局。他說：

> 竊謂今日科舉之制，宜存其大體而斟酌修改之。……擬將今日三場先後之序互易之而又層遞取之，大率如府、縣考覆試之法：第一場試以中國史事、本朝政治論五道，此為中學經濟……中額即先發榜，一次不取者罷歸，取者始准試第二場。二場試以時務策五道，專問五洲各國之政、專門之藝：政如各國地理、官制、學校、財賦、兵制、商務等類，藝如格致、製造、聲光、化電等類，此為西學經濟。其雖解西法，而支離狂怪、顯悖聖教者斥不取。……中額再發榜一次，不取者罷歸，取者始准試第三場。三場試《四書》文兩篇、《五經》文一篇，《四書》題禁纖巧者，合校三場均優者始中式發榜如額。
>
> 如是則取入二場者，必其博涉古今、明習內政者也。〔註124〕

他建議用三場互換法去屏黜空疏不學之士，卻又憂慮所得之士「明於治內而暗於治外」，於是建議「更以西政、西藝考之」〔註125〕。他的看法是：

> 其取入三場者，必其通達時務、研求新學者也，然又恐其學雖博、

〔註122〕見《張之洞全集》第 12 冊，頁 9749。

〔註123〕參閱同上，頁 9750。

〔註124〕見同上。

〔註125〕參閱同上。

才雖通而理解未純、趣向未正，於是更以《四書》文、《五經》文考
之。其三場可觀而中式者，必其宗法聖賢、見理純正者也。大抵首
場先取博學，二場於博學中求通才，三場於通才中求純正。先博後
約，先粗後精，既無迂暗庸陋之才，亦無偏駁狂妄之弊。三場各有
取義，較之偏重首場所得多矣。……而著重尤在末場，猶之府、縣
試，皆憑末覆以定去取，不愈見《四書》《五經》之尊哉？
……鄉、會試之外，惟殿試臨軒發策，典禮至重，自不可廢，然可
即據以為授職之等差，朝考似為可省。及通籍以後，無論翰苑部曹
一應職官，皆以講求政治為主。凡考試文藝、小楷之事，斷斷必宜
停免，惟當考其職業，以為進退，則已仕之人才不致以雕蟲小技困
之於老死矣。〔註126〕

張氏主張採三場遞減法，務在求得博學又通達時務，且必宗法聖賢、見理純正
之士，使已仕者不再終生困於詞章小技之中，同時使《四書》、《五經》仍保持
尊崇地位。

　　對於科目太狹又不重時務之弊，當時已早有識者：如道光二十三年
（1843），兩廣總督祁𡎴（1777～1848）曾請禮部開製器通算科；如同治元
年（1862），貢生黎庶昌（1837～1898）請禮部開絕學科；同治九年（1870），
船政大臣沈葆楨（1820～1879）奏請設算學科；光緒元年（1875），李鴻章
建議將算學科加入考試科目；光緒十年（1884），國子監司業潘衍桐（1840
～1899）請開鑄炮、駕船、算學、輿地等藝學科〔註127〕，這些便是因應科
舉難養成實用通才之弊端，提出的改善建議。光緒二十四年（1898）初，貴
州學政嚴修（1860～1929）曾有《奏請設經濟特科》一文；四月，康有為有
《請廢八股試帖改試策論》；同年四月二十三日（6月11日）清廷頒布《明
定國是詔》，由光緒帝親掌維新變法。五月初，梁啟超有《請停八股試帖改
經濟六科》〔註128〕之議。五月初五日，朝廷便下發《廢八股改試時務策論》
上諭曰：

我朝沿宋、明舊制，以《四書》文取士。……制科所得，實不乏通
經致用之才。乃近來風尚日漓，文體日弊，試場獻藝，大都循題數

〔註126〕見同上，頁9750～9751。
〔註127〕參閱舒新城《改革科舉制度》，《中國近代教育史資料》上冊，頁27～39。
〔註128〕參閱同上，頁34～42。

行，於經義罕有發明……著自下科為始，鄉、會試及生童歲科各試，
向用《四書》文者，一律改試策論，其如何分場、命題、考試，一切
詳細章程，該部即妥議具奏。此次特降諭旨，實因時文積弊太深，
不得不改弦更張……至於士子為學，自當以《四子》、《六經》為根
柢，策論與制藝殊流同源，仍不外通經史以達時務，總期體用兼備，
人皆勉為通儒。〔註129〕

對於朝廷廢八股改試策論，張氏不無顧慮，畢竟科舉制度行之已久，自有其存
在價值，一旦改章，不單牽涉千萬生員的未來，也於國家教育和政治制度帶來
深遠影響，正所謂牽一髮而動全身，所以不得不慎重。這說明張氏凡事必從大
局著眼，從細微處考慮，他知道倘若思慮不周，會帶來極大的反效果。故在《妥
議科舉新章摺》中，他表達了這方面的憂思：

今聖主斷然罷去八股不用，固已足振動天下耳目，激發天下之智。
特是科舉一事，天下學術所繫，即為國家治本所關，若一切考試節
目未能詳酌妥善，則恐未必能遽收實效，而流弊亦不可不防。〔註130〕

他認為廢掉時文，是要除去「八股之纖巧苟瑣浮濫」以及「不能闡發聖賢之義
理」之弊，而「非廢四書五經」，因科舉關係「天下學術」，策論試雖好，若「界
限過寬」，使人人「徒騁詞華」而不認真讀《四書》、《五經》原文，弊害將不
少，因此他提出若干指引，讓為文者有例可循，且不離經義範圍，才是善法。
分別為：一曰正名：「正其名曰四書義、五經義」；二曰定題：「義出原文」；三
曰正體：「以樸實說理明白曉暢為貴」；四曰徵實：「准其引徵史事，博考群書」；
五曰閑邪：「凡一切離經叛道之言，嚴加屏黜」〔註131〕。他強調科舉考試應採
用上述「三場互易」法，以得博通純正之才。他說：

若非合科舉、經濟、學堂為一事，則以科目升者偏重於詞章，仍無
以救迂陋無用之弊；以他途進者，自外於聖道，適足以為邪說暴行
之階。今宜籌一體用一貫之法，求才不厭其多門，而學術仍歸於一
是，方為中正而無弊。〔註132〕

廢八股改試策論，目的是「求才不厭其多門」，但張氏強調，科舉、學堂、時

〔註129〕見同上，頁44。
〔註130〕見《張之洞全集》第2冊，頁1304。
〔註131〕參閱同上，頁1305。
〔註132〕見同上，頁1306。

務三者須同時講求，不可偏廢方可無弊。對張的訴求，清廷於六月初一日上諭說：

> 著照所擬，鄉、會試仍定為三場，第一場試中國史事、國朝政治論五道，第二場試時務策五道，專問五洲各國之政、專門之藝，第三場試《四書》義兩篇、《五經》義兩篇。首場按中額十倍錄取，二場三倍錄取，取者始准考次場，每場發榜一次，三場完畢，如額取中。……嗣後一切考試，均以講求實學、實政為主。〔註133〕

惜維新改革過激，改革項目過多、步調太速，以致不能取得太后及一眾守舊廷臣大員的諒解，新政推行僅百日便告夭折。維新期間推行的新政，除設立京師大學堂外，全部復歸舊制。在「戊戌政變」陰霾下，張氏變得甚謹慎，沒有再提出任何新的建策，更沒有新的興作。直至光緒二十六年（1900），義和拳亂引發八國聯軍入侵京城，慈禧等一眾被迫倉皇西行，面對內外形勢的嚴峻，權力岌岌可危。為平息內外輿情壓力，清室不得不求變以保國體，尚未回鑾便使用光緒名義下詔變法，張氏的改革理想此時才有實現機會。

對清廷的「銳意」求變，張氏態度積極，光緒二十七年（1901）五月尾、六月初，他聯同劉坤一等地方大員連上三摺，史稱《江楚會奏變法三摺》，向清廷提出應即變革的事項。在第一摺《變通政治人才為先遵旨籌議摺》，提出了設立文武學堂、改革文科舉、停罷武科舉、獎勸遊學四項建議。於「酌改文科舉」一項，他對教育改革有以下條議：

> 科舉一事，為自強求才之首務，時局艱危至此，斷不能不酌量變通。……改章大指，總以講求有用之學、永遠不廢經書為宗旨。擬即照光緒二十四年臣之洞所奏〔註134〕變通科舉奏旨允准之案酌辦，原奏乃係參酌古今，求實崇正……大略係三場先後互易，分場發榜，各有去取……頭場取博學，二場取通才，三場歸純正，以期由粗入精。頭場試中國政治、史事，二場試各國政治、地理、武備、農、工、算法之類，三場試《四書》、《五經》經義，經義即論說考辨之類也。……惟聲、光、化、電等學，場內不能試驗，擬請刪去。
> 〔註135〕

〔註133〕見同上，頁 1309～1310。
〔註134〕即《妥議科舉新章摺》，同上，頁 1304。
〔註135〕見《張之洞全集》第 2 冊，頁 1402。

以上所陳，其實是《勸學篇》早已提出的。所提四項措施，設立文武學堂居首，
次為改革文科舉、停罷武科舉，最後是派員留學以速成急用之才，故獎勸遊學
列最末。由戊戌年主張「權衡新舊，會通中西」〔註136〕，為改革教育之指南，
卻因變法失敗，使他於甲午後「變法自強」的計劃一再延誤。此時他雖重提科
舉改革，但仍一遵《勸學篇》《變科舉第八》和《妥議科舉新章摺》時期的思
路和辦法，其特別處在他不欲改革再被延誤，失去救國時機，所以在互換考試
次序外，建議遞減科額。理由是短期內因「各省學堂不能多設」，而培育人才
仍須仰賴科舉，用遞減法可免舊生員出路立時被絕，幫助這些人順利過渡到新
式學堂，到了學堂大興，人才全由學堂提供，科舉取士制度便可功成身退。他
於同摺中解釋：

> 竊惟今日育才要指，自宜多設學堂，分門講求實學，考取有據，體
> 用兼賅，方為有裨世用。惟數年之內，各省學堂不能多設，而人才
> 不能一日不用，即使學堂大興，而舊日生員年歲已長，資性較鈍，
> 不能入學堂者亦必須為之籌一出路，是故漸改科舉之章程，以待學
> 堂之成就。……茲擬將科舉略改舊章，令與學堂並行不悖，以期兩
> 無偏廢，俟學堂人才漸多，即按科遞減科舉取士之額，為學堂取士
> 之額……十數年以後，奮勉改業者日多，株守沉淪者日少，且仍可
> 為小學堂、中學堂、經書、詞章之師……果使捐納一停，則舉貢、
> 生員決不患其終無出路，此則兼顧統籌，潛移默化而不患其窒礙難
> 行者也。〔註137〕

甲午戰後不久，他在《籲請修備儲才摺》裏，對科舉取士仍持「以科目進者，
平日誦法聖賢，講明義理，本源固已清明，不過見聞未廣、世事未練」的觀念，
但數年後，他已稱「舊日生員年歲已長，資性較鈍」，也責備那些不想入學堂
之士為「株守沉淪者」，態度有很明顯的變化。此刻，他認為學堂一切最好，
能培養出「講求實學，考取有據，體用兼賅」之士，對學堂與科舉的育才功能，
前後態度相去有天壤之別。為使由科舉出身的士子不致因科額漸減、學堂漸興
而失去進身之階、謀生之途，他設計了一個周詳辦法，安排舊生員出路，使新、
舊制度間有一個緩衝期及順利得到銜接，用十數年時間，由新學逐漸取代科舉
一途。可是，他這個「潛移默化」的計劃並不成功，最後復出現「窒礙難行」

〔註136〕 參閱《抱冰堂弟子記》，《張之洞全集》第 12 冊，頁 10621。
〔註137〕 見《張之洞全集》第 2 冊，頁 1402～1403。

的局面。

　　為吸引科舉出身的生員入讀新式學堂，使學堂廣興，他在《變通政治人才為先遵旨籌議摺》構想了一個辦法，便是給予新式學堂畢業學生有等同科舉出身的功名或官職，讓士子有所選擇。在「設立文武學堂」一條提出他的設想：

> 臣等僅參酌中外情形，酌擬今日設學堂辦法……擬令州縣設小學校及高等小學校。……畢業後本管府考之，分數合格者，給予憑照，作為附生……。十八歲高等小學校畢業取為附生者，入中學校，習普通學……三年而畢業，學政考之……作為廩生送入省城高等學校。……計在學肄業及出外練習文武各門均四年學成，先由督撫學政考之，再由主考考之，取中者除送入京師大學校外，或即授以官職，令其效用。……考中者作為舉人，其非由生員出身及非由高等出身者作為副榜……其未送大學校而不願就職自願留學以待下科者亦聽……學成者欽派總裁大臣考之，作為進士，經廷試後文授以部屬知縣等官，武授以都司、守備等官，均令分部分省分標候補，優其序補班次，勿庸歸選。〔註138〕

然而實際情況則出現了學生既入讀學堂，同時亦應科考的現象，遇科考之年，學生多請假赴試，使學堂幾乎空無一人。光緒戊戌科進士王儀通（1864～1931），便記述了「京師大學堂」光緒二十九年（1903）學生入學時的情況：

> 三月為癸卯會師，先期乞假者十之一二。至四月間鄉試漸近，乞假去者蓋十之八九焉。暑假後人數廖落如晨星。迨十月中，各省次第放榜，獲雋者利速化，視講舍如蘧廬，其失意者則氣甚餒，多無志於學，膠膠擾擾者先後殆九十，閱月而一星終矣。竭管學大臣、中外教習、管理諸員之心思才力，一歲之春秋兩試墮之於無形，顧謂學堂能與科舉兩存焉？〔註139〕

科舉與學校難以同時並存的問題，張氏應有所悉，不久他即會同袁世凱等人上《奏請遞減科舉摺》（光緒二十九年〔1903〕三月），陳說各省興學不能成功，是因為士子循科舉考取功名比學堂容易，提議採取逐年遞減科額法，以斷士子僥倖求進之心，方是興學堂的要旨。該摺指出：

〔註138〕見《變通政治人才為先遵旨籌議摺》，《張之洞全集》第 2 冊，頁 1396～1399。
〔註139〕見王儀通《京師大學堂同學錄・序》，劉海峰《科舉考試的教育視角》，湖北教育出版社，1996 年，頁 185。

足以為學校之敵而阻礙之也，實莫甚於科舉。蓋學校所以培才，科舉所以掄才，使科舉與學校一貫，則學校不勸自進；使學校與科舉分途，則學校終於有名無實。何者？利祿之途，眾所爭趨。繁重之業，人所畏阻。學校之程期有定，必累年而後成材；科舉之詭弊相仍，可僥倖而期獲售。雖廢去八股、試帖，改試策論、經義，然文字終憑一日之長，空言究非實誼可比。……人見其得之易也，群相率而為剽竊抄襲之學，而不肯身入學堂，備歷艱苦。蓋謂入學堂亦不過為得科舉地耳。今不入學堂而能得科舉……又孰肯舍近而圖遠，避易而求難。……請待萬壽恩科舉行後〔註140〕，將各項考試取中之額……按年遞減。……即以科場遞減之額，酌量移作學堂取中之額，俾天下士才，舍學堂一途，別無進身之階，則學堂指顧而可以普興。〔註141〕

同年十一月，他再聯同張百熙、榮慶上奏《奏請遞減科舉注重學堂摺》，繼續力陳興辦新式學堂遇到的困難，又列舉學堂優於科舉之處，請朝廷實行遞減科額法，以促成學堂的勃興。其摺云：

竊惟奉旨興辦學堂，已及兩年有餘，而至今各省學堂仍未能多設者，經費難籌累之也。公款有限，全賴民間籌捐。然經費所以不能捐集者，由科舉未停，天下士林謂朝廷之意並未專重學堂也。然則若科舉不變通裁減，則人情不免觀望，紳富孰肯籌捐……入學堂者恃有科舉一途為退步，既不肯專心向學，且不肯恪守學規。況科舉文字每多剽竊；學堂功課務在實修。科舉止憑一日之短長，學堂必盡累年之研究；科舉但取詞章，其品誼無從考見；學堂兼重行檢，其心術尤可灼知，彼此相衡，難易迥別，人情莫不避難而就易……當此時勢阽危，非人莫濟，除興學堂外，更無養才濟時之術，若長此因循，坐糜歲月，國事急矣，何以支持。……從下屆丙午科起，每科遞減中額三分之一，暫行試辦。……至第三年壬子科應減盡時尚有十年。計其時京外各省開辦學堂已過十年以外，人才應已輩出，且科舉既停，天下士心專注學堂，籌辦經費必立見踴躍。〔註142〕

〔註140〕 為紀念慈禧七十壽辰而特別舉行的考試。

〔註141〕 見朱壽朋編《光緒朝東華錄》第5冊，頁4997～4998。

〔註142〕 見《請試辦遞減科舉摺》（光緒二十九年十一月二十六日），《張之洞全集》第3冊，頁1596～1598。

為學堂大興，張氏不惜把科舉的弊端張大，認定只有學堂能收養才濟時之效，並把開辦新學堂不踴躍歸咎於「天下士林」有觀望「朝廷之意」，暗指朝廷的不知變通。至於科舉廢學堂即興，人才即廣，這一理想是否可輕易實現，如果據光緒三十三年（1907）第一次教育統計資料顯示（見附注列表），答案顯然是清晰的。據該統計，光緒二十九年（1903），紳富捐資興辦學堂總計不及官辦之數〔註143〕，而士子雖入讀學堂，卻仍以科舉為終途，可見二者並行的困難。這一點張氏應該有所掌握。當時有人懷疑學堂的教學素質，特別是中學將因此「滅絕」，對此張氏很有自信，強調學堂學生除實學和品行均比科舉出身更優秀外，其中學素養並不遜於舊生員。他的理由是：

> 議者或慮停罷科舉，專重學堂，則士人競談西學，中學將無人肯講。
> 茲臣等現擬各學堂課程，於中學尤為注重。凡中國向有之經學、史學、文學、理學，無不包舉靡遺。凡科舉之所講習者，學堂無不優為，學堂之所兼通者，科舉皆所未備，是則取材於科舉，不如取材於學堂，彰彰明矣。〔註144〕

計劃於十年內遞減科額，停科舉，安排舊生入讀學堂、師範學堂，或充任新學堂經學科、文學科教習，這樣「徐加裁損」，助學堂「頓見振興」〔註145〕。

與此同時，光緒二十九年（1903）十一月，朝廷頒佈《奏定學堂章程》於全國推行。此章程是由張之洞、榮慶、張百熙等人共同釐定。章程大部分是參考自日本學制，內容涵蓋各級新式學制施行辦法與規則，所擬定的各級學制範圍包括如下：《奏定學務綱要》、《奏定各學堂管理通則》、《奏定各學堂考試章程》、《奏定各學堂獎勵章程》、《奏定大學堂章程》（附《通儒院章程》）、《奏定高等學堂章程》、《奏定中學堂章程》、《奏定高等小學堂章程》、

〔註143〕從下表可以見到，自 1902 至 1907 年間，可以比對出官立、公立和私立學堂發展數目的差異，私立學堂發展始終落後前兩者較多。參閱（清）學部總務司編《光緒三十三年（1907）第一次教育統計圖表》，臺北中國出版社，1980年，頁 36～37。

1902～1907 年各省學堂歷年增減比較表

年分	1902	1903	1904	1905	1906	1907
官立學堂	133	427	1040	1812	4074	6563
公立學堂	73	121	349	900	5203	7744
私立學堂	16	79	251	721	1934	2588

〔註144〕見《請試辦遞減科舉摺》，《張之洞全集》第 3 冊，頁 1597。

〔註145〕參閱同上，頁 1599。

《奏定初等小學堂章程》、《奏定蒙養院章程及家庭教育法章程》、《奏定初級師範學堂章程》、《奏定優級師範學堂章程》、《奏定初等農工商實業學堂章程》、《奏定中等農工商實業學堂章程》、《奏定高等農工商實業學堂章程》、《奏定藝徒學堂章程》、《奏定實業教員講習所章程》、《奏定實業補習普通學堂章程》、《奏定實業學堂通則》、《奏定譯學館章程》、《奏定進士館章程》、《奏定任用教員章程》……〔註146〕。

《奏定學堂章程》是在《欽定學堂章程》（1902年頒布）基礎上再修訂之增補本，是中國第一個較完備的新式學制。為令舊生員適應新學制，於畢業後覓得出路，該章程皆有周全規劃，如在《初級師範學堂章程》便對師範生有如下安排：

> 師範生暫時應就現有之貢、廩、增、附及文理優長之監生內考取……
> 省城初級師範學堂學生，須選本省內各州縣之貢、廩、增、附、監生；州縣初級師範學堂學生，須選本州縣內之貢、廩、增、附、監生。〔註147〕

要在全國推行教育，師資供求是一個大問題，張氏認識到培訓師資的重要。光緒二十八年（1902），他便在湖北地區辦起師範學校，當他於光緒二十九年（1903）署任兩江總督時，又立即向朝廷奏請設立三江師範學堂，要為兩江轄區內的學堂提供足夠師資，「惟有專力大舉先辦一大師範學堂，以為學務全局之綱領，則目前之致力甚約，而日後之發展甚廣」〔註148〕，第一年收生初定在六百，專門收錄二十歲至三十歲的舉、貢生，顯示他對新式學制寄予熱切期待與厚望，更證明他辦教育的目光已遠步他人，有宏遠的謀劃。

日俄兩國為爭奪在中國的土地和利權，於光緒三十年（1904）初，在東北滿洲地區爆發戰爭，導致中國人命和財產損失不菲。此事震驚全國，亦置國家處於更危險之境，使愛國憂民的張氏不得不急謀對策。用教育救國，仍是他所亟亟關注的課題，「人才出，國家盛」的觀念深植他思想之內。因此於翌年八月，他聯同袁世凱、趙爾巽（1844～1927）、周馥（1837～1921）、岑春煊（1861～1933）、端方（1861～1911）等人上《會奏請立停科舉推廣學校並妥籌辦法摺》（光緒三十一年八月初二日），籲請清廷立停科舉，既然人才由學堂出，若

〔註146〕 參閱《整定學堂章程》，舒新城編《中國近代教育史資料》上冊，頁62。
〔註147〕 見同上，下冊，頁673。
〔註148〕 參閱《創建三江師範學堂摺》，《張之洞全集》第3冊，頁1526～1528。

科舉一日不停，國家便無法得到急用人才。這不單是張氏的見解，也是當時一眾大員、知識分子的普遍信念。該摺說：

> 臣等默觀中局，熟察時趨，覺現在危迫情形，更甚曩日……而科舉一日不停，士人皆有僥倖得第之分……縱使科舉立停，學堂遍設，亦必需十數年之後，人才始盛；如再遲至十年甫停科舉，學堂有遷延之勢，人才非急切可求，又必須二十餘年後，始得多士之用。強鄰環伺，詎能我待。〔註149〕

「強鄰環伺，詎能我待」之危機感，是促使他與一眾大員急忙籲請朝廷要立停科舉的主因。立停科舉似為形勢所迫。廣興學校，已非純粹培育專才，實有大開民智之益。於是在該摺復力言：

> 設立學堂者，並非專為儲才，乃以開通民智為主，使人人獲有普及之教育，具有普通之智能，上知效忠於國，下知自謀其生也。……無地無學，無人不學，以此致富奚不富，以此圖強奚不強。……內定國是，外服強鄰，轉危為安，胥基於此。〔註150〕

在關注普及教育以開民智的同時，張氏未忘傳統儒學的傳承事業。他說：

> 或慮科舉一停，將至荒經。不知習舉業者，未必皆湛深經術。但因科場題目所在，不得不記誦經文。又因詞章敷佐之需，不得不掇拾經文。故自《四書》《五經》而外，他經皆束置不觀。即《五經》亦不皆全讀，讀者亦不盡能解，是何與於傳經？今學堂奏定章程，首以經學根柢為重。小學、中學，均限定讀經、講經、溫經，晷刻不准減少；計中學畢業，共需讀過十經，並通大義。而大學堂、通儒院，更設有經學專科；餘如史學、文學、理學諸門，凡舊學所有者皆包括無遺，且較為詳備。蓋於保存國粹，尤為兢兢。……應請飭下各省督撫學政，責成辦理學務人員，注意經學暨國文國史，則舊學非但不慮荒廢，抑且日見昌明。……今學堂定章，於各科學外，另立品行一門，……至考試時亦以該生平日品行分數，並計合算。……則人人可期達材成德，自不至於越矩偭規。〔註151〕

期望完成小學、中學的生員最少已讀過十經，並通其中大義，這是張氏對新

〔註149〕 見《張之洞全集》第3冊，頁1660～1661。
〔註150〕 見同上，頁1661。
〔註151〕 見同上，頁1661～1662。

學制寄予的希望。進入大學堂、通儒院時，學生才專門研讀經、史、文、理等舊學。此外他也著重學生的品行，把它列入考試分數內計算。對盡廢科舉後，學校可能不重視中學和品行，張氏皆有妥善籌劃，而於舊生出路，他更特別關注：

> 應請旨切飭各省，多派中學已通之士出洋就學，分習速成師範及完全師範兩種，尤以多派舉貢生員為善。……文生失職，生計頓蹙。除年壯才敏者，入師範學堂外，其不能為師範生者……亦甚可憂。擬請十年三科之內，各省優貢照舊舉行，己酉科拔貢，亦照舊辦理，皆仍於舊學生員中考取，其已入學堂者，照章不准應考。〔註152〕

在「轉瞬日俄和議一定，中國大局益危」的威脅下〔註153〕，清廷終在光緒三十一年八月初四（1905年9月2日）下旨立停科舉。諭曰：

> 方今時局多艱，儲才為急。朝廷以近日科舉每習空文，屢降明詔，飭令各省督撫廣設學堂，將俾全國之人，咸趨實學，以備任使，用意至為深厚。前因管學大臣等議奏，已准將鄉、會試中額分三科遞減。茲據該督等奏稱，科舉不停，民間相率觀望。推廣學堂，必先停科舉等語，所陳不為無見。著即自丙午科（1906）為始，所有鄉、會試一律停止，各省歲科考試，亦即停止。其以前舉貢生員，分別量予出路……總之，學堂本古學校之制，其獎勵出身，又與科舉無異。歷次定章，原以修身讀經為本，各門科學，又皆切於實用。……多建學堂，普及教育……嚴飭府、廳、州、縣趕緊於城鄉各處，遍設蒙小學堂，慎選師資，廣開民智。……務期進德修業，體用兼賅，共副朝廷勸學作人之至意。〔註154〕

由《勸學篇》主張變革科舉到停廢科舉（1898～1905），相距僅七年時間，在時局危急、新學思潮往往影響朝廷及一眾大臣的意志下，對於寒士憑藉讀書進身仕途、朝廷選賢任能卻又不需花鉅費，且行之千年證明其有一定成效的學制，在貶之再貶下，最後不敵眾口鑠金的強勢，黯然卸下了它的歷史任務。於此，張氏擔當了一個重要角色，是功是過，或許可以引用陳寅恪（1890～1969）先生的話來表達對張氏的同情。陳先生說：

〔註152〕見同上，頁1662～1663。
〔註153〕參閱同上，頁1661。
〔註154〕見同上，頁1664。

與立說之古人，處於同一境界，而對於其持論所以不得不苦心孤詣，

表一種之同情，始能批評其學說之是非得失，而無隔閡膚廓之論。

〔註155〕

張氏之廢科舉，其實是受「所處之環境」驅使，令他「有所為而發」〔註156〕，立意本善，只是後來緣於「當世奉行之不善」〔註157〕，以致未能收預期效果，所以對他「應具瞭解之同情」方屬客觀〔註158〕。

取消科舉僅五年，梁啟超在 1910 年曾公開提議恢復科舉，他說：「吾故悍然曰：復科舉便。」〔註159〕孫中山先生雖然發起排滿革命，滿清政權被推翻，但對科舉制度，他認為有保留價值，其見解是：「雖所試科目不合時用，制度則昭著日月。一朝為平民，一試得第，暮登台省……謂非民主國之人民極端平等政治，不可得也。」〔註160〕由此可見，一種制度有其弊也自有其利，問題是能否通過改善其中不合時宜的地方，使其繼續發揮應有功能，而非斷然裁切。余英時先生便從科舉的功能與意義角度，對取消科舉進行了探討。他指出：

科舉不是一個單純的考試制度，它一直發揮著無形的統合功能，將

文化、社會、經濟諸領域與政治權力的結構緊密地連繫了起來，形

成一多面互動的整體。〔註161〕

余先生更援引德國學者韋伯（Max Weber，1864～1920）「論近代官僚系統的建立」之觀點，為我們闡明「科舉的深層意義遠非其技術層面關於考試的種

〔註155〕陳寅恪這番話是在「馮友蘭《中國哲學史》上冊審查報告」說的，他要闡明的是：「凡著中國古代哲學史者，其對於古人之學說，應具瞭解之同情，方可下筆。蓋古人著書立說，皆有所為而發；故其所處之環境，所受之背景，非完全明瞭，則其學說不易評論。」（見《馮友蘭中國哲學史上冊審查報告》，《金明館叢稿二篇》，上海古籍出版社，1980 年，頁 247）

〔註156〕參閱同上。

〔註157〕見《張文襄公全集‧序》，《張之洞全集》第 12 冊，附錄四，頁 10744。

〔註158〕參閱陳寅恪《馮友蘭中國哲學史上冊審查報告》，《金明館叢稿二篇》，上海古籍出版社，1980 年，頁 247。

〔註159〕參閱梁啟超《官制與官規》，《飲冰室合集》（文集之二十三），北京中華書局，1989 年，頁 68。

〔註160〕參閱《與劉成禺的談話》，《孫中山全集》卷一，北京中華書局，1985 年，頁 445。

〔註161〕見余英時《試說科舉在中國史上的功能與意義》，《中國文化史通釋》，香港牛津出版社，2009 年，頁 181。

種設計和改進所能盡」〔註162〕。

　　錢穆先生對於當時興學校、廢科舉卻持如下見解：

> 一個國家，絕非可以一切捨棄其原來歷史文化，政教淵源，而空言改
> 革，所能濟事。……學術之培養與成熟，非短時間所能期望。〔註163〕

綜合以上學者的意見，科舉制度的突然取消，顯然是今日中國文化、學術傳統
斷層的一個主要因素，帶來的遺後症不容低估。有美國學者吉爾伯特・羅茲曼
（Gilbert Rozman）在《中國的現代化》一書指出，科舉制度的廢止，卻未有
與之相銜接的良好制度相配合，這導致出現了一個「舵手在獲得一個新的羅盤
以前就拋棄了舊的，遂使社會之船駛入一個盲目漂流的時代」的局面，也使「整
個社會喪失了它特有的制度體系」〔註164〕，所言極有見地。

第三節　從通儒院到存古學堂

　　停廢科舉後，為舊生員出路妥為安排和對經學的傳承，張氏亦有一番籌
劃。他的目標是學堂學生讀畢中、小學課程後，應已「讀過十經，並通大義」
〔註165〕，因此《奏定學堂章程》規定新式學堂「首以經學根柢為重」，這是該
學制的教育核心。張氏反覆強調「學堂兼有科舉所長」，看他在《學務綱要》
裏如何詮釋，或可找到他這思想的本源。於「學堂兼有科舉所長」一條，有如
下釋說：

> 凡詬病學堂者，蓋誤以為學堂專講西學，不講中學故也。現定各學
> 堂課程，于中國向有之經學、史學、理學及詞章之學並不偏廢。且
> 講讀研求之法，皆有定程，較向業科舉者尤加詳備。查向來應舉業
> 諸生，平日師無定程，不免泛騖，人事紛雜，亦多作輟，風檐試卷，
> 取辦臨時。即以中學論，亦遠不如學堂之有序而又有恒，是科舉所
> 尚之舊學，皆學堂諸生之所優為。〔註166〕

各級學堂，均注重中學，於大學堂之上，特設一專門研究機構「通儒院」，由

〔註162〕　參閱同上，頁 191～192。

〔註163〕　見錢穆《晚清之廢科舉與學校》，《國史大綱》下冊，頁 900。

〔註164〕　參閱（美）吉爾伯特・羅茲曼編著《中國的現代化》，上海人民出版社，1989
　　　　　年，頁339。

〔註165〕　參閱舒新城《中國近代教育史資料》上冊，頁 203。

〔註166〕　見同上，頁 215。

通儒院畢業者獎予翰林出身〔註167〕，這便是張氏保存中學之用心。辦通儒院的理念是：

> 意在研究專門精深之義蘊，俾能自悟新理，自創新法，為全國學業
> 力求進步之方；並設立中國舊學專門為保存古學古書之地。〔註168〕

名稱與品位，也是張氏對學堂的期望，企圖藉此「利祿之途，眾所爭趨」的方法〔註169〕，讓學堂順利取代科舉，成就為朝廷養士的功能。但廢科舉不到一年，學界卻出現「近來學堂新進之士，蔑先正而喜新奇，急功利而忘道誼」，「至有議請罷《四書》、《五經》者，有中、小學並無讀經、講經功課者，甚至有師範學堂改訂章程，聲明不列讀經專科者」的情況〔註170〕，為謀求儒經、「古學」不致衰微泯滅，光緒三十三年（1907）五月二十九日，張氏復提出設立「存古學堂」的建議，希望借朝廷之力，保聖經賢傳於不墜。

一、設通儒院在造就通儒

通儒院既屬大學堂畢業之後而設的研究機構，其宗旨在《奏定大學堂章程》「立學總義章第一」有述明：

> 設大學堂，令高等學堂畢業者入焉，並於此學堂內設通儒院（外國
> 名大學院，即設在大學堂內）令大學堂畢業者入焉。以謹遵諭旨，
> 端正趨向，造就通才為宗旨。……通儒院以中國學術日有進步，能
> 發明新理以著成書，能製造新器以利民用為成效。……通儒院生不
> 上堂，不計時刻。……通儒院五年畢業。〔註171〕

大學堂內設八個學科，除政法、醫學須習四年，其餘各科三年畢業。通儒院則專門收錄大學堂畢業而成績優秀者入讀，非分科大學畢業生欲入通儒院，可經分科大學教員會議選定，復由總監督考核，視成績而准予入讀。通儒院相等於今日大學研究院，以五年為限，就讀期內在齋舍研究，不用上堂做功課，但須隨時向老師問業請益。

〔註167〕 光緒二十九年十一月二十六日（1904 年 1 月 13 日）清廷頒布《各學堂獎勵章程》，詳定科名獎勵制度（參閱朱有瓛主編《中國近代學制史料》第 2 輯上，華東師範大學，1987 年，頁 117～127）。

〔註168〕 見舒新城《中國近代教育史資料》，上冊，頁 200。

〔註169〕 參閱《奏請遞減科舉摺》，朱壽朋編《光緒朝東華錄》第 5 冊，頁 4997～4998。

〔註170〕 參閱《創立存古學堂摺》，《張之洞全集》第 3 冊，頁 1766。

〔註171〕 見《奏定學堂章程‧大學堂章程（附通儒院）》，舒新城《中國近代教育史資料》中冊，頁 578。

　　對通儒院生也定有很高標準，每一年終，學員須「將其研究情形及成績呈本分科大學監督，復由本科大學監督交教員會議所審察」，如其「研究成績不能顯著，或品行不端者」，則交由各教員會議商討，情況嚴重者，可稟請總監督飭令退學。至第五年終結，要呈交研究論著，由本分科大學監督交教員會議審察，及格者即可畢業，然後由總監督呈請，再會同學務大臣，將其論著之書籍圖器進呈朝廷，請旨給以應得之獎勵。按規定，通儒院對學生要求頗嚴格。但通儒院畢業生是否屬通儒，則有另外再探討、釐清的必要〔註172〕。

　　通儒院培育專才雖「以中國學術日有進步」為目標，但從大學堂所設八個科目，包括：政法、文學、醫科、格致、農科、工科、商科，經學科，很明顯通儒院應該不是專門研經之所，而是培養各種學科人才的機構。至於通儒院如何保證「中國學術日有進步」，翻閱整個《奏定學堂章程‧大學堂章程》中「立學總義章第一」或「通儒院章第六」文本〔註173〕，並無說明資料，因此怎樣推進「中國學術日有進步」這一目標，可能因屬初步設想階段，沒發現張氏有進一步的解說。如按該學堂章程「以謹遵諭旨，端正趨向，造就通才為宗旨」的思路分析，以及該院另外七科與經學無關來推斷，設立通儒院本意實在是要造就各專門學科的「通才」，因而稱為「通才院」較符事實。把非專門研經之所稱為通儒院，唯一可理解的，是指由經學一科畢業者，並「能發明新理以著成書」；至於「能製造新器以利民用為成效」，「製造新器」無疑屬格致、農、工等實用科目，屬通世務，與經學無關。若按同章所說「通儒院為研究各科學精深義蘊，以備著書製器之所」，要求學員於各自科目深加研求，成就特殊造詣，嚴格言，這個研究機構，是培養可從傳統學術「發明新理」的學者，又能通「製造新器」「以利民用」等世務的專家，所栽培的人才全是應國家救時急需之用。把一所造就各科人才的學術機構冠上「通儒院」一名，或可視為張氏對學術偏狹之「陋儒」的一種抗拒。

　　再看《奏定學堂章程》，它為新式學堂規劃了一個長達二十五年的學制。該學制把教育系統畫分為四段七級，入學年齡為七歲，從小學到分科大學畢業需要二十或二十一年（分科大學分3或4年），到通儒院畢業最長合共要二十六年（按分科大學修業四年計）。第一階段學前教育，為蒙養院。第二階段分為二級，第一級為初等小學堂五年、第二級為高等小學堂四年，合共九年。第

〔註172〕參閱同上，頁628～629。
〔註173〕參閱同上，頁578～579，628。

三階段為中學堂五年。第四階段為高等教育，細分三級，即高等學堂或大學預科三年，分科大學堂三或四年，內設經學、政法、文學、醫科、格致、農科、工科、商科大學；通儒院為最高學府，屬研究院，期限五年〔註174〕。該學制規定：「中小學堂宜注重讀經以存聖教」，由初等小學至中學都設讀經講經課，而高等學堂則設專門講經解經課，到專科大學則屬專門研究階段，這是新學制的立學要旨。

　　每一學級都規定讀經講經，無疑反映張氏於保存儒學、宏揚聖教方面的努力和主觀願望。他希望人人讀經，最低限度能達到「略聞聖教之要義」，目的在「定其心性，正其本源」，由約守博，使無「荒經」之慮，可望「經學從此更可昌明」〔註175〕，通儒院則肩負經學傳承和古學保存的最終職責。這是一個理想的學習階梯。問題是在整個漫長的學制裏，雖然規定由初等小學乃至中學堂，均須讀經講經，而且不能廢棄中國文辭等傳統中學，只是西學課程在每一學級所佔比重隨年級而增加，同時要兼習體操、兵操或圖畫等課，中學階段還得兼習洋文，程度要達到深通水平，於學生而言，學業非常繁重，能否兩者兼顧且兩者皆精，恐怕得非常努力和勤奮，且資材優秀者或可達致，至於一般資質者或只能獲得粗淺之學，此其一〔註176〕。再者，若從分科大學堂的經學門課程安排來看，經學一科被細分為十一門，各專一門，理學列為經學中的一門。十一門經學科目分類如下：

　　　　一、《周易》學門，二、《尚書》學門，三、《毛詩》學門，四、《春秋
　　　　左傳》學門，五、《春秋三傳》學門，六、《周禮》學門，七、《儀禮》
　　　　學門，八、《禮記》學門，九、《論語》學門，十、《孟子》學門。願
　　　　兼習兩經者聽。十一、理學門。〔註177〕

以「周易學門」修讀課時和科目為例，其總體課程安排見下表〔註178〕。

〔註174〕在這四段學級內，自中學堂階段開始，還設有與之相對等的工商實業專門學堂、師範學堂，這裏不逐一介紹，詳細資料請參閱劉秀生、楊雨青編《中國清代教育史》，北京人民出版社，1994年，頁104〜108。

〔註175〕參閱《奏定學堂章程·學務綱要》，舒新城《中國近代教育史資料》上冊，頁203〜204。

〔註176〕有關這方面的資料，可或參閱附於本章結尾的「表一至五：初等小學乃至高等學堂學科課程及時刻表」，便能比較出問題所在。

〔註177〕見《奏定學堂章程·大學堂章程》，舒新城《中國近代教育史資料》中冊，頁580。

〔註178〕參閱同上。

主　課	第一年每星期鐘點	第二年每星期鐘點	第三年每星期鐘點
《周易》學研究法	6	6	6
補助課			
《爾雅》學	2	1	0
說文學	2	1	0
《欽定四庫全書提要》經部《易》類	1	0	0
《御批歷代通鑑輯覽》	4	4	4
中國古今歷代法制考	1	2	3
中外教育史	0	1	1
外國科學史	1	1	2
中外地理學	0	1	1
世界史	1	1	1
外國語文（英法俄德日選習其一）	6	6	6
合計	24	24	24

按上述列表，每週上課時刻二十四小時，三年不變。三年後畢業時規定需呈畢業課藝及自著論說。而主修科《易》學課程細目則分為：

> 研究《周易》學之要義：一、傳經淵源，一、文字異同，一、音訓，一、全經綱領，一、每卦每爻精義，一、十翼每篇精義，一、全經通義：通義如取象、得數、時義當位不當位、陰陽、剛柔、內外、往來、上下、消息、錯綜、變化、動靜、行止、進退、敵應、乘承、遠近、始終、順逆、吉凶、悔吝、利害、得失、旁通、反覆、典禮、性命、言辭、制器、重卦互卦之卦、方位、卦氣、大衍、圖書卜筮之類，一、群經證《易》，一、諸子引《易》者證《易》，一、諸史解《易》引《易》者證《易》，一、秦漢至今易學家流派，一、《易緯》，一、《易經》支流：若火珠林、易林、太元潛虛之類，一、外國科學證《易》，一、歷代政治人事用易道見諸施行之實事，一、經義與後世事迹不相同而理相同之處。〔註179〕

以上所列，不過是「舉其大略，餘可類推，務當於今日實在事理有關係處加意考究」。上述十六項研究「易經」方法，目的在使研究者在古今中外、群經、

〔註179〕見同上，頁581。

諸子、諸史之中，一切與《易》學相關的學問，能貫而通之，未列出之項，亦著學生「務當於今日實在事理有關係處加意考究」，使不至遺漏〔註180〕。

在三年學習期，中學以外學生須兼習外國科學史、世界史、外國語文、中外教育史、中外地理學等非本國學問，主修科目的學習課時僅佔半數多一點，除上列科目外，學生還得兼習隨意科〔註181〕，安排如下：

> 第一年應以中國文學、西國史、西國法制史、心理學、辨學（日本
> 名論理學，中國古名辨學）、公益學（日本名社會學，近人譯作群學，
> 專講公共利益之理法，戒人不可自私自利）等，為隨意科目。
> 第二年應以中國文學、比較法制史、辨學、公益學等為隨意科目。
> 第三年應以中國文學、西國文學史、心理學、公益學等為隨意科目。
> 〔註182〕

以上課程不少屬西學內容，如果用傳統研經法，經、史、子、集四者一般必須兼習，按新學制經學科分十一門的內容言，卻沒把史、集兩科列為必修課，而是被歸類到文學專科，不知道這樣研習經學，其水平是否達到應有標準，如用《勸學篇》時期所讀經書水平相較，恐怕它是難以達標的。

在分科大學讀經學三年，畢業後進入通儒院再於本科深加研求五年，於此八年時間，學員能否「發明新理以著成書」，成為張氏理想中的通儒，於保存古學方面有所貢獻，若從整個學科內容及課時比重來分析，以及所習中西科目之多，課業極繁重觀之，要求學生於經學上有專深的知識，恐怕過於理想化。張氏自己應深明經學奧博，不易在極短時間內能有所深探，更遑論發明義理了。若按傳統對通儒之定義，其水平或離得更遠了。畢竟通儒除指博學多聞，學貫古今，也能通曉世務，方配稱為「通」。據《後漢書・賈逵傳》對「通儒」有如下釋說：

> 逵所著經傳義詁及論難百餘萬言……學者宗之，後世稱為通儒。
> 〔註183〕

再從另一角度去論述，假如學生在入大學堂前已有堅實的經學基礎，在分科大學再浸淫三年，然後進入通儒院，以五年時間專注地學習，或有望培養出真正通博之士。但從《奏定學堂章程》附載的《奏定初等小學堂章程》、《奏定

〔註180〕參閱同上。
〔註181〕詳情請參閱舒新城《中國近代教育史資料》上冊，頁211。
〔註182〕見《奏定大學堂章程》，舒新城《中國近代教育史資料》中冊，頁584。
〔註183〕見《後漢書・賈逵傳》（卷三十六）第5冊，北京中華書局，1965年初版，
　　　　2001年重印，頁1234。

高等小學堂章程》、《奏定中學堂章程》、《奏定高等學堂章程》所安排的讀經課
時以及所讀經書種類、數量的比重來推算，這個主觀願望容或有點不切現實。
以下試從初等小學堂、高等小學堂、中學堂、高等學堂安排讀經課時與其他課
業所佔時數進行比較，以找出張氏設立讀經課並最終以培養通儒的遠大目標，
與實際結果是否相合。

　　首先，該章程強調，「經學課程簡要，並不妨礙西學」，故著各學堂「宜注
重讀經以存聖教」〔註184〕，由初等小學堂乃至高等學堂、大學堂，均設讀經
講經科。現將各學堂讀經課時歸納約之如下：

　　一、初等小學堂與高等小學堂均規定每星期讀經六小時，挑背、講解六小
時，合共十二小時，另自習溫經每日半小時。每年除假期外以二百四十日計算
〔註185〕。

　　二、初等小學堂，七歲至十二歲入讀，共十科，每星期授課三十小時，五
年畢業。第一年讀《孝經》、《論語》每日四十字，第二年讀《論語》、《學》、
《庸》每日六十字，第三年讀《孟子》每日一百字，第四年讀《孟子》及《禮
記》節本每日約一百字，第五年讀《禮記》節本每日約一百二十字。溫經一項
則歸自習督課不佔課時，從「附表一：初等小學堂科目課程」即見梗概。（詳
細資料可參閱本章結尾「附表一：初等小學堂每周授課時刻表」）

　　三、高等小學堂，十二歲至十六歲入讀，共十二科，每星期授課三十六小
時，四年畢業。第一年讀《詩經》每日約一百二十字，第二年讀《詩經》、《書
經》每日約一百二十字，第三年讀《書經》、《易經》每日約一百二十字，第四
年讀《易經》及《儀禮》節本每日約一百二十字。（詳細資料可參閱本章結尾
「附表二：高等小學堂科目程度及每星期教授時刻表」）〔註186〕。

　　四、中學堂，十六歲至二十一歲入讀，共設十二科，每星期授課三十六小
時，五年畢業。每星期讀經六小時，挑背及講解三小時（間日背講一次），共
九小時，另自習溫經半小時。第一至四年讀《春秋·左傳》每日約二百字，第
五年每日讀《周禮》節訓本每日約二百字。（詳細資料可參閱「附表三：中學
堂各學科程度及每星期教授時刻表」）〔註187〕。

<hr>

〔註184〕參閱《奏定大學堂章程》，舒新城《中國近代教育史資料》上冊，頁203。
〔註185〕參閱《奏定學堂章程·初等小學堂章程》，舒新城《中國近代教育史資料》中
　　　　冊，頁416～419。
〔註186〕參閱《奏定學堂章程·高等小學堂章程》，同上，頁437～439。
〔註187〕參閱《奏定學堂章程·中學堂章程》，同上，頁512～514。

　　五、高等學堂，屬進入分科大學堂的預備科，二十一歲至二十四歲入讀，三年畢業。學科分三類：第一類十科，預備入經學科、文學科、政法科、商科大學；第二類十一科，預備入格致科、工科、農科大學；第三類十一科，預備入醫科大學。但三類學科中的「經學大義」所講經書相同，為每星期兩小時。第一年每星期講《欽定詩義摺中》、《書經傳說匯纂》、《周易摺中》；第二年每星期講《欽定春秋傳說匯纂》；第三年每星期講《欽定周禮義疏》、《儀禮義疏》、《禮記義疏》。高等學堂特重外語及兵學、體操。課時如下：

第一類：外語第一、二年每星期十八小時，第三年每星期十六小時；兵學、
　　　　體操，第一、二年每星期四小時，第三年每星期六小時。

第二類：外語第一年每星期十六小時，第二年每星期十四小時，第三年每星
　　　　期八小時；兵學、體操第一年每星期五小時，第二、三年每星期四
　　　　小時。

第三類：外語第一、二年每星期十六小時，第三年每星期十四小時。兵學、
　　　　體操第一年每星期五小時，第二年每星期四小時，第三年每星期五
　　　　小時。（詳細資料可參閱「附表四：高等學堂第一類學科三年授課
　　　　時刻表」）〔註188〕

高等學堂既為進入分科大學就讀的學員而設，故經學一科稱「大義」，講授法規定：

　　一、全經之綱領，一、全經之會通。講說以簡明為主，勿令學生苦
　　其繁難。此堂所講諸經大義，應即用欽定八經講授……講授者務擇
　　其最要之大義謹遵闡發（每經大義不過數十事，不必每篇全講）……
　　惟經義奧博無涯，學堂晷刻有限，若欲博綜精研，可俟入大學專門
　　後為之。〔註189〕

從初等小學乃至高等學堂的課程及讀經課時安排可以了解到，由七歲至二十四歲共十七年間，學生「遍讀」之經不可謂少，如：

　　《孝經》、《論語》、《大學》、《中庸》、《孟子》及《禮記》節本、《詩經》、
　　《書經》、《易經》及《儀禮》節本、《春秋‧左傳》、《周禮節訓本》、《欽定詩

〔註188〕　其他第二、三類學科課程內容及授課時刻則不在這裏詳列，有關資料請參閱
　　　　　《奏定學堂章程‧高等學堂章程》，舒新城《中國近代教育史資料》中冊，頁
　　　　　569～575。
〔註189〕　見《奏定學堂章程‧高等學堂章程》，舒新城《中國近代教育史資料》中冊，
　　　　　頁575。

義摺中》、《書經傳說彙纂》、《周易摺中》、《欽定春秋傳說彙纂》、《欽定周禮義
疏》、《儀禮義疏》、《禮記義疏》，進入分科大學堂修經學科，以《易》學一門
為例，每星期十八課時，三年後進入通儒院，年齒最小二十七，在此基礎上再
於此年歲浸淫諸書，能否於本經求得深刻體會、發明新理，令人懷疑。畢竟精
深的學問往往需要自小開始打基礎，經長期的浸淫、獲專門的訓練，至長年深
加研磨，進入「讀書百遍，其義自見」的境界，方可能達至張氏所言「首以經
學根柢為重」的教育理想，於經學或容有所「發明」。

　　以經學內容言，用該章程規定的經書及相關卷帖，較諸張氏在《勸學篇》
或更早期的《輶軒語》、《書目答問》，其中所列典籍數量可謂減之又減、損之
又損，何況中國文學及中國歷史兩科沒規定閱讀種類和範圍，不像前述三書有
詳細指引，這就容易出現泛濫無歸、學而不實甚至不得要領的情況。雖然章程
反覆強調於每一學級都要注重讀經講經，但從課程內容及課時的實際設計與
安排看，雖是中西兼學，並強調以中學為重，但從年級愈高，西學課程比重愈
多去分析，無疑給人重西學輕中學的印象，反映了張氏思想與行動上的不一
致，他或沒想到這實際行動傳遞了一個重要訊息，即西學比中學更具前景，起
碼從他的課程設計看確有此種傾向。這與他提倡一切以中學為重的思想明顯
相背〔註190〕。

　　如用新學制的讀經要求再較諸《勸學篇》，當時張氏對經、史、諸子等學
尚有求通、求博的要求。那時，他尚且認為中國經學典籍如此浩繁，在兼習西
學而學力、時間皆不足下，採取了「欲存中學，必自守約始」的求約法，求約
目的重點在取經之義理，即「義主救世，以致用當務為貴，不以殫見洽聞為賢」
〔註191〕。其簡約學習法，是在「損之又損」下設計出來的：

> 十五歲以前，誦《孝經》、《四書》、《五經》正文，隨文解義，並讀
> 史略、天文、地理、歌括、圖式諸書，及漢、唐、宋人明白曉暢文
> 字有益於今日行文者。自十五歲始……統經、史、諸子、理學、政
> 治、地理、小學各門，美質五年可通，中材十年可了，若有學堂專
> 師，或依此纂成學堂專書，中材亦五年可了，而以其間兼習西文；
> 過此以往，專力講求時政，廣究西法，其有好古研精、不騖功名之

〔註190〕中西課程及課時安排資料，可參閱本章附表「《奏定學堂章程》各級課程內容
　　　　及上課時刻表」，頁157～164。
〔註191〕參閱《勸學篇‧守約第八》，《張之洞全集》第12冊，頁9726。

　　士，願爲專門之學者，此五年以後，博觀深造，任自爲之。然百人
　　入學，必有三五人願爲專門者，是爲以約存博……大抵有專門箸述
　　之學，有學堂教人之學、專門之書，求博求精，無有底止，能者爲
　　之，不必人人爲之也。學堂之書但貴舉要切用，有限有程，人人能
　　解，且限定人人必解者也〔註192〕，將來入官用世之人，皆通曉中
　　學大略之人，書種既存，終有萌蘗滋長之日。吾學吾書，庶幾其不
　　亡乎。〔註193〕

以上「有限有程，人人能解」的讀書法，不過在使人「皆通曉中學大略」，但
所讀書尚且不少。他於「經學」一項詳列治經必讀卷帙說：

　　以上所舉諸書，卷帙已不爲少，全讀全解亦須五年，宜就此數書中
　　擇其要義先講明之……照前說七端，節錄纂集以成一書，皆採舊說，
　　不參臆說一語，小經不過一卷，大經不過二卷，尤便學者。此爲學
　　堂說經義之書，不必章釋句解，亦不必錄本經全文〔註194〕。師以是
　　講，徒以是習，期以一年或一年半畢之，如此治經，淺而不謬，簡
　　而不陋，即或廢於半涂，亦不至全無一得。有經義千餘條以開其性
　　識，養其本根，則終身可無離經畔道之患。總之，必先盡破經生箸
　　述之門面，方肯爲之，然已非村塾學究科舉時流之所能矣。〔註195〕

讀了如此浩繁的經書典籍，不過是要達到令人「開其性識，養其本根」，這種
讀書法實已超出了「村塾學究科舉時流」的範圍，足證這一時期的張氏，其專
經教育內容，仍然涵蓋了「經、史、諸子、理學、政治、地理、小學各門」，
希望「美質五年可通，中材十年可了」，「如此治經，淺而不謬，簡而不陋」，
使能「通曉中學大略」，相較於新式學堂的經學課時和所讀科目，培養經學專
才以保存儒學的理想與事實之間，自有明顯距離。

　　再看《勸學篇》他對中學的保存是如何籌畫，容或透視出張氏前後時期對
中學重視程度之間的明顯改變。在《勸學篇・守約第八》除規定學生於十五歲
前（即高等小學堂畢業前）要讀完「《孝經》、《四書》、《五經》正文」外，在
史學方面，還規定須選讀《通鑑》、正史、《通典》、《通考》……，理由是：

〔註192〕張氏自注：「西人天文格致一切學術皆分專門學堂與普通學堂爲兩事。」
〔註193〕見《勸學篇・守約第八》，《張之洞全集》第 12 冊，頁 9726～9728。
〔註194〕張氏自注：「蓋十五歲以前諸經全文已讀，文義大端已解矣。」
〔註195〕見《勸學篇・守約第八》，《張之洞全集》第 12 冊，頁 9728～9729。

史學切用之大端有二：一事實，一典制。……事實，求之《通鑑》，
《通鑑》之學〔註196〕，約之以讀《紀事本末》。典制，求之正史、
二《通》，正史之學約之以讀志及列傳中奏議〔註197〕。二通之學，
《通典》、《通考》約之以節本，不急者乙之；《通考》取十之三、
《通典》取十之一足矣〔註198〕。《通志》二十略知其義例可也。考
史之書，約之以讀趙翼《廿二史劄記》〔註199〕。史評，約之以讀
《御批通鑑輯覽》，若司馬公《通鑑論義》最純正，而專重守經，
王夫之《通鑑論》、《宋論》識多獨到而偏好翻案，惟《御批》最為
得中而切於經世之用。凡此皆為通今致用之史學，若考古之史學不
在此例。〔註200〕

讀史，一為事實，一為典制。「事實」要「求之《通鑑》」；「典制」則要求之正
史，單是正史便有二十四史，然後再讀《通典》、《通考》，除此，他尚要人讀
諸子、讀理學書（如《宋元學案》《明儒學案》）、讀詞章有實事者、讀政治書……。
可見要讀的典籍在那一時期非常浩繁。

《勸學篇》發表於光緒二十四年初春（1898），那時雖已出現新式學堂，
但科舉與學堂，兩者尚能並存，只是教育宗旨，由專重中學稍加變通，以「中
學為體，西學為用」為育才新指標。在《勸學篇》所開列的史學書籍，到《奏
定學堂章程》時多不復見諸有關課程之內，即便有，也多是中西各半，而理學
書則僅在高等學堂「人倫課」修讀。也許，經歷過戊戌維新的失敗、八國聯軍
一役給國家的重創，以及列強在國土內的虎視眈眈，深深地觸動了張氏，使其
思想深層有所轉變，驅使他對於傳聖經賢傳之學有了新的想法。畢竟，國勢積
弱已到了存亡關鍵，「中學為體，西學為用」的教育理想，或隨著時局的亟變
而被迫做徹底的改變，因它不能立救中國脫離亡國困境。怎樣擺脫亡國之險，
才是他最關注的。或許在他深層意識裏，眷戀傳統學問，保存儒學不息，是他
堅守的信念，導致他在思想上不斷釋出經學必須傳承的訊號，但在現實環境逼

〔註196〕張氏自注：「《通鑑》之學，《資治通鑑》、《續通鑑》、《明通鑑》。」
〔註197〕張氏自注：「如漢《郊祀》，後漢《輿服》，宋《符瑞》、《禮樂》，歷代《天文》、
《五行》，元以前之《律曆》，唐以後之《藝文》，可緩也。地理止考有關大事
者，水道止考今日有用者，官制止考有關治理者。」
〔註198〕張氏自注：「國朝人有《文獻通考詳節》，但一事中最要之原委，條目有應詳
而不詳者，內又有數門可不考者。」
〔註199〕張氏自注：「王氏《商榷》可節取，錢氏《考異》精於考古，略於致用，可緩。」
〔註200〕見《勸學篇‧守約第八》，《張之洞全集》第12冊，頁9729。

迫下，於行動上實不能不顧及急切的現實需要，此或是他出現言行與思想彼此分裂的重要內因，造成他在籌劃各學堂課程及課時時，多從現實需要學出發，把培養應急人才視為紓國難的首要之務，形成他把西學放在最首要位置，把奧博精深的經學置於西學之後，張氏的這種舉措，無疑是與「中學為體，西學為用」思想的一種對立。

還有一事教人費解的，是張氏把讀經科等同於西方宗教科，指出西方宗教能行之千年，是因為外國學堂有宗教一門。不知他此說是否另有寄意。我們或可從他的解說來追尋背後動機。在《學務綱要》「中小學堂宜注重讀經以存聖教」一條，他說：

> 中國之經書，即是中國之宗教。若學堂不讀經書，則是堯舜禹湯文武周公孔子之道，所謂三綱五常者盡行廢絕，中國必不能立國矣。學失其本則無學，政失其本則無政。其本既失，則愛國愛類之心亦隨之改易矣。安有富強之望乎？故無論學生將來所執何業，在學堂時經書必宜誦讀講解，各學堂所讀有多少，所講有淺深，並非強歸一致。極之由小學改業者，亦必須曾誦經書之要言，略聞聖教之要義，方足以定其心性，正其本源。惟經學奧博，春秋漢唐以來，學者本尚專經，或兼習一兩經。國朝乾隆以前鄉會試房官，仍是分經取士。即經學諸大師，亦罕有兼精群經者，至於士林中材能讀《十三經》者本少，大率只讀《五經》、《四書》。即《禮記》、《左傳》，亦讀節本者居多。現辦中小學堂，科學較繁，晷刻有限。若概令全讀《十三經》，則精力日力斷斷不給，必至讀而不能記，記而不能解，有何益處，且泛濫無實，亦非治經家法。茲為擇切要各經，分配中小學堂內。若卷帙繁重之《禮記》、《周禮》，則止選讀通儒節本，《儀禮》則止選讀最要一篇。〔註201〕

憑藉學堂讀經書，使「聖經不至廢墜」，經學得以從此昌明，這是張氏個人的主觀願望。首先，把「中國之經書」等同「外國學堂」「宗教一門」，無疑有將其置於非主流科目之外，將儒學置於非主流位置，則會帶來如何生存的一個嚴峻問題，畢竟，讀經書的傳統，與儒學的保存之間有著不可分割的聯繫。其次，外國宗教科內容簡單，儒學經籍內容廣博、道理精深，既是中國學術文化的源頭，也是中國社會賴以發展的道德價值體系、立國之本。最重要的一點，在儒

〔註201〕見《學務綱要》，舒新城《中國近代教育史資料》上冊，頁 203。

家教育重聖人之教，而不像西方宗教重視敬拜神，一個是真實存在的讓人學習的楷模，另一個則是難以接觸到的天上之神，兩者實在不能相提並論。除非張氏此說是基於儒教的生存面臨著西方宗教入侵的巨大威脅而發語，否則就是受了時代的局限，使他的思想出現了偏離正道的想法，拿外國宗教科與中國經學相提並論，作為自救途徑，只能說明當時國勢危如疊卵，為救國，張氏已不顧一切地「豁出去」了。

科舉掄才選士制度，自隋開始到晚清已行之千餘年，卻最終敵不過大時代這巨大漩渦的牽動，被迫於光緒三十一年（1905）廢止，新式學堂正式取代科舉成為育新才之所。這時期的張氏，對於人才的培育早已形成新觀念，有新的定義。國家要富強，擺脫列強侵迫，不落後於西方先進強國，培養更多實用專才是一等一的急務。在大學堂設通儒院，不過為保國粹、存古學而設，入讀的人數相比起科舉時代人人讀經自不可同日而語，因此由通儒院來培養通古今之學的通儒，由三五人守專門之學使國粹不致淹沒，設想合理，實有遠慮之謀，問題是出在新學制，既要人注重實學的追求，卻又同時廣求人人中學根柢要好，無疑屬一種較高的理想。畢竟於日力有限、而社會出路又呈多元化發展的現實下，人們必然會因應個人的需要、能力而作出取捨，何況人皆有「捨難取易」的本性，加上西學的出路比讀中書廣，情況已很明顯，愈積極提倡西學，愈加快了中學的沒落。

一種風氣一旦形成，要再回復從前，就是逆水行舟，不易獲得成功。中學的不受重視，在西風日崇的吹襲下，不單在新人類中漸漸形成一股巨大勢力，即連張氏自身以舊學出身、深受儒學薰陶，從科舉入仕的儒者，其思想亦漸漸受時代的感染而有轉化，固守中學的思想早已在西學東漸的情境下逐漸淡化。看看一直固守傳統學問，反對新學，於經學有真正發明、創獲的清末儒者俞樾（1821～1907）[註202]，到了晚年也難免受到這股潮流的「襲擊」，深刻感受到中學不受重視的困擾，也開始憂慮子孫未來出路困難重重，在臨終時他對子孫有如下囑咐：

> 吾家自南莊公以來，世守儒業，然至今日，國家既崇尚西學，則我
> 子孫讀書之外，自宜習西人語言文字，苟有能精通聲光化電者亦佳

[註202] 俞樾於 1907 年離世時，張之洞曾專門致函給他兒子俞陛青表示哀悼，稱讚俞氏：「守樸學於經籍道熄之秋，養高躅於功利竞爭之世。……沐天語而列儒林，真無愧色。」（見《張之洞全集》第 12 冊，書札八，頁 10345）

　　　子弟也。〔註203〕

雖然在俞氏的遺言裏，他仍希望子孫輩要讀儒書，但他更想他們習西學，說明西力的衝擊，使儒學教育早已分崩離析，面臨著生存的困境。

二、辦存古學堂以存國粹

　　張之洞參與釐定《奏定學堂章程》，是由於張百熙的舉薦，說張是「當今第一通曉學務之人，此中利弊閱歷最深」〔註204〕。學堂章程的教育宗旨，可說是張氏教育思想的一次充分體現，其立學宗旨仍不離「中學為體，西學為用」的思想核心。對新式學堂，該章程有如下規定：

　　　無論何等學堂，均以忠孝為本，以中國經史之學為基。俾學生心術
　　　壹歸于純正，而後以西學淪其智識，練其藝能，務期他日成材，各
　　　適實用，以仰副國家造就通才、慎防流弊之意。〔註205〕

新學制自光緒二十九年十一月二十六日（1904年1月13日）頒布施行，到次年六月，張氏卻已有「議設存古學堂」的想法，理由是「各學堂所習經史、漢文太淺略，特設此堂以保國粹」〔註206〕。也許在僅半年多的時間裏，他了解如按《奏定高等學堂章程》，中學堂每星期「講經讀經」及「中國歷史」兩科的課時僅十一點鐘，即便把中國文學科算在內，每星期亦不過多加四點鐘，以每周上課三十六點鐘計，中學課時未及一半，如何實現「以中國經史之學為基」、以「中學為體」的辦學宗旨，顯然存在不少困難。畢竟要強化中學根柢，學習課時不能太少，兼習科目不宜過多。此刻他或發現，學堂章程因屬草創，故有不少考慮未周或太偏重西學的地方，新式學堂很難肩負起培養「傳習中學之師」的功能已非常明顯，本欲為「國家造就通才」的立意，結果卻事與願違。更令張擔心者，是在重西輕中情況下，中學將有漸滅之一日，因此有「議設存古學堂」作為補救一途。兩年後之光緒三十三年（1907）五月二十九日，他向朝廷上《創立存古學堂摺》，奏請在武昌經心書院舊址建存古學堂，以存國粹之學。因他「有經籍道熄綱淪法斁之憂」〔註207〕，應是其倡設存古學堂的動因。其摺云：

〔註203〕　見俞潤民等《德清俞氏》，中國人民大學出版社，1999年，頁99。
〔註204〕　參閱胡鈞《重編張文襄公（之洞）年譜》，頁208。
〔註205〕　見《重訂學堂章程摺》，舒新城《中國近代教育史資料》上冊，頁197。
〔註206〕　參閱胡鈞《重編張文襄公（之洞）年譜》，頁223。
〔註207〕　參閱《創立存古學堂摺》，《張之洞全集》第3冊，頁1763。

> 新設學堂學生所造太淺，僅可為初等小學國文之師，必至高等專門
> 學、普通中學、優級師範、高等小學皆無教國文專門之教員。倘高
> 等以下各學堂之中學既微，中師已斷，是所有國文之經、史、詞章
> 無人能解，無人能教，然則將來所謂大學專門，豈非徒托空言。……
> 竊恐不免有經籍道熄綱淪法斁之憂，言念及此，不勝大懼。〔註208〕

不但新學制所定中學課程太淺易，不足以培養出具教授高等小學以上學堂的
國文老師，更有甚者，辦新學者為迎合或遷就社會對西學、新學需求，多取消
讀經講經課。他對此極不滿：

> 近來學堂新進之士，蔑先正而喜新奇，急功利而忘道誼……至有議
> 請罷《四書》、《五經》者，有中、小學並無讀經、講經功課者，甚至
> 有師範學堂改訂章程，聲明不列讀經專科者，人心如是，習尚如是。
> 循是以往，各學堂于經學一科，雖列其目，亦只視為具文，有名無
> 實。〔註209〕

他深惡那些視讀經講經為具文的行為，擔心這種「急功利而忘道誼」的風氣一
旦蔓延不止，不但學堂經、史不教，即連文章、公牘、詩古文詞也會出現好用
新詞之歪風，作為傳統中學的衛護者，他是無法接受的。對當時的文風，他有
這樣的評說：

> 至于論說文章，尋常簡牘，類皆捐棄雅故，專用新詞，馴至宋明以
> 來之傳記、詞章，皆不能解，何論三代？〔註210〕

他憂心如此以往，正學必衰，人倫自廢，「為國家計，則必有亂臣賊子之禍；
為世道計，則不啻有洪水猛獸之憂」，因此他要設存古學堂，專「重國文以存
國粹」、「延正學而固邦基」來挽救這一弊端。之前他積極力行新學，現今卻要
建立保存古學的學堂，難免給人復古守舊的倒退印象。為加強其理據，獲一眾
讀書分子支持其恢復古學主張，他巧借西方各國亦有保存古學一例為說，稱國
文一科為各國所重〔註211〕。這裏先不論其立說是否有理，但看他對保存古學
如何立說，或能了解他內心的想法。他說：

> 今日環球萬國學堂皆最重國文一門，國文者，本國之文字語言、歷

〔註208〕見同上。
〔註209〕見同上，頁 1766。
〔註210〕見同上。
〔註211〕參閱同上，頁 1762～1763。

古相傳之書籍也。即間有時勢變遷不盡適用者，亦必存而傳之，斷
不肯聽其漸滅，至本國最為精美擅長之學術技能、禮教風尚，則尤
為寶愛護持，名曰國粹，專以保存為主。凡此皆所以養成愛國之心
思、樂群之情性，東西洋強國之本原，實在於此，不可忽也。〔註212〕

他把「學術技能、禮教風尚」稱為國粹，並認為是養成愛國心思、樂群性情的
本原，指出東西洋強國之本，實亦有賴於此，可見其保存國粹，廣義言，實含
有保存中國文化之意。

　　在科舉未廢前，若要入仕為官，除捐資買官為入仕一途外，讀書人必須熟
讀「本國之文字語言、歷古相傳之書籍」，這是應科考的起碼條件，人人皆然，
用不著別人來提倡、呼籲，而藉由熟讀歷古相傳之書籍，由此「養成愛國之心
思、樂群之情性」。但從張氏制定新式學制時，其觀念已認定新式學堂功能較
諸於舊式學校，於培養人才方面更具優勢，這從他的《請試辦遞減科舉摺》得
到證據。他說：

科舉文字每多剽竊；學堂功課務在實修，科舉只憑一日之短長，學
堂必盡累年之研究；科舉但取詞章，其品誼無從考見；學堂兼重行
檢，其心術尤可灼知。……除興學堂外，更無養才濟時之術。〔註213〕

在當年，他稱學堂不單能培養出中西兼通的實用人才，在古學保存與宏揚方
面，也比科舉養士更能收到使人精心鑽研古學的成效。總之，新式學堂完全可
取代舊式學校功能，也是未來教育的新模式和理想，這便是他當初力倡西學、
廢科舉的思想基礎。但他沒想到，新學制的制定，以及由政府來提倡西學，便
釋出強烈的隆西抑中訊號，何況自甲午後崇西風氣日濃，社會風氣在逆轉，使
西學地位日隆，此刻不少學堂已視讀經講經科為一紙虛文，未遵守教育政策的
規定，也是經學日漸衰落的其中因素。當這種「習尚如是」的觀念一旦在社會
形成、牢固〔註214〕，其影響可謂無遠弗屆。追求實學既是謀生之要途，今後
的指望，尤其是在「急功利而忘道誼」的風氣環繞下，講求中學又難濟謀生之
急，舊學遭到冷落是早晚會發生的現實。事實是，不幾年後，當「人心如是，
習尚如是」的思想一旦被深化根植下來，才發現積極提倡西學帶來一個嚴峻的
後果，就是中學的衰微，傳統禮教和學術文化這一「國粹」更有被國人遺棄的

〔註212〕見同上。
〔註213〕見《張之洞全集》第 3 冊，頁 1597。
〔註214〕參閱《創立存古學堂摺》，同上，頁 1766。

危機，於是張氏立刻予以修正，發出呼籲，更向朝廷奏請設立存古學堂，倡導恢復古學。設立存古學堂，說到底就是要保存國粹、保存中國的禮教風尚。為支持一己立說，他復借「今日環球萬國學堂皆最重國文一門」以闡明其意。尤有甚者，張氏力言學習中學將有助於西學的學習，理由是：

> 孔子所言「溫故而知新」一語，實為千古教育之準繩，所謂故者，非陳腐頑固之謂也。蓋西學之才智技能日新不已，而中國之文字經史萬古不磨，新故相資，方為萬全無弊。若中國之經史廢，則中國之道德廢；中國之文理詞章廢，則中國之經史廢。國文既無，而欲望國勢之強，人才之盛，不其難乎。〔註215〕

自甲午戰敗後，張氏對西學寄予厚望，早已確立它是富民強國之本，畢竟「西學之才智技能日新不已」令他羨慕、嚮往，以為只要遵守「中學為體，西學為用」這一原則，在此前提下取法西學西政之精，中西兼融，必能發揮「新故相資」「萬全無弊」的大效。但他沒想到，急促變動的時局，使人心思變，新思潮帶來新思想、新追求，社會風氣向另一邊逆轉，社會結構亦隨著西力東浸在發生急劇改變，讀書入仕不再是唯一的出路，社會走向多元化發展，使傳統文化、禮教遭到國人的鄙棄，面臨嚴峻的存亡考驗。

　　張氏於生命終結前最後三年，積極提倡設立存古學堂，可視為是他對前期重西輕中教育思想的一項修正，是力挽中學於既倒的補救之舉，也可說是他對自己參與制定新學制的一種反思行動。但有學者認為，他的這種行動，正是在《勸學篇》思想指導下的另一次實踐，是其「中體西用」思想發展的必然結果〔註216〕。

　　存古學堂為保國粹、養成更多通中學之才，其收生標準較高，只錄取高等小學堂畢業者入讀。不過因高等小學開辦未久，仍無合資格生員，於是改在舊式生員中選錄有「舉、貢、廩、增、附」資格者入讀，至於「監、童生皆不收錄」〔註217〕。學堂專收高等小學畢業者，是希望能保證入讀的學生已有相當的中學根柢，務使保存國粹、「養成傳習中學之師」這一大原則不至「徒託空言」，以體現存古學堂的辦學宗旨。又因該學堂「注重研精中學」，故嚴選師資，

〔註215〕見同上，頁1764。
〔註216〕參閱董寶良、熊賢君《從湖北教育看中國教育近代化》，廣東教育出版社，1996年，頁160～168。
〔註217〕參閱《張之洞全集》第3冊，頁1764。

聘用者多為博通經、史、諸子、詞章各門中學的名師碩儒。學堂所習分四門：

一、經學，任選一經研習，並習《說文》、《爾雅》學、音韻；

二、史學，選《二十四史》、《通鑑》、《通考》中一部研習，並習本朝掌故；

三、詞章，附習金石學、書法學。無論修習經學、史學，皆須兼習詞章。詞章中則可選習散文、駢文、古詩、古賦之一種即為合格；

四、博覽，凡習經、史、詞章三門之後，於第四年須修讀博覽一門。〔註218〕

由於該學堂亦注重「新故相資」之學，所以在中學外，仍安排學員「略兼科學」，意在「開其普通知識，俾不致流為拘執，為談新學者所訛病」。西學內容包括：「外國歷史、博物、理化、外國政治、法律、理財、警察、監獄、農、林、漁、牧、工、商各項實業」，這些科目，雖非主科，但他要學員「每一星期各講習一點鐘」，目的在「令其略知世間有此各種切用學問，即足以開其腐陋，化其虛矯」。由於算學、地理是研究中國經、史所必需，因而中外輿地亦需兼習。但如果所有科目每星期各佔一小時，則已佔去十六小時，以一般學堂每星期上課三十六小時計，僅剩下二十小時用來專課中學。按張氏之見，「於普通各門止須習其要端，知其梗概」，「兩法互相補益，各有深意，不可偏廢」。這是他栽培通儒辦法，惟身為儒者而有「茫昧不通」之病，他是不能接受的〔註219〕。在以上眾多學科外，張氏仍鼓勵加習外文：

> 能有餘力加習洋文，為將來考究西籍之資，為用尤大。惟本學堂鐘點已多，講堂已滿，並于附近設立外國語文學堂一所，准其附入該學堂，自行兼習，則畢業後可照高等學堂例奏請獎勵，並准送入大學堂文學專科肄業，將來可遞升入通儒院，其不習洋文者聽，惟獎勵須量減一等，畢業後止能送入大學堂文學選科肄習，以示區別。〔註220〕

讀存古學堂七年畢業，無論何等成績，不懂洋文的畢業生不能進入通儒院，對沒有修讀洋文的生員，除「獎勵須量減一等」，只允其「入大學堂文學選科肄

〔註218〕見同上。

〔註219〕參閱同上，頁1766、1764、1765。

〔註220〕見同上，頁1765。

習」。這種通儒早已不是張氏辦經心書院、尊經書院時期「學兼漢宋」的通儒，而是躍升為「學貫中西」的通儒了。

於存古學堂讀畢七年後，學生被送大學堂文學專科肄業，之後即可充任各師範學堂、普通中學堂、高等學堂、大學堂文學專門教師，優秀者則可以「升入通儒院以供大用」，其餘則「以備文學侍從之選」〔註221〕。經張氏「殫精竭慮，籌計經年，並督同提學司及各司道並各學堂良師通儒，往復商榷數十次，始克擬定大略」的存古學堂〔註222〕，在「籌備已久」之後〔註223〕，終在光緒三十三年（1907）夏天建成開學。張氏更自定規條，逢學堂年終大考必「親臨察試」以示重視〔註224〕。但由於他未及數月即補授軍機大臣一職，離開經營近二十年的湖廣總督之任，無法親掌、督促湖北存古學堂的推進工作，辛亥革命更於其離世後兩年的宣統三年（1911）爆發，存古學堂即為革命軍佔領而告停辦，張氏恢復古學的宏願終無法實現。

本章小結

張之洞於三十一歲任湖北學政時期便表現出其積極為國養才的教育熱誠。從整頓科場積弊、糾正衰敗不學士風，到辦經心書院、尊經書院，務求培養出「通經學古之士，經世濟用之才」〔註225〕，所編撰之《輶軒語》、《書目答問》，皆以「端品行，務實學」課士〔註226〕，他念念不忘的，是傳揚聖賢之學。他主張士人讀書，在「期於明理，明理歸於致用」，因而叫人「多讀古書」〔註227〕。

四十八歲一年，光緒十年（1884）爆發了中法戰爭，張氏開始轉而著意西學的講求，一方面在「講求經史、身心、希賢、用世之學」上投注更多心力〔註228〕，同時在傳統書院又添設實用科；辦水陸師學堂，在培養更多新式軍事人才，用以抵禦西方列強的欺侮和侵迫。

〔註221〕參閱同上，頁 1766。
〔註222〕參閱同上，頁 1765。
〔註223〕參閱胡鈞輯《重編張文襄公（之洞）年譜》，頁 252。
〔註224〕參閱《創立存古學堂摺》，《張之洞全集》第 3 冊，頁 1765。
〔註225〕參閱胡鈞輯《重編張文襄公（之洞）年譜》，頁 35。
〔註226〕參閱同上，頁 36。
〔註227〕參閱《輶軒語‧語學第二》，《張之洞全集》第 12 冊，頁 9793。
〔註228〕參閱張之洞《札委知府方功惠等監修廣雅書院》（光緒十三年閏四月十五日），《張之洞全集》第 4 冊，頁 2549。

　　五十八歲，光緒二十年（1894），發生了中日甲午戰爭，這次戰爭中國慘敗，使張氏感憤難平，認識到只有大辦洋務實業、大興實業學堂為國家養育濟急專門之才，否則難圖自強、消弭患，並初步探求變法維新之道。改造舊式書院，旨在講求中學外加強西學知識的訓練，於是加入輿地、算學、格致、方言、體操、兵操等西學，是為學堂改章之始。

　　六十二歲，在戊戌維新大變局之前他發表了《勸學篇》，作為「保種必先保教，保教必先保國」的自存謀略，當時他著意於「會通中西，權衡新舊」，欲於此基礎上作新的探求與實踐。

　　六十四歲，光緒二十六年（1900），發生了庚子拳亂及由此引起的八國聯軍入侵京城一役，聯軍士兵不但到處放火殺人，並把紫禁城、頤和園內收藏的大量珍寶、古玩和藝術品幾搶掠一空﹝註229﹞。為「聖教」久存、國家興亡，他促請朝廷行維新變政之路，力言非效西法不能圖富強﹝註230﹞，確信效西法是「保邦致治」的根本﹝註231﹞。

　　六十七歲，光緒二十九年（1903）中，他參與制定《奏定學堂章程》，其中《學務綱要》為新式學堂建立未來教育的新路向新思維，釐定新學則，作為辦新學之楷模和指南。

　　六十九歲，光緒三十一年（1905），為了加快新式學堂的興建、廣開國民知識、培養實用人才，他先是奏請遞減科額，繼而力請廢除行之千年的科舉制，這種急速改變，是緣於他視科舉是阻礙學堂發展的絆腳石，所以主張愈快廢除愈好。但到臨終前兩年，他又回過頭來，於新中謀舊，創設存古學堂，反覆強調舊學的重要，以保存國粹、保存舊文化為職志為目標。

　　由為國家培育「步趨賢聖之才」，到培養「文學專門教師」、「備文學侍從之選」的四十餘年間，張氏苦心孤詣，為的是繼聖人之志，傳聖人之學，他在二十四歲時便為自己立下宏志：要做一位「通經為世用，明道守儒珍」的大儒﹝註232﹞。但隨著時代的逆轉，通經為世用這一理想不得不隨時代的發展要作出適當調整，張氏是一位遇事懂得通權達變的識時俊傑。他思想的迭次轉變，

﹝註229﹞　參閱仲芳氏著，中國社會科學院近代史研究所編《庚子記事》，北京中華書局，1978 年，頁 36。

﹝註230﹞　參閱辜鴻銘《張文襄幕府紀聞・清流黨》，黃興濤編譯《辜鴻銘文集》上卷，頁 419。

﹝註231﹞　參閱《變通政治人才為先遵旨籌議摺》，《張之洞全集》第 2 冊，頁 1393。

﹝註232﹞　參閱許同莘《張文襄公年譜》，頁 6。

主要體現在他參與釐定的《奏定學堂章程》，特別是《學務綱要》中有「經學課程簡要，並不妨礙西學」、「專講要義而不務奧博」這一想法上，也是他教育思想發生大轉向的明證。四年後，他再走「回頭」路〔註233〕，從力主新學，又向舊學傾斜，是其教育思想的另一次轉向。但這種變化，仍然不脫其「中學為體，西學為用」的一貫本旨。

張氏一生，興學育才的宗旨，自《輶軒語》一變而為《勸學篇》，又自《勸學篇》再演為《學務綱要》，他的教育思想可謂隨著時局變動而不斷「推陳出新」。他之所以有此數變，最終目標是要富國救亡，盡顯其儒者尊君愛國、利民濟世的本色。臨終前兩年，當他發覺廢科舉、興學堂等一列舉措使中學不受重視的情況日趨嚴重時，即提出一項補救措施，重新倡議「恢復古學」，強調古學的重要性和需要性。他的這一舉動其實並非要否定西學，而是站在保存國粹上出發。於是他率先在湖北武昌城經心書院原址創設存古學堂，不單繼續他傳聖教的一生宏願，並要向時人做出示範，導社會回歸傳統文化路上。陳寅恪先生（1890～1969）有一段懷念王國維（1877～1927）的話，很值得在此借用。他說：

> 凡一種文化價值衰落之時，為此文化所化之人，必感苦痛，其表現
> 此文化之程量愈宏，則其所受之苦痛亦愈甚。〔註234〕

用這段話來說明張氏處身於那個變動日亟的大時代他所遭受的困擾與痛苦，也許頗為恰當。由書院改章至籲停科舉，以致中學卒為世人所鄙棄，對於一位自幼熟讀聖賢之書，由科舉晉身仕途，最終躋身權力核心，成為晚清一位力頂天下的顧命大臣言，面對國粹之墜落，儒學的消亡，其憂心「學絕道喪」的痛苦〔註235〕，或更甚於王氏。錢穆先生對當時儒學的衰落、傳統文化與學術的幾至湮滅，也有如下分說：

> 一個國家，絕非可以一切捨棄其原來歷史文化、政教淵源，而空言
> 改革所能濟事。……學術之培養與成熟，非短時間所能期望。學校
> 教育之收效，因此不得不待之十年、二十年之後。〔註236〕

錢先生之說，可謂一語中的。

〔註233〕 有學者視張氏恢復古學之舉屬倒退行為，多用「回頭」路作評，筆者特別引用，用意剛好相反，以為這正是張氏思想的一貫表現。

〔註234〕 見陳寅恪《王觀堂先生輓詞序》，《寒柳堂集・寅恪先生序詩》，上海古籍出版社，1980年，頁6。

〔註235〕 參閱錢穆《晚清之廢科舉興學校》，《國史大綱》下冊，頁900。

〔註236〕 見同上。

附：《奏定學堂章程》各級課程內容及上課時刻表

表一：初等小學堂每周授課時刻表〔註237〕

初等小學堂・第一年		
學　科	程　度	每周鐘點
修身	摘講朱子《小學》、劉忠介《人譜》、各種蒙養圖說，讀有益風化之極短古詩歌。	2
讀經講經	讀《孝經》、《論語》每日四十字，兼講其淺近之義	12
中國文字	講動字、靜字、虛字、實字之區別，兼授以虛字與實字聯綴之法，習字即以所授之字告以寫法。	4
算術	數目之名，實物計數，二十以下之算數、書法、記數法、加減。	6
歷史	講鄉土之大端故事及本地古先名人之事實。	1
地理	講鄉土之道里建設，附近之山水以及本地先賢之祠廟遺跡等類。	1
格致	講鄉土之動物植物礦物，凡關於日用所必需者，使知其作用及名稱。	1
體操	有益之運動及遊戲。	3
合計		30

初等小學堂・第二年		
學　科	程　度	每周鐘點
修身	同前學年。	2
讀經講經	《論語》、《學》、《庸》每日六十字，兼講其淺近之義。	12
中國文字	講積字成句之法，並隨舉尋常實事一件，令以俗話二三句，聯貫一氣，寫於紙上，習字同前。	4
算術	百以下之算術、書法、記數法、加減乘除。	6
歷史	同前學年。	1
地理	同前學年。	1
格致	同前學年。	1
體操	有益之運動及遊戲，兼普通體操。	3
合計		30

〔註237〕　參閱舒新城編《中國近代教育史資料》，頁417～419。

初等小學堂・第三年		
學　科	程　　度	每周鐘點
修身	同前學年。	2
讀經講經	《孟子》每日約讀一百字，兼講授其淺近之義。	12
中國文字	講積句成章之法，或隨指日用一事，或假設一事，令以俗話七八句聯成一氣，寫於紙上，習字同前。	4
算術	常用之加減乘除。	6
歷史	講歷朝年代國號及聖主賢君之大事。	1
地理	講本縣本府本省之地理山水，中國地理之大概。	1
格致	講重要動物植物礦物之形象，使觀察其生活發育之情狀。	1
體操	有益之運動及遊戲，兼普通體操。	3
合計		30

初等小學堂・第四年		
學　科	程　　度	每周鐘點
修身	同前學年。	2
讀經講經	《孟子》及《禮記》節本，每日約讀一百字，兼講其淺近之義。	12
中國文字	同前學年。	4
算術	通用之加減乘除，小數之書法，記數法、珠算之加減。	6
歷史	同前學年。	1
地理	講中國地理幅員大勢及名山大川之梗概。	1
格致	同前學年。	1
體操	有益之運動及遊戲，兼普通體操。	3
合計		30

初等小學堂・第五年		
學　科	程　　度	每周鐘點
修身	同前學年。	2
讀經講經	《禮記》節本，每日約讀一百二十字，兼講其淺近之義。	12
中國文字	教以俗話作日用書信，習字同前。	4
算術	通用之加減乘除，簡易之小數、珠算之加減乘除。	6

歷史	講本朝開國大略及列聖仁政。	1
地理	講中國幅員與外國毗連之大概名山大川都會之位置。	1
格致	講人身生理及衛生之大略。	1
體操	有益之運動及遊戲，兼普通體操。	3
合計		30

表二：高等小學堂科目程度及每星期教授時刻表〔註238〕

高等小學堂・第一年		
學 科	程 度	每周鐘點
修身	講《四書》之要義，以朱注為主，以切於身心日用為要，讀有益風化之古詩歌。	2
讀經講經	《詩經》每日約讀一百二十字，並講解。	12
中國文學	讀淺顯古文，即授以命意遣詞之法，兼使以俗話翻文話，寫於紙上約十句內外，習楷書，習官話。	8
算術	加減乘除，度量衡貨幣及時刻之計算，簡易之小數。	3
中國歷史	中國歷史之大要。	2
地理	中國地理之大要。	2
格致	植物動物礦物及自然物之形象。	2
圖畫	簡易之形體	2
體操	普通體操，有益之運動，兵式體操。	3
合計		36

高等小學堂・第二年		
學 科	程 度	每周鐘點
修身	同前學年。	2
讀經講經	《詩經》、《書經》每日約讀一百二十字，兼講解。	12
中國文學	讀古文，使以俗話翻文話寫於紙上，約二十句內外，習楷書、習官話。	8
算術	分數、比例、百分數、珠算之加減乘除。	3
中國歷史	續前學年。	2
地理	外國地理之大要。	2
格致	授尋常物理化學之形象。	2

〔註238〕參閱舒新城編《中國近代教育史資料》，頁 432～434。

圖畫	各種形體。	2
體操	普通體操，有益之運動，兵式體操。	3
合計		36

高等小學堂・第三年		
學　科	程　度	每周鐘點
修身	同前學年。	2
讀經講經	《書經》、《易經》每日約讀一百二十字，兼講解。	12
中國文學	讀古文，作極短篇記事文約在百字以內，習行書，習官話。	8
算術	小數、分數、簡易之比例、珠算之加減乘除。	3
中國歷史	續前學年。	2
地理	續前學年。	2
格致	原質及化合物、簡易器具之構造作用。	2
圖畫	簡易之形體。	2
體操	普通體操，有益之運動，兵式體操。	3
合計		36

高等小學堂・第四年		
學　科	程　度	每周鐘點
修身	同前學年。	2
讀經講經	《易經》及《儀禮》節本，每日約讀一百二十字，兼講解。	12
中國文學	讀古文，作極短篇記事文、說理文，約在二百字以內，習行書，習官話。	8
算術	比例、百分數、求積、日用簿記、珠算之加減乘除。	3
中國歷史	補習中國歷史，前三年所未及講授者。	2
地理	補習中國地理，前三年所未及講授者。	2
格致	植物動物之互相關係及對人生之關係，人身生理衛生之大要。	2
圖畫	各種形體，簡易之幾何畫。	2
體操	普通體操，有益之運動，兵式體操。	3
合計		36

表三：中學堂各學科程度及每星期教授時刻表〔註239〕

中學堂・第一年		
學　科	程　度	每周鐘點
修身	摘講陳宏謀《五種遺規》，讀有益風化之古詩歌。	1
讀經講經	《春秋・左傳》每日約讀二百字。	9〔讀6講3〕
中國文學	讀文、作文、相間習楷書行書。	4
外國語	讀法、譯解、會話、文法、作文、習字。	8
歷史	中國史。	3
地理	地理總論及亞洲總論，中國地理。	2
算學	算術。	4
博物	植物、動物。	2
圖畫	自在畫、用器畫。	1
體操	普通體操，兵式體操。	2
合計		36

中學堂・第二年		
學　科	程　度	每周鐘點
修身	同前學年。	1
讀經講經	《春秋・左傳》同前學年。	9
中國文學	同前學年。	4
外國語	同前學年。	8
歷史	中國史及亞洲各國史。	2
地理	中國地理。	3
算學	算術、代數、幾何、簿記。	4
博物	同前學年。	2
圖畫	同前學年。	1
體操	同前學年。	2
合計		36

〔註239〕參閱舒新城編《中國近代教育史資料》，頁506～508。

中學堂・第三年		
學　科	程　度	每周鐘點
修身	同前學年。	1
讀經講經	《春秋・左傳》同前學年。	9
中國文學	同前學年，兼習小篆。	5
外國語	同前學年。	8
歷史	中國本朝史及亞洲各國史。	2
地理	外國地理。	2
算學	代數、幾何。	4
博物	生理、衛生、礦物。	2
圖畫	同前學年。	1
體操	同前學年。	2
合計		36

中學堂・第四年		
學　科	程　度	每周鐘點
修身	同前學年。	1
讀經講經	《春秋・左傳》同前學年。	9 讀6講3
中國文學	同前學年。	3
外國語	同前學年。	6
歷史	東西洋各國史。	2
地理	外國地理。	2
算學	同前學年。	4
博物	同前學年。	2
理化	物理。	4
圖畫	自在畫、用器畫。	1
體操	同前學年。	2
合計		36

中學堂・第五年		
學　科	程　度	每周鐘點
修身	同前學年。	1
讀經講經	《周禮節訓本》每日約二百字。	9 讀6講3
中國文學	讀文、作文、兼講中國歷代文章名家大略。	3
外國語	同前學年。	6
歷史	同前學年。	2
地理	地文學。	2
算學	幾何、三角。	4
理化	化學。	4
法制、理財	法制、意、理財大意。	3
體操	同前學年。	2
合計		36

表四：高等學堂・第一類學科〔註240〕

高等學堂・第一年		
學　科	程　度	每周鐘點
人倫道德	摘講宋明國朝諸儒學案，擇其切於身心日用而明顯簡要者。	1
經學大義	講《欽定詩義摺》、《書經傳說子彙纂》、《周易摺中》。	2
中國文學	練習各體文字。	5
兵學	外國軍制學。	1
體操	普通體操，兵式體操。	3
以上通習		
英語	講讀、文法、翻譯、作文。	9
法語或德語	講讀、文法、翻譯、作文。	9
歷史	中國史。	3
地理	政治地理。	3
以上主課		
合計		36

〔註240〕　參閱舒新城編《中國近代教育史資料》，頁563～566。

高等學堂・第二年		
學　科	程　度	每周鐘點
人倫道德	同前學年。	1
經學大義	講《欽定春秋傳說彙纂》。	2
中國文學	同前學年。	4
心理及辨學	心理學大意、辨學大意。	2
兵學	戰術學大意。	1
體操	普通體操，兵式體操。	3
以上通習		
英語	講讀、文法、翻譯、作文。	9
法語或德語	講讀、文法、翻譯、作文。	9
歷史	亞洲各國史。	3
地理	政治地理。	2
以上主課		
合計		36

高等學堂・第三年		
學　科	程　度	每周鐘點
人倫道德	同前學年。	1
經學大義	講《欽定周禮義疏》、《儀禮義疏》、《禮記義疏》。	2
中國文學	同前學年兼考究歷代文章流派。	4
兵學	各國戰史大要。	3
體操	普通體操，兵式體操。	3
以上通習		
英語	講讀、文法、翻譯、作文。	8
法語或德語	講讀、文法、翻譯、作文。	8
歷史	西洋各國史	3
法學	法學通論。	2
理財學	理財學通論。	2
以上主課		
合計		36

第五章　張之洞「通經致用」教育思想的價值與局限

　　咸豐十年（1860），張之洞二十四歲，在他長子出生時，他寫下「仁厚遵家法，忠良報國恩；通經為世用，明道守儒珍」的敘輩詩〔註1〕，以為傳世家法。到宣統元年（1909）八月二十一日，七十三歲離世，他的一生功業，仍可用這首詩來作一總括。

　　從三十一歲任湖北學政開始，張氏即致力辦教育，極重視培養生員的品格與學問，到臨終前一個月，他仍努力要在京師籌建圖書館，因他看見近時風尚「罕重國文」、「率趨捷徑」，擔心已傳之千年的傳統國粹會因此灰飛煙滅，出現「道喪文敝」的情況。這一點可從他上《奏籌建京師圖書館》一文見其憂思：

> 圖書館為學術之淵藪，京師尤繫天下觀聽，規模必求宏遠，蒐羅必極精詳，庶足以供多士之研求……高宗純皇帝開四庫之館，薈萃載籍，建閣儲藏之數綜十六萬八千冊……京師創建圖書館，實為全國儒林冠冕，尤當旁搜博採以保國粹而惠士林……且士子近時風尚率趨捷徑，罕重國文，於是秘籍善本多為海外重價鈎致捆載以去，若不設法蒐羅保存，數年之後，中國將求一刊本經史子集而不可得，馴至道喪文敝，患氣潛滋，此臣等所惴惴汲汲，日夜憂懼而必思所以挽救之者也。……臣等於內城地面相度勘尋，惟德勝門內之淨業湖與湖之南北一帶水木清曠，遠隔塵囂以之修建圖書館最為相宜。〔註2〕

〔註1〕　參閱許同莘《張文襄公年譜》，頁6。
〔註2〕　見胡鈞輯《重編張文襄公（之洞）年譜》，頁284～285。

自庚子事變後，各地對抗政府的暴亂和暗殺事件不斷，排滿思想已瀰漫全國。宣統元年（1909），張氏於「病亟」之時〔註3〕，仍以學術為念，證明他一生在盡力維護傳統文化、捍衛儒學，無時或已，因他堅信「學術造人才，人才維國勢」〔註4〕，除此更無他法。然而，數十年努力經營教育，結果他看到的卻是「世道陵夷，人心放恣，奔競賄賂，相習成風」的景況〔註5〕，這使傷時憂國的他心情更為沉重，最後帶著遺憾離世。在他去世僅及兩年，清廷也於滔滔的革命浪潮中黯然告退。

世事發展，常與主觀願望相背。張氏一生致力教育事業，為國養才竭盡忠誠，可惜的是，推翻清廷的革命分子，有不少是來自兩湖書院的學生，又或是官費留學日本的歸國青年，當中有不少是武備學堂的兵弁，以及兩湖省籍的青年。

自光緒二十四年（1898）戊戌維新變法時期，張氏向朝廷上《勸學篇》，目的在社會分崩離析之際，為穩定人心，使全國團結一致，提出了「保國、保教、保種」的建策，亟亟於救國以自強，然而十三年後，積弱的清朝更步向衰微，在無法踰越滿漢畛域這一部族狹隘思想的鴻溝下，終不敵急於要實現共和、追求民主自由運動的逼迫，被迫告別了歷史。

《勸學篇》成於戊戌變法前，面對當時「舊者不知通，新者不知本」，「學者搖搖，中無所主」的紛亂局面，張氏有意以「會通中西，權衡新舊」來調和新舊兩派的衝突，及時提出種種可行措施，要為維新變法這強國政策的順利開拓坦途，為中國未來謀富強。但戊戌變法終以失敗結束，他的宏圖大計因此無疾而終。兩年後又經歷了庚子拳亂和八國聯軍入侵的極大破壞，清廷的威權也受到重創，民心日離，內部動蕩更烈。在內外壓力下，清廷不得不變法行新政欲重振國勢。此時，張氏已得到朝廷的重視，位望日隆，獲授命協辦新政，於是他趁此良機，加快在湖北教育改革的步伐，在戊戌時期提出的教育理想在此刻得到進一步落實良機。可惜新政剛起步，社會排滿革命風潮已在進一步發酵、滋長，推翻清廷建立共和政府已形成一股銳不可擋的勢力，不再給清廷改革喘息的機會，宣統三年（1911）的辛亥革命，沒費多大力氣就把清廷推倒。

曾就讀兩湖書院的張繼煦（1876～1956），光緒二十八年（1902）獲官費

〔註3〕胡鈞在《重編張文襄公（之洞）年譜》（頁285）云：「圖書館之設公經畫已久，此摺亦幾經斟酌，是時公病亟，學部諸公慮公有不諱……」。
〔註4〕參閱《勸學篇·內篇·同心第一》，《張之洞全集》第 12 冊，頁 9734。
〔註5〕參閱《遺摺》，《張之洞全集》第 2 冊，頁 1824。

留學日本，1905 年在日本加入中國同盟會，他指出張氏的教育救國活動，無形中培養了一批革命分子，革掉清廷的命，換來「種豆得瓜」的結局。他說：

> 抑知武漢所以成為重鎮，實公二十年締造之力也。其時工廠林立，江漢殷賑，一隅之地，足以聳動中外之視聽。有官錢局、鑄幣廠，控制全省之金融，則起事不虞軍用之缺乏。有槍炮廠可供戰事之源源供給。成立新軍，多富於知識思想，能瞭解革命之旨趣。而領導革命者，又多素所培植之學生也。精神上，物質上，皆比較彼時他省為優。以是之故，能成大功。雖為公所不及料，而事機湊泊，種豆得瓜。〔註6〕

所言甚是。辛亥革命在武昌首發，這是張氏任官最久的地方，而參與革命的新軍和青年大都出於兩湖新式學堂。張氏苦心經營近二十年的兩湖，竟變成了革命基地，難怪張繼煦說這是「公所不及料」，此語應為事實。曾是張之洞幕賓的王樹枏（1851～1936），在所編《張文襄公全集·序》，也對張氏的「種豆得瓜」舉措表示了同情：

> 論者謂公輕變學章，少年狂易之徒，棄舊從新，盡取先聖之大經大法，蕩然掃地，無復留餘。學術一歧，遂遭國變，世之追維禍首者，群集於公之一身，不知此乃當世奉行之不善，其書具在可考而知也。光緒之際，公與高陽李文正、定興鹿文端，同心協力，砥柱頹流，號稱賢相，一旦相繼殂謝，國亦隨之而盡。設三人者有一於此，當必有以持其後也。《詩》曰：「人之云亡，邦國殄瘁。」烏呼，豈非天哉！〔註7〕

一個朝代的滅亡，豈可歸罪於一二人？按王樹枏的說法，倘若有李鴻藻（1820～1897）、鹿傳霖這種「砥柱頹流」的人物〔註8〕，能繼張之洞後繼續主持新政，新式學制再經改良、實踐，若干年後，果能培養學貫中西之士，出而助國家民族籌劃振興良策，清朝或不至滅亡。此雖出於王氏設想，亦實為公道語。

〔註6〕見張繼煦輯《張文襄公治鄂記》，湖北通志館排印，1947 年，頁 7。

〔註7〕見《張文襄公全集·序》，《張之洞全集》第 12 冊，附錄四，頁 10744。

〔註8〕李鴻藻，同治、光緒二帝師，諡文正（參閱《清史稿·列傳二百二十三》）。鹿傳霖，直隸定興人，張之洞姐夫。光緒二十六年，八國聯軍陷北京，鹿氏募兵三營隨護太后、光緒帝有功，後授兩廣總督，升軍機大臣。光緒二十七年回京後兼督辦政務大臣，宣統二年春離世，諡文瑞。（參閱《清史稿·列傳二百二十五》卷四百三十八）

　　《勸學篇》一書是張氏經三十年教育改革和實踐後，所進行的一次思想性與理論性的總結著述，裏面更寄託著他對教育的一個新理想。自甲午戰敗，各種救亡理論、思想學說紛呈，「圖救時者言新學，慮害道者守舊學」，兩派更是「交相為瘉」，勢成水火，如何在分崩離析的時局裏，謀一個可調和各方，為民族危機注入新力量，為社會輸入新風氣，能團結人心的方案，勉勵國人一同努力求強，是張氏撰著此書的動因。張氏明白世運明晦，關係在人才，而「人才之盛衰，其表在政，其裏在學」，於是提出「權衡新舊、會通中西」的主張，力勸國人於求智、求勇、求仁上努力不懈，「好學近乎知，力行近乎仁，知恥近乎勇」，然後發憤圖強，保護國家，使不受外侮侵欺，繼而保種族保聖教，相信是《勸學篇》所寄予的深層意義〔註9〕。

第一節　「保國、保教、保種」與滿漢畛域

　　甲午戰敗到戊戌年的三年間，社會風氣日薄，崇尚西學、厭棄中學，甚至全盤西化說的言論日趨激烈，而耶教在中國的勢力亦日見壯大，使保守傳統之士深慮有夷夏之變，如此國將不存，故要起而捍衛，遂有「保種、保教、保國」的提出。除阻止「邪說暴行」橫流天下外，還要拯救國家脫離「敵既至無與戰，敵未至無與安」的困局，穩定民心，強化國力。保種、保教、保國的提出，非張氏首發，但他卻能站在如何調和新舊衝突、如何在中學基礎上吸納西方政教精粹的角度，經深思詳慮後，再為社會謀一圖存的長久計策。他堅信學術維人才，人才維國勢，因而勸國人要好學、力行、知恥，企圖以此破國人之聾聵，起諸儒之廢疾，亟亟於國人幡然有為〔註10〕。

　　基於這種認識，於興學育才上，張之洞對教育用力最深處，還在他有一兼顧全局而宏深的構想。其要旨在使國人「明保國、保教、保種」為同一義。這一點正是他被維新派譏為「認清室為中國，混華族于蒙古」的原因〔註11〕；故《勸學篇》被人斥為「其志則是，其論則非，不特無益於時，然且大累於世」〔註12〕。

〔註9〕　參閱《勸學篇·序》，《張之洞全集》第12冊，頁9704～9706。
〔註10〕　參閱同上，頁9706。
〔註11〕　參閱梁啟超《飲冰室合集·文集五》，北京中華書局，1989年，頁10。
〔註12〕　參閱《〈勸學篇〉書後》，何啟、胡禮垣《新政真詮五編——何啟、胡禮垣集》，鄭大華點校，頁335。

一、「保國、保教、保種」的堅持

在傳統教育的改革、新式學堂的改章及推進上，張氏有很深的體驗，深明國勢的強弱，與人才之培育關係密切，他撰述《勸學篇》，除表明自己對目前改革的看法外，是要為國家提供一個既有理論性綱領又能實踐的自強方案。全書二十四篇，他概括為五義：一知恥、二知懼、三知變、四知要、五知本。他叫國人知恥、知懼，是因為知恥近乎勇，國人有志氣，發憤圖強，便可仿效日本走向富強。因日本經歷明治維新改革後助其國走向強盛；相反，印度、緬甸、朝鮮及埃及諸國，因不知懼，而成為亡國奴或他國的牛馬。要圖存，便得求變，改掉舊積習，換上新思維，如此方有助變法的推行，這是知變一義。他還教人知要，要人明白於此危局，讀書最切在求致用之學，能救時之急需，因此中學考古這些無濟急用的學問，可暫緩學習。學習西學，應知西藝非要，西政才是至要；關於知本，他告誡國人，無論身在何處，生活於何地，皆不應忘記自己的宗族、自己的國家和本祖文化，「在海外不忘國，見異俗不忘親，多智巧不忘聖」〔註13〕。

只有不忘國，方有保國之心；不忘親，始存我民族之念；不忘聖，乃能存保教之心志。說穿了，要救亡圖存，保國家應是第一要義，除此而外單純講保教或保種都是難以實現的。如何成就救亡圖存以保國這一目標？張氏在「同心」、「教忠」、「明綱」、「宗經」、「循序」、「守約」、「知類」、「去毒」等篇皆有理論性指引，且對保國、保教、保種，提出了各種可行措施〔註14〕。對上述諸篇的要旨，張氏在《勸學篇・序》有扼要說明：

> 曰同心，明保國、保教、保種為一義，手足利則頭目原，血氣盛則心
> 志剛，賢才眾多，國勢自昌也；曰教忠，陳述本朝德澤深厚，使薄海
> 臣民咸懷忠良，以保國也；曰明綱，三綱為中國神聖相傳之至教，禮
> 政之原本，人禽之大防，以保教也；曰知類，閔神明之冑裔，無淪胥
> 以亡，以保種也；曰宗經，周秦諸子，瑜不掩瑕，取節則可，破道勿
> 聽，必折衷於聖也……曰循序，先入者為主，講西學必先通中學，乃
> 不忘其祖也；曰守約，喜新者甘，好古者苦，欲存中學，宜治要而約
> 取也；曰去毒，洋藥滌染我民，斯活絕之，使無萌枿也。〔註15〕

〔註13〕參閱《勸學篇・序》，《張之洞全集》第 12 冊，頁 9704～9705。
〔註14〕參閱同上。
〔註15〕見同上，頁 9704～9705。

這裏，張氏教人須明白保國的內涵，包括堅守自己的禮教綱常，知聖人的教訓和義理，明西學必先通中學，即凡事知有主次、有先後、有本末。他更特別指出「洋藥滌染」的毒害，實關係著我種族的存滅，煙毒是使我國人「志氣不強，精力不充，任事不勤，日力不多，見聞不廣，遊歷不遠，用度不節」的重要原因，而中國的貧弱，正正是「貧於吸洋煙」〔註16〕，這突顯了他的識見。要言之，他的保國論，是站在維護民族、保衛文化及本土一切利權、保全領土完整和民族自尊這一高點而立言的，並非從某一狹隘主義觀出發。所以在面對「今日憂時之士，或僅以尊崇孔學為保教計，或僅以合群動眾為保種計，而於國、教、種安危與共之義忽焉」的情況下，他力言這有如「皮之不存，毛將焉傅」？國家不保，保聖教、保民族便失去意義，他復借孟子「能治其國家，誰敢侮之」一語來支持其保國保種為同一義的理論根據〔註17〕。所以他強調：

> 然則保國之外，安有所謂保教、保種之術哉？〔註18〕

換句話，保國家、保民族、保聖教在他的思想裏是三事一體的。他在《同心篇》說：

> 吾聞欲救今日之世變者，其說有三：一曰保國家，一曰保聖教，一曰保華種，夫三事一貫而已矣。保國、保教、保種，合為一心，是謂同心。保種必先保教，保教必先保國。……國不威則教不循，國不盛則種不尊。……今日時局，惟以激發忠愛、講求富強、尊朝廷、衛社稷為第一義。……君臣同心，四民同力。〔註19〕

國家夠強大，民族自有尊嚴，聖教自可續存。因此他視「衛社稷、尊朝廷」為首位，呼籲「君臣同心，四民同力」，只要全國上下一心，為保國而努力，國家自可無恙。這或許正是他把「同心」一篇置於全書之首的目的。他要告訴九州之士，無論是保種保教，都應先從提升國力做起，而這只有靠彼此同心方可救弊，齊力始可捍患。如何使全國一心齊力捍患救弊？他提出了若干設想，就是：

> 積天下之秀才則盡士類，積天下之命官則盡臣類，積天下之匹夫則

〔註16〕參閱《勸學篇‧內篇‧去毒第九》，《張之洞全集》第 12 冊，頁 9723。
〔註17〕參閱《勸學篇‧內篇‧同心第一》，同上，頁 9709。
〔註18〕見同上，頁 9707。
〔註19〕見同上，頁 9708。

　　盡民類，若皆有持危扶顛之心、抱冰握火之志，則其國安于磐石，

　　無能傾覆之者。〔註20〕

若人人能各司所職，各盡其材，同心協力，國家自可安如磐石，這是張氏的理想。「能治其國家，誰敢侮之！」是他的強國信念。無論是「尊崇孔學」保聖教，還是「合群動眾」保民族，都應把國家置於安全前提下方具意義，否則「聖道雖高雖美」，實難發揮效用〔註21〕。

　　中日甲午戰爭，中國慘敗，國家和民族危機空前，深刻地觸動了士人的愛國情懷，國家存亡備受關注，因而主張改革的維新運動由是勃興，力主革命的激進派亦乘時而起，不管是主張立憲的維新之士還是主排滿的革命派，都以積極辦報及組織會社來推進這場運動，並由此吸納支持者。興中會於光緒二十一年（1895）在香港成立總會，以「驅除韃虜，恢復中華，創立合眾政府」做排滿革命的主張，同年孫中山在廣州領導起事以求推翻清廷，因事洩被通緝，逃亡海外後繼續其排滿革命事業。一向關心國是的張氏，對此應有所聞，但翻遍《勸學篇》，不見他對排滿革命提過隻字。身為官員，張氏這種表現實不足為怪。或者，在他心中，國家只有一個，根本無滿漢族類的劃分，他關注和重視的，是如何保護國家，衛護生活在這片國土內的朝廷和臣民，以及維繫源遠流長的聖教於不墜〔註22〕。

　　關於保國家、保聖教、保種族，《勸學篇》有不少理論性建言，亦有具體的實行方法。國家處此危難之境，他認為保國之要在救亡，而救亡急務在於變，於是有主張變法、變科舉之議，改變一些不適時宜的舊法陋弊，改良政體中的積弊，是短期的治國措施。但長遠國策，自強之道，在廣開民智，提升國民知識水平和質素，使國家獲得更多治國實國的良才，有人才方可維持國勢。《勸學篇》外篇十五篇，便是圍繞在如何增益國人智慧這一主題上發論。何謂「智」？他在外篇《益智第一》做了解釋：「自強生於力，力生於智，智生於學」，即智慧是通過學習來獲得的，若人人果有此認識，發憤努力，「雖愚必明，

〔註20〕見同上，頁9707。
〔註21〕參閱同上，頁9708～9709。
〔註22〕張氏對滿漢畛域的態度，如果從光緒三十一《八月七日張之洞入京對奏大略》記述他與慈禧太后的一段對話時，他對排滿革命鬧得凶，似乎持寬鬆態度，指「速行立憲自可平息風潮」，用此來安慰慈禧，並稱「孫文在海外，並無魄力，全是臣工自相驚擾」，務請慈禧太后「大赦黨人」。而據1907年9月19日《申報》「專電」載述，張氏指出「緝拿革命黨人半係官吏邀功，未必盡係黨人」。

雖柔必強」〔註23〕。而「智」的深意在：

> 人力不能敵虎豹，然而能禽之者，智也；人力不能禦大水墮高山，
>
> 然而能阻之開之者，智也。〔註24〕

若人人能「智其智，勇其勇」，便不難致天下於富強，這是張氏的認識和信念。他也由此分析了外國之所以強，不是因「西人智而華人愚」，而是歐洲諸國之間「群虎相伺，各思吞噬，非勢均力敵不能自存」，由此發展出一套「教養富強之政」，使「步天測地、格物利民之技能，日出新法」，在彼此「互相仿效，爭勝爭長」下獲得富強之道。他強調西方列國之強，強在士、農、工、商、兵各界，人皆有智，各業有專才，這些因素才是最重要〔註25〕。

但對於西方「政刑兵食，國勢邦交」，「種宜土化，農具糞料」，「機器之用，物化之學」，「訪新地，創新貨，察人國之好惡，較各國之息耗」，「船械營壘，測繪工程」等等專門知識，由於國人習慣故舊的局限，「于此數者，皆主其故常，不肯殫心力以求之」，以致國家無專門人才，國勢積弱日甚。他認為，士人是「導農工商兵」之首，士人既不屑學習這些可致國家富強的農、工、商、藝之專門知識，卻專尚文學詞章，但求循科途入仕為官，謀個人私利，那麼國家便無專才可為領導，經濟實業便無法得到應有發展，一國利源也因此漸漸被西方強國蠶食、侵佔，這給國家帶來更深重的危機。因此要保護國家，先從奮發自強做起。中學既無可濟急之術，便需要把西方賴以發展的各項新知識新技術，乃至政治體制、法律等良方吸收過來，損益變化以為己用，只有國家強大，方有力言保教、保華種，這是張氏「保種必先保教，保教必先保國」的中心要旨，在保國之下，他最大的寄意，其實在勸朝廷急修政體，去弊更新。這是他愛國忠君的表現〔註26〕。

既然種以智存，而智可通過教育來成就。但如何達致？張氏以為「有力則行」，所謂「力」，其實是「兵之謂也」〔註27〕。張氏把強國之道放在軍力發展上，是由於清廷數十年來屢敗於西方強大的軍事實力，在弱國無外交觀念下，使他視發展軍力是提升國力的唯一要途，因他相信：「國不威則教不循，國不

〔註23〕參閱《勸學篇·外篇·益智第一》，《張之洞全集》第 12 冊，頁 9734。

〔註24〕見同上。

〔註25〕參閱同上。

〔註26〕參閱同上，頁 9734～9735。

〔註27〕參閱《勸學篇·內篇·同心第一》，同上，頁 9707。

盛則種不尊」〔註28〕。他用了土耳其回教、印度佛教、希臘古教和西方天主教興滅為例以闡明其理。他說：

> 回教，無理者也，土耳其猛鷙敢戰而回教存。佛教，近理者也，印度蠢愚而佛教亡。波斯景教，國弱教改；希臘古教，若存若滅。天主耶穌之教，行於地球十之六，兵力為之也。〔註29〕

然後又指出：

> 我聖教行於中土，數千年而無改者。五帝三王，明道垂法，以君兼師，漢、唐及明，宗尚儒術，以教為政。我朝列聖，尤尊孔、孟、程、朱，屏黜異端，纂述經義，以躬行實踐者教天下。〔註30〕

他認為，「凡有血氣」者都應「咸知尊親」，復強調「政教相維」是中國的傳統，也是「中西之通義」〔註39〕。這顯示了張氏論說之巧、思辯力之強。由於他意識到兵力關係國家存亡，因此自甲午戰後，除設立武備學堂等軍事學校，專門訓練習知兵事的將弁外，他也在兩湖學堂增設體育和兵操課，目的在：一是要讓體弱的學生擁有強健的體魄，二是要培養士人的尚武精神，砥礪讀書人的氣節。當他對兩湖學堂課程進行改革時，在注重中學的兩湖書院裏便增加了不少西學課程，務求盡速培養既有中學基礎又懂洋務的通人。他先後設立了外語學堂、軍事學堂、農工商藝和礦務等學堂，目標是為國家培養各類可資任用的專才。在戊戌政變後，他加快加大了在兩湖地區興辦新式實業學堂的步伐和力度，把中學課程只排在晚上或假日研習，便是從救國基礎出發。保存國家維護民族不滅，是他的信念也是他身為儒臣的職責，這體現了他的胸襟，國家和民族的利益是他最關顧的，而非自囿於保種族保儒學的狹隘目標上。

二、滿漢畛域的難以踰越

張氏雖以「華種」、「華人」總稱國人，但滿漢畛域早已存在則屬事實。當時清制規定，軍機處滿族大臣向不論出身，而漢大臣則必須有舉人或進士資格，此其一；官缺分滿漢，滿族可任漢缺，但漢人卻不能任滿人的缺，此其二；

〔註28〕參閱同上，頁9708。
〔註29〕見同上。
〔註30〕見同上，頁9709。
〔註31〕參閱同上。

滿人生活向由政府供給，滿人在各方面均享有較漢人優厚的待遇，這是載入政策的史實。滿漢不和，非一夕形成〔註32〕。

有見民族矛盾日益惡化，對政局帶來不少威脅，光緒二十七年（1901），湖北巡撫端方所上《籌議變通政治摺》，就是要化解民族之間的對立，奏摺建議讓旗民與漢人通婚：「民旗雜居，耕作與共，婚嫁相聯，可融滿漢畛域之見。」〔註33〕希望藉此紓緩族類間的衝突。光緒二十七年（1901）五月，張氏與劉坤一等地方大員上《江楚會奏變法三摺》，也為不再享受政府供給生活的八旗人籌出路提供建議。同年十二月二十三日（1902年2月1日），清廷下達了慈禧太后一道准許滿漢通婚的懿旨：

> 我朝深仁厚澤，淪浹寰區，滿漢臣民，朝廷從無歧視。惟舊例不通婚姻，原因入關之初，風俗語言，或多未喻，是以著為禁令。今則風同道一，已歷二百餘年，自應俯順人情，開除此禁。所有滿漢官民人等，著准其彼此結婚，毋庸拘泥。如遇選秀女年分，仍由八旗挑取，不得采及漢人，免蹈前明弊政，以示限制而恤下情。〔註34〕

滿漢向來不通婚，是滿漢衝突的一個導火線。關於這一點，光緒二十九年（1903），張之洞進京陛見兩宮，於辭行時曾向慈禧提到滿漢畛域的問題。《抱冰堂弟子記》記述了二人的對話：

> 變法三疏內，籌八旗生計一條，已有旗民並無區別、京城及駐防旗人聽便僑寓之請。癸卯臘月陛辭時，面奏數百言，力請兩宮化去滿漢畛域，以彰聖德而遏亂萌，如將軍、都統等官，可兼用漢人駐防，旗人犯罪用法與漢人同，不加區別，皆其大端也。慈聖霽顏納之。且諭曰：「朝廷本無畛域之見，乃無知者妄加揣測耳。」次年，遂定

〔註32〕 有關滿漢畛域問題，請參閱遲雲飛《清末最後十年的平滿漢畛域問題》，《近代史研究》2001年第5期。1906年，端方考察西方多國政治後歸國，立刻上《請平滿漢畛域密折》，其中有「請降明旨，舉行滿漢一家之實，以定民志而固國本」之語（參閱《端忠敏公奏稿》卷一，臺灣文海出版影印，1967年）。1907年8月10日，慈禧太后下諭：「現在滿漢畛域應如何全行之除，著內外各衙門各抒所見，將切實辦法具奏。」（《清末籌備立憲檔案史料》，北京中華書局，1979年，頁918）。從這些資料均說明了滿漢早有畛域界限。

〔註33〕 參閱端方《端忠敏公奏稿》卷一，臺灣文海出版社影印，1967年，頁39～47。《清末籌備立憲檔案史料》上冊，故宮博物院明清檔案部，北京中華書局，1979年，頁470。

〔註34〕 見《光緒宣統兩朝上諭檔》第27冊，廣西師範大學出版社，1996年，頁272；《光緒朝東華錄》第4冊，總第4808頁。

陸軍官制，用都統、參領等名目，及定旗民一律用刑新章，仰見覆

載無私，一視同仁。近日新政變通、破除常格之事日多。〔註35〕

可見漢人在各方面並未獲得與滿人一視同仁的待遇，形成兩民族矛盾日益加深，無疑也是引發排滿革命的主因。但推動革命的因素當不止此，更多的原因，是對清廷的遇事苟且、官吏貪腐無能、國不成國的不滿，終釀成一場大革命。但當時不少輿論認為，滿漢不和是造成內亂的關鍵，張氏遂有「力請兩宮化去滿漢畛域」，以「遏亂萌」的請求，希望朝廷先在地方駐軍和刑法方面著手，紓緩漢人的不滿，減低內部衝突，助政局穩定。至於張氏內心是否視動盪政局只屬民族矛盾，則是另一個值得研究的課題，這裏不作深入討論。

自戊戌變法失敗，康有為出走日本，並輾轉到歐美各國繼續宣傳其維新改革思想。曾批評張之洞《勸學篇》「挾朝廷之力以行之，不脛而偶行於海內」，「是囁囁嚅嚅者何足道？不三十年將化為灰燼，為塵埃野馬，其灰其塵，偶因風揚起，聞者猶將掩鼻而過之」的梁啟超，最後亦流亡日本〔註36〕。梁氏不久即於當地創辦了《清議報》〔註37〕，每旬一刊，以「倡民權」、「衍公理」、「明朝局」、「厲國恥」為辦報宗旨，繼續宣傳維新變革的重要。張氏深慮此刊政論文章的蠱惑人心，對國家政局帶來更大的破壞性影響，遂於光緒二十五年（1899）二月二十三日，發電牘請求日本駐中國總領事協助驅逐梁氏出日本，電文說：

闖康有為已赴美國，具見貴國政府識力卓越，深明大義，不為所惑，佩甚。惟梁啟超、王照尚在貴國，《清議報》館尚開，此事是一大患，有礙中東大局。梁啟超乃康黨渠魁，尤為悍悍，其居心必欲中國大亂而後快。務望閣下設法婉達政府，設法令其速行遠去，斷不宜在日本境內，果能如此，感佩萬分。〔註38〕

《清議報》最終被迫停刊，但梁氏並未被逐離，且於1902年2月8日另創《新民叢報》，他在創刊文《本報告白》中指出：

本報取《大學》「新民」之意，以為欲維新中國，當先維新我民。中國之所以不振，由於國民公德缺乏，智慧不開。……務采合中西道

〔註35〕 見《抱冰堂弟子記》，《張之洞全集》第12冊，頁10628。

〔註36〕 參閱梁啟超《飲冰室合集・專集》之二，頁7。

〔註37〕 創刊於光緒二十四年底，於光緒二十七年底停刊。

〔註38〕 見《致上海日本總領事小田切》，《張之洞全集》第11冊，頁7755。

> 德以為德育之方針，廣羅政學理論以為智育之原本。……所論務在
> 養吾人國家思想，故於目前政府一二事之得失，不暇沾沾辭費
> 也。……一以國民公益為目的，持論務極公平，不偏與一黨派。不
> 為灌夫罵座之語，以敗壞中國者，咎非專在一人也，不為危險激烈
> 之言，以導中國進步當以漸也。〔註39〕

「不為危險激烈之言」，可見梁氏主張用和平有序的方式來爭取君主立憲、改
革舊政體，他了解法國流血革命這種改革模式不合中國國情。但在清末改革運
動中，有不少激進革命派主張以流血革命推翻滿清，建立共和政府。這些革命
分子包括章太炎（1867～1936）、蔡元培（1868～1940）等深受舊學薰陶、學
識豐、思想成熟並頗有時望的知識人〔註40〕，當然也有追求新理想的年輕之
輩，如年僅十八歲的鄒容（1885～1905），著有《革命軍》一書〔註41〕，其言
論慷慨激昂。他在第一章緒論說：

> 掃除數千年種種之專制政體，脫去數千年之種種之奴隸性質，誅絕
> 五百萬有奇披毛戴角之滿洲種，洗盡二百六十年殘慘虐酷之大恥辱，
> 使中國大陸成乾淨土，黃帝子孫皆華盛頓，則有起死回生，還命返
> 魄，出十八層地獄，升三十三天堂，郁郁勃勃，莽莽蒼蒼，至尊極
> 高，獨一無二，偉大絕倫之一目的，曰「革命」。巍巍哉！革命也！
> 皇皇哉！革命也！〔註42〕

這年輕人無疑有把滿漢種族矛盾故意張大之意，「誅絕五百萬有奇披毛
戴角之滿洲種」，要黃帝子孫盡皆為「華盛頓」，真是極具煽動性的言論，思
想何等激進。激烈言論，無非是要獲取推翻舊政權之支持者。這種極端思想
和言論，在當時卻頗有同道，使清末出現了不少為推翻政權而進行的各種活
動，例如暗殺活動於此時特別興盛，暗殺對象主要針對滿族親貴及支持政府
者，當時暗殺組織有「橫濱暗殺團」、「北方暗殺團」、「支那暗殺團」及「光
復會」、「同盟會」、「日知會」等，這些社團皆曾組織過暗殺活動，從下面的
列表可見，在1900～1909年張氏離世前的暗殺活動相當頻繁，透露出革命
活動的日趨激烈。

〔註39〕 見劉家林《中國新聞通史》，武漢大學出版社，1999年，頁195。
〔註40〕 二人於1905年加入孫中山組織的同盟會。
〔註41〕 本書原名《革命軍馬前卒》，後改名《革命軍》，於1903年5月30日出版。
〔註42〕 見鄒容《革命軍》，馮小琴評注，華夏出版社，2002年，頁7。

清末革命黨暗殺活動一覽表（1900～1909）

時　間	地　點	刺　客	被刺對象	有關組織
1900 年	廣州	史堅如	兩廣總督德壽	興中會
1901 年	北京	陶成章	慈禧	橫濱暗殺團
1904 年	北京	楊毓麟、蘇鵬等	謀炸清廷宮苑	橫濱暗殺團
1904 年	上海	萬福華	前廣西巡撫王之春	光復會
1904 年	南京	易本羲	戶部侍郎鐵良	日知會
1905 年	北京	吳樾	出洋五大臣	北方暗殺團
1906 年	南京	楊卓林	兩江總督端方	同盟會
1906 年	廣州	劉思復	廣東水師提督李准	支那暗殺團
1907 年	安徽	徐錫麟等	安徽巡撫恩銘	光復會
1908 年	安徽	范傳甲	協統余大鴻	同盟會
1909 年	南京	喻雲紀	端方	同盟會

此表據：牛貫傑《試論清末革命黨人政治暗殺活動的文化根源》（《燕山大學學報》哲
　　　社版 2002 年第 4 期，頁 66～67）編製。

光緒三十一年（1905），清廷派端方等親貴大員出國考察西方憲政，為立憲政
治做準備。革命黨人吳樾（1878～1905）身懷炸彈於火車站企圖行刺出訪成員，
結果因成員受傷出訪活動被阻延。光緒三十二年（1906），端方考察歸國後，
立刻上《請平滿漢畛域密摺》，他請朝廷「降明詔，舉行滿漢一家之實，以定
民志而固國本」，反映滿漢衝突的嚴峻。他指出：

> 苟合兩民族以上而成一國者，非先靖內訌，其國萬不足以圖強；而
> 欲絕內訌之根株，惟有使諸族相忘，混成一體……國初以來，滿漢
> 通婚之禁未開，故此兩族者……言語宗教習尚固不大同，而種族一
> 線之界，猶未盡泯。近以列強交通，國威稍挫，人民何知，惟有責
> 難政府……而一二不逞之徒，竟敢乘此時機，造為滿漢異族權利不
> 均之說，恣其鼓簧，思以瀆皇室之尊嚴，償叛逆之異志。加以多數
> 少年，識短氣盛，既刺激於時局，憂憤失度。復偶涉西史，見百年
> 來歐洲二三國之革命事業，誤認今世文明，謂皆由革命而來，不審
> 利害，惟尚感情。故一聞逆黨煽動之言，忽中其毒而不覺，一唱百
> 和，如飲狂泉。〔註43〕

〔註43〕見端方《請平滿漢畛域密摺》，中國史學會主編《辛亥革命》第 4 冊，上海人
　　　民出版社，1957 年，頁 39～47。

「先靖內訌」，不然國家難以圖強，反映了排滿革命的洶湧，身為滿族親貴的端方，深刻地感受到滿漢二百多年來不得通婚是造成兩族不和的因素，他認為若允滿漢通婚，種族混而為一，便能消除因權利不均引發的矛盾，有助兩族和睦共處。這想法僅代表端方一派的觀念，事實當極複雜。為進一步消弭革命的風潮，端方於該摺中建議訂定十五年內實行立憲，並改官制，除去滿漢名目，將京師各衙門，仿效新設外務部、商部、學部、巡警部，將所有堂官、司員的空缺，不問滿漢籍貫，唯才錄用。又將各省駐防永遠裁撤，旗丁於原駐地編入民籍。至於那些「識短氣盛」、「刺激於時局，憂憤失度」的革命者，多屬少年，他以為只是受逆黨煽動才有過激表現，並不主張清剿，認為「多戮一人，則彼輩多一煽動之口實，一逆黨戮而百逆黨生」〔註44〕。可惜，端方這個化解兩族危機的提議來得太晚了，畢竟滿漢分裂已到了勢成水火、難以修補的階段。

排滿革命自庚子年後已進入高潮。當時，很多青年深受鼓吹革命的宣傳品影響，譬如同盟會成員宋颺裘（生卒不詳）曾將《猛回頭》、《中國魂》、《警世鐘》諸書〔註45〕，購買多部贈人，據說受其影響的人很多〔註46〕。另一同盟會成員鄒永成（1882～1955）等人，更將滿洲初入關時的「屠城」事件，如《揚州十日記》、《嘉定屠城記》、《猛回頭》等書帶到湖南吉安散發〔註47〕，藉此加深漢人對滿清的反感，製造更深的種族仇恨，為革命成功造勢〔註48〕。

曾任北大教授的蔣夢麟（1886～1964），在《西潮》一書也回憶自己十餘歲就讀浙江高等學堂時，回鄉參加舉人試後即急返學堂，埋頭讀書，「整天為代數、物理、動物學和歷史等課而忙碌，又如饑似渴地閱讀革命書刊，並與同學討論當時的政治問題」〔註49〕。可見清廷因狹隘的部族主義思想，早在清初

〔註44〕 參閱同上。
〔註45〕 《猛回頭》由革命分子陳天華（1875～1905）著，為彈詞唱本，1903年在日本東京出版發行。該書以通俗文體，向人民陳述中國面臨的危機，列強侵華的史實，批判勤王立憲，宣傳反列強反滿清革命，建立民主共和制度。《警世鐘》亦為陳氏著，屬宣傳革命的冊子。《中國魂》，則由飲冰室主人編輯，徐品璋題簽，民國共合會社刊印。
〔註46〕 參閱鄒魯《宋颺裘傳》，《中國國民黨史稿》第5冊，商務印書館，1944年，頁1283。
〔註47〕 《揚州十日記》是一本關於揚州大屠殺的筆記，但其真偽屬歷史懸案。《嘉定屠城記》，由清初學者朱子素著，作者是明末清初「嘉定三屠」的親歷者，運用春秋筆法客觀、真實、詳細地記錄清軍首領李成棟在嘉定屠城的慘像。
〔註48〕 參閱楊思義筆記《鄒永成回憶錄》，《近代史資料》1956年第3期。
〔註49〕 參閱《西潮‧新潮》，岳麓書社，2000年，頁61～63。

已為滿漢不和埋下危機，為排滿革命播下種子，終在二百年餘後自嘗苦果。在受列強威脅到了亡國階段、在國體病入膏肓之際才思挽救，又如何可以輕易獲得藥到病除之效，能夠化解兩百餘年來累積的歷史怨氣。最重要的還是本身長期不修國政、不恤民情的不得民心〔註50〕，官吏貪瀆腐敗日甚一日，以致在列強不斷侵迫的交迫下，使凡有血氣、咸知愛國之士，在愛我中華民族的思想驅動下起而革命，試問如何可抑止這股排滿巨風。

血氣方剛的年輕人對事物本就充滿好奇，並有追求的熱情，看到國家積弱日甚，一旦受到激昂言論鼓動，其可以發揮的力量實難以限量。辛亥革命能迅速成功，大概正是藉助這批生力軍的紛紛加入。

有見年輕人人心日離正軌，光緒三十二年（1906）學部便向朝廷上《學部奏請宣示教育宗旨摺》，提出一個能使「一道同風」的建議，希望透過學校收攝人心歸於純正。其中指出：

> 學術者本于人心，關乎風俗者也。古者學術之隆，人心之以正，風俗以純。後世人心漸漓，風俗日薄，而其弊轉受于學校，科舉之制，其始意非不甚善，自士人以為戈功名希利祿之捷徑，而聖經賢傳遂無與修齊治平。科舉以為斯世病。今朝廷停罷科舉，廣設學堂，倘不于設施伊始，辨明義利，以清本源，將在官者持自私自利之見以與學，為士者挾自私自利之心以應選，不特聖賢經旨禮教大防日即淪夷，即東西各國教育之真精神，學堂之真效果，亦無由得；而科舉之弊仍納入學堂之中。……嚴辨義利，崇勵廉恥。……並令編書各員守定宗旨，迅即編纂中小學堂教科書，進呈之後一律頒發。至各省所編教科書，亦必認定宗旨呈由臣部核定，然後許其通行，庶几一道同風而邦基永固矣。〔註51〕

學部嘗試用新思維，提倡「嚴辨義利，崇勵廉恥」的學風，希望透過編纂一套能統一思想的中小學堂教科書，導引熱血青年學生的思想回歸「純正」。其成效如何，歷史已早有答案，這裏不贅。光緒三十三年（1907），為進一步化除滿漢矛盾，慈禧太后再次下旨：

〔註50〕對於如何得人心，張氏讀白樂天「以心感人」詩，寫詩為記曰：「誠感人心心乃歸，君臣末世自乖離；豈知人感天方感，淚洒香山諷諭詩。」由此詩可窺張氏的心思。（按：此詩寫於宣統元年，張勸監國不要讓不知兵的貝勒執掌海軍權，不聽，寫詩以志憤，《張之洞全集》第12冊，詩集三，頁10586）

〔註51〕見舒新城《中國近代教育史資料》上冊，頁224。

> 現在滿漢畛域應如何全行化除，著內外各衙門各抒所見，將切實辦
> 法妥議具奏。〔註52〕

由慈禧太后的諭旨，可見「滿漢畛域」問題已到了非急切解決不可的危險時刻，不但漢人仇視滿人，而滿人處處嚴防漢人之跡亦更甚於前。從同盟會機關報《民報》於光緒三十四年（1908）發表的《預備立憲之滿洲》一文或透出端倪：

> 夫以民籍計之，滿人之數，裁當漢人百之一，而服官者，其數乃等
> 于我，天壤間不平之事未有若斯之甚者！況乎藉口于不分漢滿，舉
> 樞要之職，一以屬彼之私昵。〔註53〕

這代表了漢人的持續不滿。雖然過去數年清廷努力去除滿漢畛域，於新設外務部、商部、學部、巡警部四部門，率先廢除了滿漢複職制，每部只設一尚書、兩侍郎，任職不分滿漢。光緒三十二年（1906）改革官制時，於新成立各部中，把官缺分滿漢之制徹底廢除，辛亥革命爆發前，東三省三十六個地方政府架構包括總督、巡撫、交涉使、民政使、度支使、各道員等重要官員，除東三省總督趙爾巽和兩個副都統是滿人外，其他都是漢族〔註54〕。

　　一個社會內部之所以產生抗爭，必有其歷史淵源。滿漢待遇不均、不得通婚，相信是其中一個因素，最重要的一點，還應聚焦在晚清政府的內不修政體，使官吏貪瀆苟且的情況日益嚴重，導致政府極不得民心；對外又不能抗外侮，把國家置於不必要的幾場戰爭中，造成人命和財產的巨大損失，本土利源外流嚴重，民生凋敝日亟，百姓生活苦不堪言，於是孕育了內部動盪的因子，使內亂頻仍不息。諸種因素合起來才是晚清政權的致命傷，使中國在推進近代化發展的路上付出了沉重的代價。以色列社會學家艾森斯塔德（1923～2010）對現代化有以下一番說法：

> 現代化需要社會所有的主要領域產生持續變遷這一事實，意味著它
> 必然因接踵而至的社會問題、各種群體間的分裂和衝突，以及抗拒、
> 抵制變遷的運動，而包含諸種解體和脫節的過程。〔註55〕

〔註52〕見《清末籌備立憲檔案史料》下冊，故宮博物院明清檔案部編，北京中華書
　　　　局，1979年，頁918。
〔註53〕見《民報》第19號，1908年2月25日，頁97。
〔註54〕參閱《東方雜誌》第8卷第7號，宣統三年八月所刊各省職官表，其中缺新
　　　　軍鎮一級軍官。
〔註55〕見 S.N.艾森斯塔德（Shmuel N. Eisenstadt）：《現代化：抗拒與變遷》
　　　　（*Modernization: Protest and Change*），張旅平等譯，中國人民大學出版社，
　　　　1988年，頁23。

很不幸，張之洞的教育改革，正是交錯於晚清走向近代化所必須經歷的社會「解體和脫節」階段，雖然他竭盡全力，要挽救清廷，無奈由於「滿漢畛域」這一歷史原因加劇了族類的分裂，與他積極倡導的「惟以激發忠愛、講求富強」，以「尊朝廷、衛社稷為第一義」的救時良策之主觀願望走了對反方向〔註56〕。《勸學篇》一書雖亟亟於「正人心」，「開風氣」〔註57〕，但人心並沒有因張氏的思想學說被領回到「正軌」，反而因風氣大開，西方文化和思想的湧入，使國人視野、知識水平有所提高，在新舊思潮猛烈激盪下，令人心思變，遂出現了反政府、反滿族、要建立共和政府的局面，與張氏籲請全國上下一心去保國，繼而保教、保種的主張擦身而過。命運沒有給張氏和清廷更多的眷顧，如果在戊戌年能由張氏贊襄，配合朝廷的銳意改革，用漸進模式實力行新政，或可避免庚子拳亂和八國聯軍入侵的事件，以及由此給國家民族帶來更進一步的破壞，國體元氣不致深受傷害，清的執政權或可得以延續，中國近百年來分崩離析、動盪不安的厄運或許不會出現。辛亥革命的終於成功，清廷不得不交出權力，隨著舊政體的消失，素為官方所重視的儒學也隨著教育新制度的確立而黯然淡退，地位日降，最少在一段很長的時間裏，儒學遭到社會新型讀書分子的鄙棄，而幾至於凋零。

第二節　會通中西與義利之辨

　　《勸學篇》是張之洞在辦了三十年教育工作實踐後，及國權日喪，經濟、外交日困下的思想總結。甲午戰爭，號稱強大的北洋艦隊卻不堪小國軍艦的一擊，全軍覆沒，國家辦了三十年的洋務事業竟遭此失敗結局，對他衝擊極大，這使他作出深刻的思考和分析，發現由同治初即進行的自強運動，由於只偏重軍工實業的發展，思路過狹正是其成效不著、不能使國家進於富強的原因，倘若再如此下去，將無法抵禦列強的繼續侵逼，隨時有亡國之憂。這時他已意識到，要救亡圖存，增強國家實力，要與列強有對等的力量，才可增加外交談判權，始不輕受外人欺侮。國家興亡，匹夫有責，何況以天下為任的士大夫。他認為國家興亡既「存乎士」〔註58〕，則辦新學，首務在培養懂西方各專門之學的士人，理由是：「智以救亡、學以益智、士以導農工商兵」，若士不智，則「農

〔註56〕參閱《勸學篇・內篇・同心第一》，《張之洞全集》第12冊，頁9734。
〔註57〕參閱《勸學篇・序》，同上，頁9708。
〔註58〕參閱《勸學篇・外篇・設學第三》，同上，頁9739。

工商兵不得而智也」〔註59〕，於是他提出「舊學為體，新學為用」的口號，一方面用它來化除新舊之爭，並以「會通中西，權衡新舊」作為辦新學的總綱領〔註60〕，主張中西兼學，「政、藝兼學」〔註61〕，採取融會中西作辦新學的嘗試。

一、會通中西的識見

張氏的「會通中西，權衡新舊」理論，本意在化解「舊者不知通，新者不知本」新舊兩派的矛盾〔註62〕，同時為西學順利引入中國鋪平道路，使守舊派不一味排拒西學，於紓國難上共同努力。他對於那些「知外不知中」仇視中學之輩，以及「知中不知外」力拒接受新學之士，毫不寬貸，力斥他們都是「失心」和「聾瞽」者。國難當前，士人尚抱殘守闕，對西學一竅不通，必引致「人勝我而不信，人謀我而不聞，人規我而不納，人吞我而不知，人殘我而不見」，凡影響國家安危的言論和行為，均是他無法坐視不管的〔註63〕。

學習西學固然重要，但在習西學之先，則須通曉本國學術歷史，了解本國政治、學術之得失，然後再於西學中求補救之道，這是張氏力倡「會通中西」、「權衡新舊」的立論基礎，要人遵從的原則。他在《勸學篇·循序第七》有這樣的解說：

> 今日學者，必先通經以明我中國先聖先師立教之旨，考史以識我中
> 國歷代之治亂、九州之風土，涉獵子、集以通我中國之學術文章，
> 然後擇西學之可以補吾闕者用之、西政之可以起吾疾者取之，斯有
> 其益而無其害。〔註64〕

換句話，張氏的會通中西，前提是首先要養成國人愛國家愛民族的心志，這是本體之學，也是固本之基，是「舊學為體，新學為用」思想的重要指歸。何謂舊學？他解釋，所謂舊學是指「四書五經、中國史事、政書、地圖」這些中國固有的學術；何謂新學？所謂新學，是指西方的政治、工藝、歷史、文化和教育各門學問知識。為動守舊者仇視西學的視聽，使他們對西學持開放、接納的

〔註59〕 參閱《勸學篇·外篇·益智第一》，同上，頁 9734。
〔註60〕 參閱《抱冰堂弟子記》，同上，頁 10621。
〔註61〕 參閱《勸學篇·外篇·設學第三》，同上，頁 9739。
〔註62〕 參閱《勸學篇·序》，同上，頁 9707。
〔註63〕 參閱《勸學篇·外篇·廣譯第五》，同上，頁 9743～9745。
〔註64〕 見《勸學篇·內篇·循序第七》，同上，頁 9724。

態度，張氏運用其巧思，把中國經史古籍如《中庸》、《周禮》、《論語》、《大學》、《漢書》、《左傳》、《呂刑》等，凡內容與西學、西政有相類的，都拿來相較，指出今日的西政、西學實出於中國古有之學，在中國的「聖經皆已發其理，創其制」，古聖人不過只創發其理，至於萬世後出現的變化，因「聖人不能預知」，無法為後人提供真實的指引，這是今日西器、西法異於古中國的原因，張氏所言，其旨不過是令守舊者無駁辯餘地。同時他又指出，若「西政、西學，果其有益於中國，無損於聖教者，雖于古無徵，為之固亦不嫌」，更「況揆之經典，灼然可據者哉？」這表明了張氏有很好的論說技巧，然後他援引孔子「吾聞之，『天子失官，學在四夷』，猶信」之語，藉以加強說服力，目的在使守舊者不盲目排拒西學〔註65〕。

　　為使守舊派確信西學源出於中國聖經賢傳這一觀念，張氏在《勸學篇·會通第十三》一文，列舉了不少「事實」根據。他指出：

　　《周禮》土化之法，化治絲枲，飭化八材，是化學之義也。

　　《周禮》一易、再易、三易，草人、稻人所掌，是農學之義也。

　　《中庸》「來百工則財用足」，夫不以商足財而以工足財，是講工藝、暢土貨之義也。

　　《論語》「百工居肆」，夫工何以不居其鄉而必居肆？意與《管子》「處工就官府」同是勸工場之義也。

　　《大學》「生之者眾，食之者寡」，即西人富國策，生利之人宜多，分利之人宜少之說也。

　　《大學》「生財大道，為之者疾」，《論語》「敏則有功」，然則工商之業、百官之政、軍旅之事，必貴神速，不貴遲鈍，可知是工宜機器、行宜鐵路之義也。

　　《論語》教民七年，可以即戎，不教民戰，是謂棄之。是武備學堂之義也。

　　《呂刑》「簡孚有眾，維貌有稽」。《王制》「疑獄，泛與眾共之」。是訟獄憑中證之義也。

　　《左傳》士傳言，庶人謗，商旅市，工獻藝，是報館之義也。

　　《列子》述化人，以穆王遠遊，西域漸通也。鄒衍談赤縣，以居臨

〔註65〕參閱《勸學篇·外篇·會通第十三》，同上，頁9764～9765。

東海，商舶所傳也。〔註66〕

最後他總結強調：「凡此皆聖經之奧義，而可以通西法之要指。」〔註67〕至於他的說法是否有充分根據，因非本文論述要點，所以暫置不論。

不管是化學、農學、工學，或軍事技術、到外國遊學，在中國古籍中都找到相關記載，不單反映了張氏知識通博，也展示他遇事靈活知通變的特色。至於西學源出中國說是否具正確性，則已無關宏旨，因為達到目的才是他著重的，難怪有學者評論他的思想包含著「實用主義」特質，即以「功效價值為判斷」事物的標準〔註68〕。

如何會通中西？張氏首先指出，「通」一義在「心知其意」，「若不通其意，則舊學惡新學」。要做到通知其意，須先放開成見，避免「新學、舊學互相訾謷」，假如採取「姑以為不得已而用之」這種態度去學習是不會收到多少成效的。他直言：「不通之害，口說紛啿，務言而不務行，論未定而兵渡江矣」〔註69〕，將陷國家、民族於危難中。所以會通之義，他說最重要在「知西學之精意」，然後摘其精髓來融「通於中學」〔註70〕。

如何通西學之精要，使與中學相接，於中西兼學後能融匯變化為一種有裨於實用的新學，張氏在《勸學篇》外篇提供了具體的理論和施行辦法，具體如：一遊學，二設學，三改學制，四廣譯，五閱報，六變法，七變科舉，八農工商學，九兵學，十礦學，十一鐵路諸篇，他都有清晰的論述和詳盡的實行法。在「會通」一篇他主要教人如何學習中西的精要，然後融會通貫，以獲得新知，助國家富強。

在外篇十五章中，他把遊學放在篇首，大概正是他認識到遊學收效速，最能濟治國之急用。所以他在《遊學第二》指出：「出洋一年勝於讀西書五年」，「入外國學堂一年勝於中國學堂三年」〔註71〕。他更舉日人伊藤博文（1841～1909）、山縣有朋（1833～1922）率眾到德、法、英諸國留學為例來做說明：

伊藤、山縣、榎本、陸奧諸人皆二十年前出洋之學生也，憤其國為

〔註66〕 見同上。
〔註67〕 參閱同上。
〔註68〕 參閱蘇雲峰《張之洞與湖北教育改革》，臺灣中央研究院近代史研究專刊（35），1976年，頁18。
〔註69〕 參閱《張之洞全集》第12冊，頁9764。
〔註70〕 參閱《勸學篇·序》，同上，頁9705。
〔註71〕 參閱同上，頁9737。

　　　西洋所脅，率其徒百餘人分詣德、法、英諸國，或學政治、工商，

　　　或學水陸兵法，學成而歸，用為將相，政事一變，雄視東方。〔註72〕

而俄國前國王大彼得，也親到英吉利、荷蘭兩國船廠當學徒十餘年；暹羅王遣
世子遊學英國，學水師，亦兼習西文和西學，他們全因出外遊學後，掌握了西
方致治之術，把新思想新技術帶回到國家實踐，然後走上富強之路。中國若要
自強，則一定要效法他人，改變「官無一知，士無一長，工無一技」，「外不遠
遊，內不立學」，「無心、無性、無能」，「將死於憂患」的現狀。出外遊歷，他
勸人要有「動心忍性」的堅毅，如此方可「增益其所不能」，因要成就大業，
必要經歷險難，這是遊學的要義，也是張氏的識見。但因遊學費用巨，人不能
多，「且必學有初基，理已明、識已定者始遣出洋」〔註73〕，如此方可見功速
而無弊，也「非天下廣設學堂不可」〔註74〕。說到底，辦學是國家長久發展之
計。他建議可仿西方學制興辦大、中、小學校，於各省、道、府各州縣宜設各
級學校，京師、省會設大學，道府設中學，州縣辦小學，中小學則是為升入大
學堂而備。既然要講中西會通，因此學堂必中西課程兼習，他提出：「一曰新、
舊兼學；一曰政、藝兼學。」「新、舊兼學」，即「四書」「五經」、中國史事、
政書、輿地，均屬舊學，西政、西藝、西史為新學。政、藝兼學，是指「學校
地理、度支賦稅、武備律例、勸工通商⋯⋯算繪礦醫、聲光化電」這些西政、
西藝；至於「西政之刑獄立法最善，西藝之醫于兵事有益」，也是「習武備
者必宜講求」的學問〔註75〕。

　　在學習分配上，宜有先後、主次的劃分：

　　　小學堂先藝而後政，大中學堂先政而後藝。西藝必專門，非十年不

　　　成；西政可兼通數事，三年可得要領。大抵救時之計、謀國之方，

　　　政尤急於藝，然講西政者亦宜略考西藝之功用，始知西政之用意。

　　　〔註76〕

他當時提出的西政、西藝，到新政推行新式學制時，其學堂和專科學校開設的
課程都是據此制定，使學生能有系統地學習西學。為強化士人的西學知識，他
又提出了變科舉考試辦法，改第二場專考西學，迫士子必因此兼習西學。他說：

〔註72〕見同上。

〔註73〕參閱同上。

〔註74〕參閱《勸學篇・外篇・設學第三》，同上，頁9739。

〔註75〕參閱同上。

〔註76〕見同上。

> 二場試以時務策五道，專問五洲各國之政、專門之藝，政如各國地
> 理官制、學校、財賦、兵制、商務等類，藝如格致、製造、聲光化電
> 等類，此為西學經濟。〔註77〕

考取功名，在中學之外更要通過西學的考核，方有資格進入第三場考試，這就
能讓有志於仕途者，踴躍自習西學，這突顯了張氏思慮的周密，也說明他為援
西入中的不遺餘力。由變科考內容、遞減科額，到停廢科舉，早已說明，西學
在他心目中佔據著重要位置。

要讓西學盡快普及於國民教育中，便得解決西學師資不足問題。他明白經
費短絀，難從外國大量聘請西師任教，於是提出從多譯西書，以自學入手作為
培養西師的一個捷徑，紓緩因經費不足、時間有限下不能得更多西師的問題。
為使人相信這方法可行，他舉近人以西書為師的自學法來說明其理：

> 近人若邵陽魏源于道光之季譯外國各書、各新聞報為《海國圖志》，
> 是為中國知西政之始。……無洋教習者以書為師，隨性所近，博學
> 無方……至各種西學書之要者，日本皆已譯之，我取徑於東洋，力
> 省效速，則東文之用多。……是惟多譯西國有用之書，以教不習西
> 文之人，凡在位之達官，腹省之寒士，深于中學之耆儒，略通華文
> 之工商，無論老壯，皆得取而讀之，採而行之矣。〔註78〕

張氏除教人以書為師，更教導國民多閱報章，由此獲取新知，達到去陋化蔽的
目標。他指出報章功能在「凡國政之得失、各國之交涉、工藝商務之盛衰、軍
械戰船之多少、學術之新理新法，皆具焉」〔註79〕。有關閱報之益，他的見解
更創一格：

> 乙未以後，志士文人創開報館，廣譯洋報，參以博議，始於滬上，
> 流衍於各省，內政、外事、學術皆有焉，雖論說純駁不一，要可以
> 擴見聞、長志氣，滌懷安之酖毒，破捫籥之瞽論，於是一孔之士、
> 山澤之農，始知有神州；筐篋之吏、煙霧之儒，始知有時局，不可
> 謂非有志四方之男子學問之一助也。〔註80〕

甲午戰後，張氏汲汲皇皇於西學的引進，曾對《時務報》、《湘學報》這些主力

〔註77〕見《勸學篇・外篇・變科舉第八》，同上，頁9749。
〔註78〕見《勸學篇・外篇・廣譯第五》，同上，頁9743。
〔註79〕參閱《勸學篇・外篇・閱報第六》，同上，頁9745。
〔註80〕見同上。

宣傳維新變法、附以譯介西方學術思想、新知為宗旨的報刊備加推許，曾稱《時務報》：「識見正大，議論切要，足見增廣見聞，激發志氣」，「凡所採錄，皆係有關宏綱，無取瑣聞」〔註81〕；《湘學報》因「不談朝政，不議官常」，宗旨在「開民智而育人才，講求中西有用諸學」，主要言學術，分史學、掌故、地輿、算學、商學、交涉六門〔註82〕，亦獲張氏嘉許，稱該報「大率皆教人講求經濟，時務之法」〔註83〕。對閱報的真正好處，張氏識見更超越同儕，他稱閱報之益，「博聞次也，知病上也」，理由是：

> 大抵一國之利害安危，本國之人蔽於習俗，必不能盡知之，即知不
> 敢盡言之，惟出之鄰國，又出之至強之國，故昌言而無忌。……近
> 人閱洋報者，見其詆訾中國不留餘地，比之醉人，比之朽物，議分
> 裂、議爭先，類無不拂然怒者，吾謂此何足怒耶？勤攻吾闕者，諸
> 葛之所求；諱疾滅身者，周子之所痛。古云士有諍友，今雖云國有
> 諍鄰，不亦可乎？〔註84〕

他把「詆訾中國不留餘地」的洋報比作諍友，相信這一番話不純是說給一般士人聽，更有暗勸朝廷不要諱疾忌醫，要知己身所病在哪，然後勤攻「吾闕」，始可免遭「滅身」之痛的立意，顯示了一位愛國儒臣的忠誠〔註85〕。

　　引進西學，阻力重重，張氏卻義無反顧地力加推廣。對於仇視西學，處處與西學為忤者，他斥這些人是自塞、自欺和自擾者。他的批評非常嚴厲：

> 自塞者，令人固蔽傲慢，自陷危亡。……自欺者，令人空言爭勝，
> 不求實事。……自擾者，令人眩惑狂易，喪其所守。〔註86〕

這些人反對西學，他認為是因他們「不觀其通」，以為「六經、古史之無明文」便「詆洋操為非」，「詆鐵艦為費」；那些「溺於西法者」，則「取中西之學而糅雜之，以為中、西無別，如謂《春秋》即是公法，孔教合于耶穌」，更甚者，有「略知西法者又概取經典所言而傅會之，以為此皆中學所已有」，他們有這種思想，全蔽於「不通」，導致了「務言而不務行」，對西學一直排拒，最終將

〔註81〕　參閱《湘撫陳購時務報發給各省書院札》，《時務報》第25冊，光緒二十三年四月一日。

〔註82〕　參閱《湘學報例言》，《湘學報》第1冊，光緒二十三年三月二十一日。

〔註83〕　參閱《戊戌變法》第4冊，神州國光社，1953年，頁553～554。

〔註84〕　見《勸學篇・外篇・閱報第六》，《張之洞全集》第12冊，頁9745。

〔註85〕　參閱同上。

〔註86〕　見《勸學篇・外篇・會通第十三》，同上，頁9766～9767。

因無應變之術，自招「論未定而兵渡江」〔註87〕，束手待斃的命運。身為朝廷命官，受清廷恩眷的他，無論如何是不能讓這種人阻礙新政的推行，陷國家於不義。

　　學有先後，事有主次，這是張氏力主在講求西學之先，必先習中學以固根本，用中學治身心，西學應世事的思想原則，在此前提下把中西之學兼容並蓄，便能發揮其最大效用。為了讓人明白其中道理、並有所遵循，他提出了一些行為標準。他說：

> 其心聖人之心，行聖人之行，以孝弟忠信為德，以尊主庇民為政，雖朝運汽機，夕馳鐵路，無害為聖人之徒也。如其昏惰無志，空言無用，孤陋不通，傲很不改，坐使國家顛隮，聖教滅絕，則雖銻佗其冠，神襌其辭，手注疏而口性理，天下萬世皆將怨之詈之曰：此堯、舜、孔、孟之罪人而已矣。〔註88〕

他表達得很清楚，就是不管慕西學之士，還是手注疏而口性理的傳統學者，只要其行為和心志是「以孝弟忠信為德，以尊主庇民為政」為指歸，行事合聖人標準，則已無害為聖人之徒。但是，對於一眾崇尚新學、鄙棄舊學、較少接受中學教育薰陶的年輕人來說，對於孝悌忠信、尊主庇民這一聖人理想，恐怕是信奉者少，遵行就更別說了。最後，張氏特別強調：「中學為內學，西學為外學；中學治身心，西學應世事」〔註89〕，這是會通中西之學必須遵循的基礎。

　　為化除國人之陋，知西學的精良，張氏在《農工商學第九》、《兵學第十》、《礦學第十一》、《鐵路第十二》等篇對西學均有詳細舉要說明，其中更有精闢論說，這裏僅舉《鐵路第十二》為例，由一見全。他說鐵路是士農工商兵五學之門，條說如下：

> 有一事而可以開士、農、工、商、兵五學之門者乎？曰：有，鐵路是已。士之利在廣見聞，農之利在暢地產，工之利在用機器，商之利在速行程、省運費，兵之利在速徵調、具糧械。〔註90〕

然後指出，鐵路一如人的氣脈，「氣脈暢通而後有運動」，運動之後則能使人「耳目聰明而後有知覺，心知靈通而後有謀慮」〔註91〕，這就是鐵路的功能。鐵路

〔註87〕 參閱同上。
〔註88〕 見同上，頁9767。
〔註89〕 參閱同上。
〔註90〕 見同上，頁9763。
〔註91〕 參閱同上。

的好處還在：

> 士有鐵路，則遊歷易往，師友易來；農有鐵路，則土苴糞壤皆無棄
> 物；商有鐵路，則急需者應期，重滯者無阻；工有鐵路，則機器無
> 不到，礦產無不出，煤炭無不敷；兵有鐵路，則養三十萬精兵，可
> 以縱橫戰守于四海。凡此五學，總之以二善：一曰省日力，一日可
> 治十日之事，官不曠，民不勞，時不失；一曰開風氣，凡從前一切
> 頹惰之習，自然振起，迂謬耳食之論，自然消釋泯絕而不作。〔註92〕

按張氏的分析，鐵路的好處於士農工商兵有百利而無一害。他論說鐵路之益，
除為建設鐵路事業掃除障礙，其實更著眼於強化西學的好處，使一向鄙夷農工
商、不屑習西學的士人放下成見，轉而成為農工商各界之首，這應是他要人會
通中西，「好學深思，心知其意」的深層意義了〔註93〕。

二、重義輕利與權利義務

　　張之洞在引入西學的同時，強調先以中學治身心，使人的行為有所規範，
「以孝弟忠信為德，以尊主庇民為政」為行事之標準，習西學只是為應付國事
日蹙，用以應世變〔註94〕。

　　可惜的是，一些新進青年，以為多讀了外國書，或到外國見識幾年，便以
為自己很了解近代西方社會民主制度的精髓，想要把人家西方經過數百年甚
至千年磨礪後，方稱完備的民主制度、民權思想搬到中國來，希望由此來改變
古老中國的面貌，扭轉衰敗的格局，未免過於理想化了。畢竟不同社會風俗、
民情，自有其生存的文化系統，不是把外國一套搬來照用即產生相同效果。只
是這些新進之士對清廷積弱早存不滿，對其緩慢改革已缺乏耐性，不滿政府的
言論與行動不斷升溫、深化，尤甚者，在甲午後一些極端之士，已視清政府為
腐敗無能，有意組織力量要推翻這個政權，建立一個屬於他們自己的政府。激
進的立憲派以及用驅除「韃虜」做排滿口號的革命派，對當時社會都發生著重
要影響。出身於兩湖書院的唐才常（1867～1900），可算是張之洞的學生，亦
深得張氏賞識，但他對慈禧太后所執掌的政權早有異議，於光緒二十六年
（1900）在上海與沈藎（1872～1903）、畢永年（1869～1902）等人組織「正

〔註92〕見同上。
〔註93〕參閱《勸學篇・外篇・會通第十三》，同上，頁9764。
〔註94〕參閱同上，頁9767。

氣會」，後改名「自立會」，不久復組織自立軍，自任總司令，以「不認通匪矯
詔之偽政府，聯合外交，平內亂，保全中國自主」為宗旨，並在「不認滿洲政
府有統治清國之權」〔註95〕，組織「勤王革命」〔註96〕，於八月底起事卻以
失敗告終。章太炎對唐的批評毫不客氣，說他不當「一面排滿、一面勤王，既
不承認滿清政府，又稱擁護光緒皇帝，實屬大相矛盾，決無成事之理」〔註97〕。
從章氏的批評，可以反映出當時思想界觀念之模糊、混淆。頗受張之洞尊重的
章太炎，年幼時已有排滿思想，參加排滿革命似是順理成章，光緒二十八年
（1902），他在日本發起了「支那亡國二百四十二年紀念會」，光緒二十九年
（1903）又為鄒容《革命軍》一書作序，公開宣傳革命。同年六月，因《蘇報》
事件與鄒容一同被拘〔註98〕。作為維新派另一重要健將梁啟超，在報刊宣傳維
新思想，其所論議內容極廣泛，且文筆帶情感，因而在社會發生巨大影響力。
對中國政治制度的發展，梁氏曾有過一番研究分析。他說：

　　自秦迄明，垂二千年，法禁日密，政權日尊，國威日損，歷代民賊，
　　自謂得計，變本加厲。〔註99〕

梁氏說這是君權日隆而人民權利日薄的原因，導致現在「治人者有權，而受治
者無權」的情況。由於「收人人自主之權，而歸諸一人」，這使君權變成了私
人之權，到了晚清君權日隆的情況更嚴重。現在的西方國則是「人人有自主之
權」，且可「各盡其所當為之事，各得其政」和應有之權利，其「公莫大焉」，
與中國的情況恰恰相反〔註100〕。

　　「戊戌六君子」之一的譚嗣同（1865～1898），認為上天生民的最初階段，
「本無所謂君臣」，因為「民不能自治」，於是「共舉一民為君」。所以是「民
擇君」，又因為是共舉，君的權利便「非甚遠於民」，並且是先「有民而後有君」，
即「君末也，民本也」。因為是民所共舉，「且必可共廢之」〔註101〕。這無疑

〔註95〕參閱唐才常《通告友邦書》。
〔註96〕1900 年 7 月 26 日，唐才常在上海愚園召開中國國會，參加者有文廷式、汪康
　　　　年、章炳麟（太炎）等五十二人，其中成員有來自各營的兵勇及長江水師者。
〔註97〕參閱馮自由《革命逸史》（二），北京中華書局，1981 年，頁 77。
〔註98〕《蘇報》創刊於 1896 年，1903 年章太炎曾刊登《駁康有為論革命書》一文，
　　　　公開昌言革命。
〔註99〕見梁啟超《論中國積弱由於防弊》（發表於 1896 年 10 月 27 日），《飲冰室合
　　　　集》第 1 冊，北京中華書局，1989 年，頁 96。
〔註100〕參閱同上。
〔註101〕參閱譚嗣同《仁學》，北京中華書局，1958 年，頁 50。

是批判清廷的君權過重，認為清政府應把權利還給人民，所以民權之議論在當時甚囂塵上。

　　張氏對當時民權說卻持不同見解，在《勸學篇・內篇・正權第六》一文，便對何謂民權做了詳細分析和闡述，認為中西有不同。首先，他謂民權一說，是「今日憤世疾俗之士，恨外人之欺凌」，而「倡為民權之議，以求合群而自振」，這是「召亂之言」，「無一益而有百害」，所以他要端正視聽，指出「外洋民權之說」，「其意不過曰國有議院，民間可以發公論、達眾情而已」，目的是「但欲民申其情，非欲民攬其權」，而翻譯者則「變其文曰『民權』，誤矣」〔註102〕。西方國家，凡事有法律依據，並非「人人有自主之權」〔註103〕。而西方法律的中心思想是：

> 國必有政，政必有法，官有官律，兵有兵律，工有工律，商有商律，律師習之，法官掌之，君民皆不得違其法；政府所令，議員得而駁之；議院所定，朝廷得而散之。謂之人人無自主之權則可，安得曰人人自主哉？〔註104〕

按上所言，若人人有權，人人皆得自主，從張氏角度言，則無疑會出現「家私其家，鄉私其鄉，士願坐食，農願蠲租，商願專利，工願高價」，且「子不從父，弟不尊師，婦不從夫」的混亂狀況，人類社會將因失序而招致毀滅。故「民權不可僭，公義不可無」，此所以外國有「自由黨」，它是本於「事事公道，于眾有益」作為辦事準則的，因此中文應譯為「公論黨」。這個公論制度，其實在中國早已存在，因我國「凡遇有大政事，詔旨交廷臣會議，外吏令紳局公議」，「一省有大事，紳民得以公呈達于院、司、道、府，甚至聯名公呈於都察院」，凡有任何忠愛國家的建議，均可上達朝廷，這樣政府自收「群策之益」，何必一定要立議院？且此時欲立議會，實時機未適當，因「中國士民，至今安於固陋者尚多，環球之大勢不知，國家之經制不曉，外國興學立政、練兵制器之要不聞」，所以在他觀念，只能待「學堂大興，人才日盛」，國民知識水平普遍提升後方可談民權、立議會〔註105〕。

　　張要說明的是，中國固有的個人權利觀，必須符合儒家傳統三綱五常的規

〔註102〕參閱《勸學篇・內篇・正權第六》，《張之洞全集》第12冊，頁9721。
〔註103〕參閱同上。
〔註104〕見同上。
〔註105〕參閱同上，頁9721～9723。

範，不得輕易踰越，「君為臣綱，父為子綱，夫為妻綱」，是我國「道之大原」，
禮政之本，因「天不變道亦不變」，故三綱五常是「不可得與民變革者也」；五
倫、百行，既是禮之大防，正如宋代歐陽修（1007～1072）在《辨左氏》中云：
「夫禮之為物也，聖人之所以飾人之情，而閑其邪僻之具也。其文為制度，皆
因民以為節，而為之大防而已。」亦即「《禮記・大傳》：親親也，尊尊也，長
長也，男女有別」之義。「三綱五常」在中國相傳數千年並無異義，是「聖人
所以為聖人，中國所以為中國」之理〔註106〕。因此他強調：

> 知君臣之綱，則民權之說不可行也；知父子之綱，則父子同罪、免喪
>
> 廢祀之說不可行也；知夫婦之綱，則男女平權之說不可行也。〔註107〕

繼而指出，西方上下有議院議事之權，而國君、總統則有散議院之權。此種權
利是有限制的權利，不是全無限制。但是一些「貴洋賤華之徒」，對於西方政
治、學術、風俗的優點懵然不知，只拿人家的「秕政敝俗」挪用到中國，欲「盡
棄吾教吾政以從之」，甚至「公然創廢三綱之議」，目的不外是想「舉世放恣黷
亂而後快」〔註108〕。這實在是他不能不加以批駁，以正視聽的。

庚子拳亂以後，張氏對開議院的態度則有一百八十度的改變——此時他
卻急欲開議院。他這種轉變在上《江楚三摺》前便露端倪，光緒二十七年
（1901），他在致劉坤一等人電文中提到設立議院一事：

> 變法有一緊要事，實為諸法之根，言之駭人耳。西法最善者，上下
>
> 議院互相維持之法也，中國民智未開，外國大局茫然，中國全局、
>
> 本省政事亦茫然。下議院此時斷不可設，若上議院則可仿行。〔註109〕

此時他主張開上議院而非上下議院同設。這個上議院，他提議可仿明朝廷推
法，讓所有大臣參與其事，建議政府所有官員均由公舉產生，辦法是：督撫
由司道府縣公舉，司道官員由府縣公舉，府官員由州縣公舉，州縣由通省紳
民公舉，甚至京官都由公舉產生，部院堂官由科道部屬公舉，科道由翰詹部
屬公舉，司員掌印由本部堂補者公舉，而每一職缺，推舉兩至三人，再由朝
廷欽定；其他各局員工匠亦可公舉本局的總辦。張氏認為公舉法自可根絕「賄

〔註106〕 參閱《勸學篇・內篇・明綱第三》，同上，頁9715。

〔註107〕 見同上。

〔註108〕 參閱同上，頁9715。

〔註109〕 見《致江寧劉制台等》（光緒二十七年二月十六日），《張之洞全集》第10冊，
頁8540。在該電文中，張自言：「鄙人主意多魯莽，思慮多疏漏，文筆亦艱
澀……鄙人有見必吐，有疑必爭，有善必從，有誤必改……。」

賂情面、庸劣尸位之弊」，但這個「中國官僚系統民主化構思」〔註110〕，張氏並未把它寫進《江楚會奏變法三摺》內，有可能是受到鹿傳霖變法須「逐漸變之，總期除弊興利，似不必拘定西學名目，授人攻擊之柄」的意見而暫緩納入〔註111〕。

　　對於「人人有自主之權」，張氏強調要在法律保障下方可實施，否則，這種自主權將被妄加使用，成為干擾或剝奪別人權利的利器。法國大革命〔註112〕對世界影響極巨，它所頒布的《人權和公民權宣言》〔註113〕，其中第四條對「自由」一詞有所定義：

> 自由就是指有權從事一切無害於他人的行為。因此，各人的自然權利的行使，只以保證社會上其他成員能享有同樣權利為限制。此等限制僅得由法律規定之。〔註114〕

任何人須在遵守法律前提下始可享有從事一切無害於他人的行動，這是保障人權的基本精神。「宣言」第六條對「法律」一義復作如下解說：

> 法律是公共意志的表現。全國公民都有權親身或經由其代表去參與法律的制定。法律對於所有的人，無論是施行保護或處罰都是一樣的。在法律面前，所有的公民都是平等的，故他們都能平等地按其能力擔任一切官職，公共職位和職務，除德行和才能上的差別外不得有其他差別。〔註115〕

顯然張氏頗認同上述主張，故建議先設立上議院，待民智已開，再設下議院。先有民意代表的立法機構，待法律制定並頒行後，人民可在法律保障下行使其公民權利，上、下議院的建立，是為實現「人人有自主之權」的先決條件。而在清末的十數年間，人權分子卻不考慮人權是否有足夠的法律條文予以保障，

〔註110〕參閱蘇雲峰《張之洞的中國官僚系統民主化構思——對張之洞的再認識》，臺北《近代中國史研究通訊》第 8 期，1989 年 9 月。

〔註111〕參閱《辛丑正月初十日鹿尚書來電》，《張之洞電稿》，中國社會科學院近代史研究所圖書館藏檔案，所藏檔甲 182～209。

〔註112〕法國大革命發生於 1789～1799 年期間。詳情請參閱《舊制度與法國大革命》（托克維爾著，何守源、趙颯譯，中華工商聯合出版）、《法國大革命的起源》（威廉·多伊爾著，上海人民出版社，2016）二書。

〔註113〕法語：Déclaration des Droits de l'Homme et du Citoyen，簡稱《人權宣言》，於 1789 年 8 月 26 日頒佈。

〔註114〕見法國《人權和公民權宣言》。

〔註115〕見同上。

執意用激烈手段來反對政府，完全漠視改革需要時間，凡事循漸進較諸激進收效更著的事實。其實，革命派利用出版物宣傳革命在法律完善的國家已屬違法。《人權宣言》第十條規定：

> 意見的發表只要不擾亂法律所規定的公共秩序，任何人都不得因其意見、甚至信教的意見而遭受干涉。〔註116〕

第十一條更說：

> 自由傳達思想和意見是人類最寶貴的權利之一；因此，各個公民都有言論、著述和出版的自由，但在法律所規定的情況下，應對濫用此項自由負擔責任。〔註117〕

庚子之後，英、美、德、法諸國表示若中國法律的改良能達致國際水平，可放棄其在華領事裁判權。清廷為此派袁世凱、劉坤一、張之洞保舉「熟悉中西律例」人士，進行法律修訂工作。但到光緒三十年（1904），成立修訂法律館，翻譯和研究東西各國法律，並整理中國法律舊籍，中國的法律改革，才算真正開始。此後數年，相繼完成了《大清民律》、《大清商律草案》、《刑事訴訟律草案》、《民事訴訟律草案》等一系列法典。《大清現行刑律》則在光緒三十四年（1908），按《大清律例》修訂，兩年後完成，宣統二年（1910）正式頒行。針對新進分子和年青學生過激行為，朝廷切實地做了一些防範措施，以阻止對西學西政一知半解的學生有過激行為，於光緒二十九年（1903）頒布的《奏定學堂章程‧學務綱要》中，已嚴格規定：

> 私學堂禁專習政治法律，近來少許躁妄之徒，凡有妄談民權自由種種悖謬者，皆由並不知西學西政為何事……耳食臆揣，騰為謬說。……其私設學堂，概不准講習政治法律專科，以防空談妄論之弊。〔註118〕

西學的傳入中土，使新進之士及年青一輩對傳統文化及其價值產生了懷疑，固有價值觀受到搖動。中國綱常倫理行之千年，以禮義為立身之本，是社會上一套約定俗成的共識，也是無形的律法，若新法未立，先廢舊俗，人人一任己意行使其權利，過激者結黨爭權，然後各為其黨奪利為個人謀，將使國不成國，受苦的會是最多數的一群。

〔註116〕 見同上。
〔註117〕 見同上。
〔註118〕 見舒新城《中國近代教育史資料》上冊，頁206。

張氏向來服膺孔、孟之教，奉「三綱為中國神聖相傳之至教，禮政之原本，人禽之大防」為圭臬〔註119〕。他指出：

孔子集千聖，等百王，參天地，贊化育。〔註120〕

我孔、孟相傳大中至正之聖教，炳然如日月之中天，天理之純，人倫之至，即遠方殊俗亦無有譏議之者。〔註121〕

孔子重禮與義，認為「禮以行義，義以生利，利以平民，政之大節也」〔註122〕，民生大利須從禮開始，合乎禮，然後再看是否合於義，合於義則可以生利。孔子在《論語·里仁篇第四》說：「君子之於天下也，無適也，無莫也，義之與比。」〔註123〕孟子（前372～前289）對梁惠王說：「王何必曰『利』？亦有『仁義』而已矣。」〔註124〕禮、義為孔、孟所倡的治國根本，如果失去了這「人倫之大防」，而新的法律又尚未制定以限制人們對社會應盡何種義務時，人人按自己的需要去追求個人權利，那麼整個社會便失去了規範，家不成家，國不成國，置國家於亂局。

為加強管理不正之風，學部於光緒三十二年（1906），奏請朝廷宣示教育宗旨，希望以「嚴辨義利，崇勵廉恥」來正本清源：

學術者本于人心，關乎風俗者也。古者學術之隆，人心之以正，風俗以純。後世人心漸漓，風俗日薄，而其弊轉受于學校，科舉之制，其始意非不甚善，自士人以為戈功名希利祿之捷徑，而聖經賢傳遂無與修齊治平。科舉以為斯世病。今朝廷停罷科舉，廣設學堂，倘不于設施伊始，辨明義利，以清本源，將在官者持自私自利之見以興學，為士者挾自私自利之心以應選，不特聖賢經旨禮教大防日即淪夷，即東西各國教育之真精神，學堂之真效果，亦無由得；而科舉之弊仍納入學堂之中。……嚴辨義利，崇勵廉恥。……並令編書各員守定宗旨，迅即編纂中小學堂教科書，進呈之後一律頒發。至

〔註119〕參閱《勸學篇·序》，《張之洞全集》第12冊，頁9707。

〔註120〕見《勸學篇·內篇·循序第七》，同上，頁9724。

〔註121〕見《勸學篇·外篇·非攻教第十五》，同上，頁9768。

〔註122〕參閱《左傳·成公二年》，《春秋左傳讀本》香港中華書局，1973年重印本，頁248。

〔註123〕語見《論語·里仁篇第四》，朱熹《四書集注》，陳戊國點校，岳麓書社，1987年，頁97。

〔註124〕語見《孟子·梁惠王上》，同上，頁291。

各省所編教科書，亦必認定宗旨呈由臣部核定，然後許其通行，庶
幾一道同風而邦基永固矣。〔註125〕

光緒三十三年（1907）八月七日，張氏入宮陛見太后時，對時局艱難，
有過一番建言。《申報》於 9 月 24 日「緊要新聞」《張中堂入京後近事》中
載述：

> 日前張中堂召對所陳者三事：一言宜速實行立憲……今宜先開下議
> 院並舉鄉官，凡鄉官皆須由民公舉，雖未必盡得其人，究可拔十得
> 五，斷不能由官派充。鄉官均由官派，即非立憲之意。二言大臣不
> 可有意見。三言近日所指為革命黨者大半係地方官邀功所為，其實
> 土匪之蠢動為向來常有，未必盡係革命黨云。……慈宮言至時局艱
> 難，聲淚俱下。……中堂奏稱……改良官制及一切立憲事宜不可躁
> 進。惟有參酌東西各國成法，體察我國情形，逐漸改良，次第舉行，
> 方為妥算。

面對洶湧而至的民主、民權的訴求，中國傳統價值受到猛烈的衝擊，張氏老成
謀國，處處顯露忠君愛國情懷，太后則對此急速轉變時局感到十分為難。晚清
末年，追求自由平權的運動愈演愈烈，到了宣統元年（1909），7 月 24 日的《大
公報》曾報道，指巡警「派偵探多名扮作購書之人分途查防」革命刊物，希望
禁絕社會亂源〔註126〕，可見社會內部紛亂動盪甚烈。

張氏力倡西學，本想借西學振衰去弊，建立實業以開拓國家利源，他在給
瞿鴻禨（1853～1918）書札中曾表示：

> 今日中國救貧之計，惟有振興農工商實業，勸導民間仿用機器製造，
> 以外塞漏巵，內開民智，尚是一線生機。〔註127〕

儒學傳統，向來重義不重利，對於追求實利，張氏曾如此辯解：「我所講求
者乃公利，並非私利，私利不可講，而公利卻不可不講。」〔註128〕儒家崇
尚的是「君子謀道不謀食」〔註129〕，為此，張氏屬僚辜鴻銘對他的義利觀

〔註125〕見舒新城《中國近代教育史資料》上冊，頁 224。
〔註126〕參閱《飭查違禁書籍》，《大公報》1909 年 7 月 24 日。
〔註127〕見《致瞿子玖》（光緒二十九年閏五月二十七日），《張之洞全集》第 12 冊，
　　　　書札六，頁 10285。
〔註128〕參閱辜鴻銘《張文襄幕府記・公利私利》，《辜鴻銘文集》上卷，頁 425。
〔註129〕參閱《論語・衛靈公第十五》，朱熹《四書集注》，陳戌國點校，岳麓書社，
　　　　1987 年，頁 235。

不無微詞：「當日孔子罕言利，然孔子亦講私利乎？」又問他：「《大學》言：長國家而務財用者，必自小人矣。然則小人為長國家而務財用，豈非亦系言公利乎？」使張氏一時無語。張氏辭世後，辜鴻銘回憶起光緒二十三年（1897），張氏上京陛見太后，順道回籍省親，將太后賜給他的五千金，連同平日廉俸的積蓄，捐資在家鄉建一所小學，名為慈恩堂，身故後卻家無餘財，一家八十口生活幾無著，使辜氏「憶昔年『公利私利』之言，為之愴然累日」〔註130〕。

　　三綱五常、重義輕利是儒家的價值核心，隨著西學的輸入，講求實用新知的新式學堂興起，傳統經學課程的比重日降，加上讀儒家經典多遭時人鄙棄，及至科舉停廢，不少學堂早把讀經規定視為一紙虛文，學堂不再讀經的話，儒家思想便缺乏發酵、宣講的場地，其核心價值不再受社會趨新之士、新型讀書分子的重視，是自然不過的。追求實學以助治生，是人的一種本能，且在新社會裏讀經出路窄，儒學慢慢退出歷史前臺似是歷史推進過程中無可避免的事實。

　　當大家在紛紛嚷嚷中急於尋找救國良策時，並沒有人停下來想一想，認真地思考一下，一個新思想、一項新改革、一番新舉措、或一個新建議，其中有多少是切實可行見諸成效的？有多少是行之反生流弊、對社會帶來傷害的？在這個世變日亟，春秋以來所未有過的亂局裏，不管是朝野上下，或新進後生、激進之士，似乎人人因為國家的貧弱而失去了耐性，也迷失了方向，因而缺乏冷靜下來思辯的能力，只求凡事要急變、速變、全變，而不知道改變一個舊制度、提倡一個新風氣，時間是成敗的關鍵。就以追求民主為例，不論是傳統學者或新學之輩，似乎視西方的民主為治中國政體的靈丹妙藥，而不問它是否適於中國本體，便把它移植到中國，結果如何，大家都知道答案。相信當時不少人對民主一詞真能理解的少，含糊其詞的多。大陸憲法學者王人博便指出，當年同盟會提倡三民主義，實際上大家對民主主義的內涵多感莫名其妙，民權主義一語不過是用來裝幌子，而「一班半新不舊的書生們，挾著趙宋、朱明的夙恨，和滿清好像不共戴天，所以最賣力的還是狹義的民族主義」〔註131〕。王氏的分析可謂一針見血，充分反映當時追求民主自由、追求革命有一種盲動性，對行動的後果缺少深思熟慮。

〔註130〕參閱辜鴻銘《張文襄幕府記・公利私利》，《辜鴻銘文集》上卷，頁425～426。
〔註131〕參閱王人博《憲政文化與近代中國》，法律出版社，1997年，頁288。

第三節　權衡新舊與中體西用

　　在清末急速轉變的時代思潮中，傳統與現代、中學與西學互相激盪，導致社會出現了三千年未有的大變局。自甲午戰後，張之洞便孜孜追求西學以振國勢，企圖由此助國家漸進富強，遂於新式教育內融入各種新學，以培養習知西學的建國人才，從實業學堂課程表，經學課程置於最後，甚或在晚間餘暇講習，顯示他在權衡新學、舊學的緩急主次下的權宜方策。國難當前，「聖道雖高雖美」，但若不能濟一時之急〔註132〕，便只好暫時置換位置，把能助中國快速富強的西學提到中學之前，至於聖教會否因此失去尊崇地位、或日漸失傳，他已沒太多時間去細加思量，因為保國是急務，國家存方有力保教，這是他的認識。不過西學雖重要，但他始終堅守一個原則，就是學堂不能廢棄讀經，不可離棄「聖人所以為聖人，中國所以為中國」這相傳已數千年的「五倫」「三綱」〔註133〕，因它是「神聖相傳之至教，禮政之原本，人禽之大防」的根基，他極力維護朝廷，是因為如《傳》所言：「皮之不存，毛將焉傅？」〔註134〕保民族不滅，維護家庭倫常有序、保社會秩序之穩定，國家存亡才是他關注的要件。

　　一個動亂不已的社會只會給家庭、個人帶來不同程度的災難。張氏要竭盡全力抑止這種局面的發生。為此，他在《勸學篇》的《同心第一》、《教忠第二》、《明綱第三》、《知類第四》、《宗經第五》諸篇（除《教忠第二》一篇可置而不論），其內容均是站在團結民族立場出發，用儒家「親親、尊尊」禮教倫常立言，以愛國為號召，希望在維護儒家倫理秩序下，使全國上下一心，共存共榮，齊力禦侮，最終達到「保國、保國、保種」的目的。可是他的強國藍圖——《勸學篇》一提出，便遭到維新激進分子的尖刻批評。梁啟超說它是「挾朝廷之力以行之，不脛而偶行於海內」，「是嘵嘵嚅嚅者何足道？不三十年將化為灰燼，為塵埃野馬，其灰其塵，偶因風揚起，聞者猶將掩鼻而過之」〔註135〕。另一維新分子何啟、胡禮垣於《勸學篇》出版翌年，即光緒二十五年（1899）對《勸學篇》進行了逐篇批駁，力斥「其志則是，其論則非，不特無益於時，然且大累於世」〔註136〕。在這沸沸揚揚眾口一聲要求變革、甚至要推翻清政

〔註132〕　參閱《勸學篇・內篇・同心第一》、《張之洞全集》第12冊，頁9708～9709。
〔註133〕　參閱《勸學篇・內篇・明綱第三》，同上，頁9715。
〔註134〕　參閱《勸學篇・序》，同上，頁9705。
〔註135〕　參閱梁啟超《飲冰室合集・專集》之二，頁7。
〔註136〕　參閱《〈勸學篇〉書後》，何啟、胡禮垣著，鄭大華點校《新政真詮五編——何啟、胡禮垣集》（中國啟蒙思想文庫），頁335。

權的激烈訴求中，要把各種思想歸於統一，使強國步伐趨於一致，是一件極困難的事，但卻是張氏生命最後十年的終極關懷。

一、權衡新舊的孤忠

在「外患日亟而士大夫頑固益深」，新者又「歧多而羊亡」的情況下〔註137〕，使張氏有「權衡新舊」之說〔註138〕。對新學和舊學兩派互相輕侮的原因，張氏在《勸學篇‧會通第十三》分析了兩派衝突源起於互不了解，但卻存有必須互相依存的矛盾：

> 今日新學、舊學互相訾謷，若不通其意，則舊學惡新學，姑以為不
> 得已而用之，新學輕舊學，姑以為猝不能盡廢而存之，終古枘鑿，
> 所謂「疑行無名，疑事無功」而已矣。〔註139〕

社會嚴重分化，改革便難成功。他深明消除兩派的嚴重分裂，是助新政順利推行的要素，了解新舊兩派「互相訾謷」，「皆由不觀其通」，因而向他們指出「不通之害」，然後開出「中學為內學，西學為外學」的施治辦法，認為中西兩學各具功能，中學可用於治身心，西學可用來應世事，若中西兩學融貫為一，由內而外，使人人有聖人之心，行聖人之行，新舊之學無所偏廢，人皆以「孝弟忠信為德」，士以「尊主庇民」為政，用聖人之道治國、修身，國家自無顛覆之慮〔註140〕。

對新、舊勢力的激烈對立，朝廷也作出了回應。光緒二十六年（1900）十二月初十日，兩宮尚在西安行在，便頒布「新政上諭」，明示改革圖強的決心，希望有識之士，不分新學、舊學、中學、西學，都要「酌中發論，通變達權」，以備朝廷甄擇施行：

> 現在議和，一切政事尤須切實整頓，以期漸圖富強。……嚴禁新舊
> 之名，渾融中外之迹。……而今之言者，率有兩途：一則襲報館之
> 文章，一則拘書生之成見，更相笑亦更相非，兩囿於偏私不化；睹
> 其利未睹其害，一歸於室礙難行。新進講富強，往往自迷本始；迂
> 儒談正學，又往往不達事情。爾中外臣工當鑒斯二者，酌中發論，

〔註137〕 參閱《抱冰堂弟子記》，《張之洞全集》第 12 冊，頁 10621；《勸學篇‧序》，
　　　　　頁 9704。
〔註138〕 參閱《抱冰堂弟子記》，同上，頁 10621。
〔註139〕 見《勸學篇‧外篇‧會通第十三》，同上，頁 9764。
〔註140〕 參閱同上，頁 9764～9766。

通變達權，務極精詳，以備甄擇。〔註141〕

社會上互相攻訐排詆，實源自新進之士與守舊讀書人二派各持一偏之見，使種種圖強事業窒礙難行。當下急務在「通變達權」，因為「窮變通久，見於大易。損益可知，著於論語」，只要「不易者三綱五常，昭然如日星之照世」〔註142〕，便可使「人才奮於下」，而「朝廷安於上」〔註143〕。

此時的張氏，對變革態度顯得更堅決，且更偏重新學的追求。為了回應上諭，他在光緒二十七年（1901）二月十二日給劉坤一電函中討論聯名上奏摺一事，其中表示「大抵各國謂中國人懶滑無用而又頑固自大，其無用可欺，其自大尤可惡」，用西法變革中國政體，他是「決定不移，更無他說」的，若「僅整頓中法」，他以為難「除二千餘年養成之積弊」，不過他也擔心「鄙論稍覺駭俗」〔註144〕，表現出對變法之慎重。劉坤一在回信中則謂「中國積習太深，欲求變通，必須從容易處下手，循序漸進，堅定不搖，乃有實濟，不至中輟」〔註145〕。稍後，他便與劉坤一等地方大員，聯名上奏《江楚會奏變法三摺》，在第一摺《變通政治人才為先遵旨籌議摺》提出了教育改革是變法首務的看法。

劉坤一對「中國積習太深」雖沒加解釋，但從張氏《勸學篇》批評社會上的三種人，即「自塞者」、「自欺者」、「自擾者」的內容來看，或可理解到「中國積習太深」的指向，在「自塞者，令人固蔽傲慢，自陷危亡」；「自欺者，令人空言爭勝，不求實事」；「自擾者，令人眩惑狂易，喪其所守」〔註146〕。他同時指出阻礙變法者亦有三種人，即「泥古之迂儒」、「苟安之俗吏」、「苛求之談士」。前二者大概指舊學人士，後者為新進。昏惰偷安的俗吏因為變法「必勞思，必集費，必擇人，必任事」，故藉迂儒「泥古之談以文其猾吏苟安之智」，所以二者相得，以美稱昏惰苟安之行曰「守舊」，使一切改革「皆廢弛欺飾而一無所為」。而「苛求之談士」，則在凡事不推原「國是之不定、用人之不精、責任之不專、經費之不充、講求之不力」，是改革過程中會出現的問題或困難，

〔註141〕 見中國第一歷史檔案館編《光緒宣統兩朝上諭檔》第 26 冊，廣西師範大學出版社，1996 年，頁 460～462。
〔註142〕 參閱同上。
〔註143〕 參閱《勸學篇·內篇·同心第一》，《張之洞全集》第 12 冊，頁 9707。
〔註144〕 參閱《致江寧劉制台發後轉成都奎制台》，《張之洞全集》第 10 冊，頁 8533～8534。
〔註145〕 參閱《劉制台來電》（光緒二十七年二月十四日），同上，頁 8535。
〔註146〕 見《勸學篇·外篇·會通第十三》，《張之洞全集》第 12 冊，頁 9764～9766。

對一切只「吹求責效」，如「學堂甫造而責其成材」、「礦山未開而責其獲利」，以致「事無定衡，人無定志」，因此「事急則無事不舉，事緩則無事不廢，一埋一揭」，終至一事無成〔註147〕。對阻撓教育改革之輩，他在《益智第一》便有所批評：

> 無如陋儒俗吏動以新學爲詬病，相戒不學，故譯書不廣，學亦不精，出洋者大半志不在學，故成材亦不多，是不學者負朝廷耳。……大率近日風氣，其贊羨西學者自視中國朝政、民風無一是處……甚且歸咎於數千年以前歷代帝王無一善政，歷代將相、師儒無一人才。〔註148〕

對於新、舊兩派人士各執己見，張氏大不以爲然。對於陋儒俗吏，他用本朝推重士人以感動之，因謂「本朝待士大夫最厚」，其優裕程度與重文輕武的宋代相等。又說「本朝立賢無方，嘉惠寒畯，辟雍駕臨，試卷親覽，寒士儒臣與南陽近親，豐鎬舊族一柄用」，況且「本朝待士有禮，既無失刑，亦不辱士」〔註149〕，認爲士人應有報效之心。然後他用古經義來深加解釋：

> 器非求舊惟新，《尚書》義也；學在四夷，《春秋》傳義也；五帝不沿樂，三王不襲禮，禮時爲大，《禮》義也；溫故知新〔註150〕，三人必有我師，擇善而從，《論語》義也；時措之宜，《中庸》義也；不恥不若人，何若人有，《孟子》義也。〔註151〕

對於新進之士，用朝廷爵祿誘之，實有違儒家重義輕利的原則，但亦可以看到身爲儒臣的張氏遇事通變的靈活性，以務實態度來處理問題。有學者對張氏的這種思想進行過分析，指出張氏追求富強的願望愈高，其「實用主義」思想的表現愈強〔註152〕，強烈的實用主義正是他有「功利」行爲的表現。辜鴻銘對

〔註147〕　參閱《勸學篇‧外篇‧變法第七》，同上，頁 9746～9748。
〔註148〕　見同上，頁 9736。
〔註149〕　張氏謂「本朝待士大夫最厚」、「無失刑，亦不辱士」當非事實，清代文字獄的嚴酷就是一有力實證，餘者更不必深論，所以這裏只能說張氏這些恭維朝廷的門面話，是因其地位崇，又屬朝廷命官，故不能不作此虛飾語。（參閱《勸學篇‧內篇‧教忠第二》，同上，頁 9709～9714）
〔註150〕　張氏自注云：「劉楚楨《論語正義》引《漢書》成帝紀：詔曰：『儒林之官宜皆明於古今，溫故知新，通達國體。』《百官表》：『以通古今，備溫故知新之義。』孔沖遠《禮記敘》：『博物通人知今溫古，考前代之憲章，參當時之得失。』是漢、唐舊說皆以溫故知新爲知古知今。」
〔註151〕　見《勸學篇‧外篇‧變法第七》，《張之洞全集》第 12 冊，頁 9746。
〔註152〕　參閱蘇雲峰《張之洞與湖北教育改革》，臺灣中央研究院近代史研究專刊（35），1976 年，頁 18。

張氏重利行為曾這樣記述：

> 憶昔年張文襄賞遣鄂省學生出洋留學，瀕行，諸生來謁文襄，臨別
> 贈言慰之曰：「生等到西洋，宜努力求學，將來學成歸國，代國家效
> 力，帶紅頂，作大官，可操券而獲，生等其勉之」云云。〔註153〕

對不能出國求學者，張氏則鼓勵人從事出版，翻譯西書事業，以便讓更多儒士
吏員有機會自讀西書，求得西學。他認為這樣做對大家都有益處：

> 有力書賈、好事文人，廣譯西書出售，銷流必廣，主人得其名，天
> 下得其用矣。〔註154〕

「主人得其名，天下得其用」，正是「實用主義」的最佳證明。按張氏的思路，
這種舉措「可為貧士治生之計，而隱有開物成務之功，其利益與石印場屋書等，
其功德比刻善書則過之」〔註155〕。

面對新人、舊人，新學、舊學，張氏都有周全的考慮，務求設計出一個可
包容各方思想、平衡各界訴求的新方案，只要有益於國家、有利於民族自存，
任何事都可接納。問題是當時人對於何者為新學，並非人人真懂，這也許是形
成新舊之間互相攻訐的重要原因。革命黨人馮自由（1882～1958）曾說：

> 庚子重創而後，上下震動，於是朝廷下維新之詔，以圖自強。士大
> 夫惶恐奔走，欲副朝廷需才孔亟之意，莫不曰新學新學。雖然，甲
> 以問諸乙，乙以問諸甲，相顧錯愕，皆不知新學之實，于意云何。
> 於是連袂城市，徜徉以求其苟合，見士大夫特書曰「時務新書」者，
> 即麇集蟻聚，爭購如恐不及。而多財善賈之流，翻刻舊籍以立新名，
> 編纂陳見以樹詭號。學人昧然，得魚目以為驪珠也，朝披夕哦，手
> 指口述，喜相告語：新學在是矣，新學在是矣。〔註156〕

這種描寫或有誇張成分，但亦隱約可見，在新舊交替時代、及西學激烈擊衝下，
社會上充滿著惶恐與無知。

二、中體西用與中學無用

最早提出中體西用的，應屬馮桂芬（1809～1874），他在第二次鴉片（1860）
戰爭後，於咸豐十一年（1861）發表了《校邠廬抗議》一書，其中分析了中國

〔註153〕見《張文襄幕府記·務外》，《辜鴻銘文集》上卷，頁 423。
〔註154〕見《勸學篇·外篇·廣譯第五》，《張之洞全集》第 12 冊，頁 9744。
〔註155〕參閱同上。
〔註156〕見馮自由譯，章炳麟校《政治學·序言》，廣智書局，1902 年。

之所以戰敗的原因，有四大方面不如外國〔註157〕，指出中國今後富強之道，在「製洋器」和「採西學」兩個方向，它將是幫助中國致於富強的最上善辦法。他的「採西學議」，是「以中國之倫常名教為原本，輔以諸國富強之術」為前提〔註158〕，認為兼採中西之法，是最佳之策。雖然馮氏沒直接說過「中體西用」，但其中體西用的主張已極明顯。

　　宋代程頤（1033～1107）曾提出「體用一源」說〔註159〕，大概是指事物有不能分離的兩面，如主次、本末、輕重、先後等。曾國藩也有類似說法，謂「以自立為體，以推誠為用」，薛福成（1838～1894）則說「恃工為體，恃商為用」，唐文治（1865～1954）有「理學為體，經濟為用」等語〔註160〕。

　　關於體用一詞，《勸學篇》出現過兩次，一在內篇《設學第三》：

　　　　其學堂之法約有五要：一曰新、舊兼學。四書五經、中國史事、政

　　　　書、地圖為舊學，西政、西藝、西史為新學，舊學為體，新學為用，

　　　　不使偏廢。〔註161〕

一在外篇《農工商學第九》，有「是工為體，商為用」〔註162〕，至於「中學為體，西學為用」這一流行語，遍覽《勸學篇》未獲，貼近其意的則有「舊學為體，新學為用」。無論是張氏所說「舊學為體，新學為用」，還是流行語「中學為體，西學為用」，都表明他的改革主張，在不離三綱五常之教的範圍。他的這種思想論調曾遭到不少批評，《東方雜誌》1909年第十期批評他「篤守儒家藩籬，與歐化不融，則又發為以中學為體西學為用之言，實墮宋人體用看成兩橛之迷障」〔註163〕。嚴復（1854～1921）在光緒二十八年（1902）《與〈外交報〉主人論教育書》中亦說：

〔註157〕馮氏謂：「人無棄材不如夷，地無遺利不如夷，君民不隔不如夷，名實必符不如夷。」（見《製洋器議》，《校邠廬抗議》，鄭大華點校，遼寧人民出版社，1994年，頁75）

〔註158〕參閱《採西學議》，同上，頁84。

〔註159〕參閱《伊川易傳‧序》，原句說：「至微者，理也；至著者，象也。體用一源，顯微無間。」（見《欽定四庫全書‧經部》，《伊川易傳卷一》，乾隆四十六年。《伊川易傳》亦稱《周易程氏傳》）

〔註160〕參閱王爾敏《清季知識分子的中體西用觀》，《中國近代現代史論集》第18編，臺灣商務印書館，1986年。

〔註161〕見《張之洞全集》第12冊，頁9739。

〔註162〕參閱同上，頁9754。

〔註163〕參閱《張文襄公大事記‧體仁閣大學士張公之洞事略》，同上，頁10726。另參閱《東方雜誌》第6年第10期，宣統元年九月二十五日。

體用者，即一物而言之也。有牛之體則有負重之用，有馬之體則有致遠之用，未聞以牛為體則以馬為用者也。中西學之為異也，如其種人之面目然，不可強謂似也。故中學有中學之體用，西學有西學之體用，分之則兩立，合之則兩止。議者必欲合之而為一物，且一體而一用之，斯其文義違舛，固已名之不可言矣，烏望言之可行乎？〔註164〕

嚴復雖然批評張氏體用分離的矛盾，以為牛體實不能馬用，但對於中、西之學，亦主張融會貫通：

然則今之教育，將盡去吾國之舊以謀西人之新歟？曰：是又不然。英人摩利之言曰：變法之難，在去其舊染矣，而能別擇其故所善者葆而存之。方其洶洶，往往俱去。不知是乃經百王所創垂，累葉所淘汰，設其去之，則其民之特色亡，而所謂新者從以不固；獨別擇之功，非暖姝囿習者之所能任耳。必將闊視遠想，統新故而視其通，苞中外而計其全，而後得之。其為事之難如此。〔註165〕

由嚴復主張以「自由為體，民主為用」來看，他所說的能「闊視遠想」、「統新故」、「苞中外」的人，應不會是指張之洞。

張氏主張「舊學為體，新學為用，不使偏廢」，實在有不得已的苦衷。內裏無非是要平息新舊兩派的紛爭，使歸於統一；面對不得不講西學，而中學書又汗牛充棟，在精力日力有限的兩難下，只得採取折衷主義，務使新學與舊學皆無所偏廢，故倡「中體西用」說，以為中西之學兼融並包，如此既可存中學，西學又能順利引入，意在兩存其美。為此他才設想了一個「欲存中學，必自守約始」的方法，主張由約入博來保存儒家經典。問題是此時他所列舉的儒書已是「損之又損」，教人讀經只取經義中「義主救世以致用當務為貴，不以殫見洽聞為賢」，認為由此一途可使「書種既存，終有萌蘗滋長之日，吾學、吾書庶幾其不亡乎」〔註166〕。若連此簡之又簡的讀書法仍覺繁難，則可再退而求其次，方法是：

如資性平弱並此亦畏難者，則先讀《近思錄》、《東塾讀書記》、《御批通鑑輯覽》、《文獻通考詳節》，果能熟此四書，於中學亦有主宰

〔註164〕見舒新城《中國近代教育史資料》下冊，頁990。
〔註165〕見同上，頁991。
〔註166〕參閱《勸學篇・外篇・守約第八》，《張之洞全集》第12冊，頁9726。

矣。〔註167〕

只要人讀《近思錄》等四部書，且寄望讀過這些書的人能「於中學亦有主宰」，無疑有點理想化。相較二十四年前他編撰的《書目答問》，其中開列書種達二千餘部，數量相當龐大，卻教人隨愛好選讀，二十年四後，在《勸學篇》，教人讀的經史書不及前者十分一，最後還把讀經範圍設到低無可低。他這種步步退讓的態度，或可說明了一個殘酷的事實，就是儒學本身已面臨著生存的困境，儘管張氏聲嘶力竭地高喊，要努力保存中學，但社會風氣的逆轉，他已無力挽狂瀾，只不過在思想深層裏，他仍然要盡一己之責，恪守儒者本分，盡力去維護傳統儒學的不墜，但在實際行動裏，卻又因為要救亡，亟亟於講求西學，表現出其矛盾、分裂的一面。他要保存中學的高遠設想，到最後便只流為一紙虛文，不管他內心如何重視儒學，但中學的地位，正是經他力興西學之後遭遇更大的厄運，儒學的境況已接近嚴復所說「盡去吾國之舊」的地步了〔註168〕。由於政府積極提倡西學，產生上行下效的影響，使崇西風氣日隆，便難怪時人深感中學的無用了。

出身於兩湖書院的甘雲鵬（1862～1941），在民國初年分析清亡原因時，對「中學無用」有這樣的看法：

> 持國是者，以為興學育才，非中西兼采不可，于是倡「中學為體，西學為用」之說。其一片苦心，固為國人所共諒也，而豈知分體用為二，其流弊不可勝言耶！晚近士習浮囂，喜新好異，假改造之說，以反古為能，但以中學為體，而中學無用之說，遂相因而起矣。中學無用之說，既喧哄于朝野，于是五經四子之書，束之高閣，堯舜禹湯文武周孔群聖人之道，棄若土苴。教育之方，既陵節而失次，治人之術，又不能正本而清源，風俗人心，由是大壞，而大亂作矣。星星之火，可以燎原，涓涓不塞，將成江河，分體用而二分之，其末流之弊，乃至于此，此豈當日持國是者所及料哉！〔註169〕

如果「體用」的分配，為公平的各佔一半，則中學有體無用的語病，或只屬資人笑柄，而對中學沒絲毫損害。問題是中西兩學相較，西學的切於實用和利於

〔註167〕見同上，頁9725。
〔註168〕參閱舒新城《中國近代教育史資料》下冊，頁991。
〔註169〕見甘雲鵬《體用一源說》，《潛廬續稿》卷一，潛江甘氏崇雅堂印本，1940年，頁2。

治生，中學之不切實用因而受到人們的輕視，自屬常情，何況新學制西學課程比重大，中學內容比重則按年級愈高內容愈少，加上政府的積極誘導、科舉被廢除，讀經可求得利祿功名的誘因消失了，讀經書的人自然減少。聖人之道，沒有了政治力量的推動，缺少學校這個可以閱讀、宏揚的廣闊基礎，被人視為末學，遭遇「棄若土苴」的命運是難以避免的。中國政治體制，一向以政教相維，朝廷沒有了這個互相依存、扶持的聖教相維護，加上長期的吏治敗壞、政教不修明，遭到人心的鄙棄，終被革命浪潮所推倒，結束其統治地位，也是歷史自然發展的結果。

本章小結

由保國先於保教論開始，到積極鼓吹國人去學習西學，繼而在新式學堂裏把中學課程減之又減，西學課程不斷增加，本是張氏為適應時局變化的權宜之計，沒想到世風逆轉，使他的保教理想，隨時局而煙消雲散。他以為，透過加強西學的學習，人才倍出之後，使各業皆有可用人材，國家便可由此追步西方強國的水平，國家強盛才有外交可言，才有抵禦外侮不被列強侵迫的本錢，聖教也繼而得到保存。可惜這個強國夢隨著庚子一役使國勢更衰微，加上地方督撫如劉坤一等可支撐晚清政局的大員相繼離世，有力與他一起扶持朝廷實現這強國理想的，只剩下袁世凱（1859～1916）了。到光緒三十四年（1908），一生大權在握、頗擅權術、又能平衡各方權鬥的慈禧太后先他離世，由年輕的攝政王扶助幼帝執政，一眾新貴卻不知國之將亡，任用非人，並一味收權中央，使本已劍拔弩張的滿漢關係進一步被激化，一向「公忠體國」的張氏勸阻不能，抑鬱極甚，至肝病復發，繼而沉痾難起，大半年後，即宣統元年（1909）的夏秋，他也繼慈禧而辭世了。

張氏花了大半生致力培養以天下為己任的讀書通人，這一願望最終仍無法達成，不能「保國」，就更不用奢言「保教」、「保種」了。他積極建立新學制，熱衷提倡西學，但隨著西學的大量引入，西方民主、自由、平等的思想迅速得到流播，提升了國人的新知，也擴闊了他們的視野，無疑為推翻不得民心的舊政權提供了眾多種子，助排滿革命之成功。辜鴻銘對於當時教育的效能，曾有這樣的分析：

> 士少則天下治。……士既少，故教之易成，祿之易厚，而用之亦易

當。……余謂今日中國不患讀書人之不多，而患無真讀書人耳。〔註170〕

事實也真如此，國民知識漸開，但國家政局卻並未因讀書人增添而獲得致治。1903 年加入興中會的劉成禺（1876〜1953），對清末無士的情況也有以下看法：

> 清末朝士，風氣卑劣，既非頑固，又非革新，不過走旗門混官職而已。故辛亥革命，為清室死節者，文臣如陸春江等，武臣如黃忠浩等，皆舊人耳，新進朝士無有與焉。向之助清殺黨人者，既入民國，搖身一變，皆稱元勳。朝有官而無士，何以為朝？清之亡，亦歷史上之一教訓也。〔註171〕

慈禧太后離世後，張氏在清廷宗室與新貴的權力角逐中，已不能發揮太多作用，光緒三十四年（1908）末擬刊刻早已編定的師友九家遺詩，包括他的業師韓超、好友劉書年劉肇均父子等。宣統元年（1909）夏，在病亟之期，預感生命將盡時，將未及刊印的詩命名曰《思舊集》，再補入另外八好友遺詩，計十七家，同時力求張幼樵、黃再同詩而未得，結果是詩集編選未成而去世，說明他對師友的繫念、關懷之情〔註172〕。為完備京師圖書館的建設，他在臨終前，仍撐著病體親手做了規畫工作，並手定學部編輯國民必讀課本的條目、體裁，為教育事業盡最後的努力。對圖書館的建成，他是寄予極大期望的，這也是他時常繫念的「書種既存，終有萌蘖滋長之日，吾學、吾書庶幾其不亡乎」之意〔註173〕。面對傳統文化的凋零，他能做的就只有這些了。所以有人稱他是在「悲涼中謝世」〔註174〕。

〔註170〕見《讀書人》，《辜鴻銘文集》下卷，頁 448。

〔註171〕見劉成禺《奔走權門扮演醜劇》，《世載堂雜憶》，山西古籍出版社，1995 年，頁 165。

〔註172〕參閱秦進才《張之洞著述版本舉要》，《張之洞全集》第 12 冊，頁 10863；胡鈞《重編張文襄公（之洞）年譜》，頁 283。《思舊集》於民國十七年始出版。

〔註173〕參閱《勸學篇‧內篇‧守約第八》，《張之洞全集》第 12 冊，頁 9727。

〔註174〕參閱謝放《張之洞傳‧秋風送殘年》，廣東高等教育出版社，2004 年，頁 415。

第六章　結　論

　　本研究先從考察與論題有關的主要參考資料開始，然後扼要論述張之洞的一生事跡，包括他拜師受業、參加科考、晉身仕途，到晚年躋身權力核心的歷程，並探研其「通經致用」教育思想在孕育、形成、發展和實踐過程中，與歷史進程之間的一些互動關係和變化。同時也透過論述代表他思想的三部主要著作：《輶軒語》、《書目答問》、《勸學篇》，來了解其「通經致用」教育思想的本源、其中核心價值與時代意義。此外，本文也嘗試從張氏一生從事教育活動的一系列舉措：從創建書院到書院改章、以至創設新學制，從整頓科場到廢除科舉，復倡設通儒院、存古學堂以保國粹等等，追尋他「通經致用」教育思想的本旨及其中轉化的歷史因素。最後，本文嘗試對張氏「通經致用」教育思想的價值和局限進行分析、探討。面對西方列國的強大軍事威脅，為何他仍持守「保國、保教、保種」的信念；處於守舊與維新派的激烈衝突中，他又如何努力地要「權衡新舊」，以平息眾爭；面對西力衝擊，他卻能持開放、接納的態度，提出用「中學為體，西學為用」來吸收西方文化精髓，期望透過「會通中西」一途來化解自身文化的危機。當審察張氏在晚清所辦各類實業學堂、各種農工商礦事業時，他的行為早已超出一向嚴義利之辨的儒家價值系統，一向嚴守儒家教訓的他又是如何處理「私利不可講，公利卻不能不講」此一理想與現實間彼此矛盾的困局？同時本文也會研究這位積極維護正統儒學的「儒臣」，因為教育救國的需要，不得不力倡西學，結果出現了西學傳播日速，中學消亡日急的情況，雖然他力主學堂不能廢棄讀經，主張以「中學為體，西學為用」理論來達成曲線保教救國目的，但西學的興盛最終導致了「中學無用」，

使其以儒學為教的理想最後功敗垂成。

在研讀張氏史料，並在論述、分析探尋的過程中，發現張之洞的教育思想，從謹守傳統「通經致用」範圍，漸次向西學轉化，最後出現了「中體西用」代替「通經致用」的深層轉化〔註1〕，無疑是受大時代的逼迫而導致此種結果。由「中法戰爭」（1884）開始到「中日戰爭」（1894）的發生，正是促使他思想急速轉變的重要關鍵。國勢積弱，在「學術維人才，人才維國勢」的思想牽引下〔註2〕，張氏由「保守」逐漸走向「開明」。興學育才，由注重傳統經學通人的訓練，開始偏向西學的講求，且陸續興辦各類工商實業。有人批評他這種改變是「急功利而忘道誼」〔註3〕，遠離了儒家嚴義利之辨的價值範圍，但在考察張氏一生所辦實事及其所呈現出來的行事作風，卻給人這樣的印象：無論他如何變，其實都嚴守在儒家思想範圍內，雖然為救國強國，在「公利不可不講」下，為了振興經濟，他大辦各種自強事業；為廣興人才，他創辦各類實業學堂，其目標全放在如何利國計、實民生之上，從不為個人謀，嚴格恪守儒家不講私利的原則，以致他身故後出現「一家八十口生活幾無著」的困境〔註4〕。這種高雅品格，正好說明他內藏深厚的儒家傳統和「用世」思想〔註5〕，心中繫念的常是如何利民濟世的聖人之教。從他推尊范仲淹（989～1052）、顧亭林（1613～1682）等以經世為務的儒者便可資證明〔註6〕。

讀書求實學，明聖人之道，通曉時務，是為了他日為官治事，能負起利民濟世、助國家修齊治平的真正職能，也是張氏為學與做人的一貫宗旨。如何實現儒家讓民足食足用這一理想，繼而維持世道人心之美，是張氏「通經致用」

〔註1〕 龔書鐸、黃興濤在《「儒臣」的應變與儒學的困境：張之洞與晚清儒學》說：「『中體西用』代替『通經致用』，成為儒學維護自身而又適應現實環境的有力武器。……可以說是儒學『會通』西學的一種模式、一種努力。」（參閱《清史研究》1999年第3期，頁82）

〔註2〕 參閱《籲請修備儲才摺》（光緒二十一年閏五月），《張之洞全集》第2冊，頁989。

〔註3〕 參閱《創立存古學堂摺》，《張之洞全集》第3冊，頁1766。

〔註4〕 參閱辜鴻銘《張文襄幕府記·公利私利》，《辜鴻銘文集》上卷，頁425～426。

〔註5〕 余英時指出：「所有儒者都有用世的願望。」（見《清代思想史的一個新解釋》，《中國哲學思想論集·清代篇》，臺灣牧童出版社，1976年，頁29）

〔註6〕 在《勸學篇·內篇·同心第一》他推舉范文正「以天下為己任」的秀才精神，也讚同顧亭林「保天下者，匹夫雖賤，與有責焉」的觀點。（參閱《張之洞全集》第12冊，頁9707）

教育思想的中心所在。當國家處於和平時代，他教士讀書，用「平實可行」、「博通今古，無淺陋者」為原則〔註7〕，要士人通經，明世務，是要他們一旦「筮仕登朝」於國家於民生都有所作為。他辦經心書院、尊經書院、令德堂書院、廣雅書院及早期的兩湖書院，都以「通經學古」為課士宗旨〔註8〕，可說是他「儒學正統」思想的深切體現。但當外患日亟，民族生存面臨危亡之秋，儒家的用世思想，又促使他作出適時之變，因事而制宜，他由緩步引入西學、到積極提倡，然後由純粹引入西藝西學到擴大為採納能「補吾闕」的西政、西法，其轉變之大，難怪有學者稱他是「急進保守者」〔註9〕。如果細心梳理其轉變原因，他這種「實用主義」行為，其實是儒家救世行道思想的另一種體現。因為儒家講「明道救世」〔註10〕，講如何利民，只要所做的事不離道便不構成矛盾。改定兩湖書院課程，增加西學比重，興辦各種圍繞在發展經濟議題上的實業學堂都是有力證據。之後創建師範學堂，在培養普及教育所需各級師資時，卻未忘傳承聖教職任，因而嚴格規定所有新式學堂必須讀聖人經典，把教育理想切實地落到實踐去，這是他辦教育始終堅守的一項大原則，也正是他辦教育成功的要素。

　　張氏始終如一地把聖人之教貫徹在所辦的教育事業中，充分體現出其一生的信念和終身追求的理想目標。即使到他晚年提倡設存古學堂以保國粹，其實也是在此思想指引下的一個自然表現。有人批評他這一行動是守舊、迂腐、倒退的，這種批評大多出於不真正了解張氏思想而起。假如從他思想發展的脈理來追蹤、觀察，由他參加科考開始，到他出任教育官以至升任地方督撫，完全可以找到儒家思想植根其中的深刻性和一貫性。因此當他看到西學大興，儒學深受時代新潮所冷落，且出現凋零情況時，儒學衰亡的憂思，促使視維持世教為職志的他，驅動他本能地起而捍衛之，積極想辦法去補救如何來維持儒學的地位，衛護文化傳統不被西風所淹沒，正是他上奏請清廷允准設立存古學堂，同時要各省量力仿辦的主要因素。

〔註7〕　參閱《輶軒語・語行第一》，同上，頁9772～9778。
〔註8〕　參閱《張之洞全集》12冊，聯語，頁10459。
〔註9〕　李國祁是就張氏《勸學篇》極力主張宗經守約，以強烈的儒家教育，來穩定國人思想、堅定國人信仰，激發國人愛國熱情這一立場而提出此觀點的。（參閱氏著《張之洞的外交政策》，臺灣中央研究院近代史研究專刊〔27〕，1960年初版，1984年再版，頁25）
〔註10〕　參閱余英時《清代思想史的一個新解釋》，《中國哲學思想論集・清代篇》，臺灣牧童出版社，1976年，頁35。

　　對儒家信仰始終執著如一，不因時代、學風、人心的丕變而有所易改，理論與行為又能一貫地相契合，這需要極強的信念和高度的自覺，更須有堅定的意志和識力。擇善固執，不為邪說所惑，要勇氣，更要具備遠見的胸襟以及一顆極清明的心。對本體文化充滿自信，並能始終躬行實踐，把教育理想盡量落到實踐去，正是湖北教育成功，中國教育近代化得到迅速推展的重要關鍵，而張氏於此居功至偉，這是研究張氏教育思想帶給我最深切的感受。

　　「三綱五常」之說，本非原始儒家之旨，只因漢代有中央集權的政治需要而提出，這使原始儒家君君、臣臣、父父、子子本來對等的人際關係，變成君為臣綱、父為子綱、夫為妻綱的主次關係，目的是便於統治國家，維護政權的穩定性。自漢以降，三綱五常便成為歷代執政體治國的核心內容，亦是儒家思想的主要體現。

　　用三綱五常治國，好處是使社會秩序在相對穩定及和諧的狀況下順利發展。二千多年來，中華民族之能綿延不絕，並發展出一套有獨特色彩的文化傳統，相信儒家「親親」、「尊尊」……長幼有序的五倫之教居功厥偉。然而自清末以降，隨著西方商業貿易的不斷輸入、西方教士獲准在中國大片地區內傳教開始，加上西方列強屢次用軍事力量來威嚇中國，志在換取在華最大利益，這種種舉措都對本土經濟、文化、學術思想乃至政治制度層面諸方面，帶來前所未有的衝擊和影響。在甲午之前，清政府對國際形勢尚未清醒而有全局的了解，對西方強國在軍事上的多次侵迫，仍抱苟且求存心態，未有往奮力整頓吏治、改革陋弊、重振經濟的方向推進，因此當甲午一役被日本打敗，被迫接受《馬關條約》：向日本割要地賠巨款的屈辱條款，使國體尊嚴盡失，由是引起社會上下求變的巨大訴求，維新思想乘時而起，排滿革命言論開始充盈朝野，始迫使朝廷略知振奮，而有戊戌維新之舉。然而不百日卻因宮廷權鬥而使變革之舉無疾而終，隨之而來的是另一次更深重的國難，義和拳事件和八國聯軍攻陷京師一役，清廷又被迫簽訂了《辛丑條約》，對清政府以致國家民族言，它更是一次沉痼難救的災難。

　　光緒二十七年（1901），經歷屈辱而深重的打擊後，朝廷脅於內憂外患，憂政權的喪失，不得不順應輿情求變，著意推行仿效日本明治維新的新政，進行教育、官制、經濟、法制、政制諸方面的改革，亦對社會上民權、立憲的訴求有所回應，在極短時間內匆匆推出一連串新措施。可惜，在國體最衰弱之期推出如此急驟的救亡舉措，能否發揮起死回生功效頗難預計，反之或會引起反

效果亦屬可能。忽忽推出的救亡舉措，不容易獲得地方官員、士紳和全體國民的諒解和支持。畢竟新政推出愈繁，推行愈急，觸動既得利益者亦愈眾，引起的反彈亦愈大。例如官制改革，把原本地方督撫擁有的治權和司法權收歸中央，無疑是製造地方與中央爭權的矛盾。官制改革，本意在化解滿漢畛域，使漢人獲得與滿人同等待遇，結果卻加劇滿漢間的裂痕。外患未去，而內部矛盾、衝突日甚，為排滿革命者提供了「造反」條件，革命黨終於推翻了滿人的執政權。中國政治體制一向政教相維，隨著舊政權的退出，二千多年來獨尊一方的舊學——儒學傳統，也遭到人們的鄙棄，一蹶不起。

張之洞出身儒學世家，對於儒生論政，他有過如下言論：

> 余性魯鈍，不足以窺聖人之大道學術，惟與儒近。儒之為道也，平實而絀於勢，懇至而後於機，用中而無獨至，條理明而不省事，事志遠而不為身謀，博愛而不傷，守正而無權，必其並世得位，有數千百儒者與之共修一道，其道乃明；共舉一事，其功乃成，否則可以為博士而不可使長一城。余當官為政，一以儒術施之，以故困其躬、亡其精而功效蓋寡，其學卒如上壁之難行。〔註11〕

從這段自述，顯示張氏頗有自知之明，且見解獨到。「平實而絀於勢，懇至而後於機，用中而無獨至，條理明而不省事」等語，可視為他對地方主政得失的自我評價。由學政而督撫，即使期間受到彈劾，他的官位未受絲毫影響，其官運可謂一路亨通，而且地位日崇，最後更獲邀入主軍機處，成為太后倚重的謀臣〔註12〕，深受慈禧恩眷是一個原因，而其行事為人一本儒家聖人之訓為準則，愛國愛民，勤奮而懇至，也是關鍵。他的得力幕僚辜鴻銘稱他為「儒臣」，有其合理和中肯的一面。辜氏說：

> 張文襄儒臣也，曾文正大臣也，非儒臣也。三公論道，此儒臣事也；計天下之安危，論行政之得失，此大臣事也。國無大臣則無政，國無儒臣則無教。〔註13〕

〔註11〕見《傳魯堂詩集序》（光緒十八年五月），《張之洞全集》第12冊，古文二，頁10057～10058。

〔註12〕陳衍於《張相國傳》云：「同治間，大亂初定，朝廷尚就業開言路，言者競進，頗黨伐同異，久而孝欽太后厭之，獨之洞多上書陳政事，不以參劾為能。光緒初，由內閣學士簡授山西巡撫，京曹久不放疆史，倚畀之重自茲始矣。」（參閱《張之洞全集》第12冊，附錄三，傳記資料，頁10736）

〔註13〕見辜鴻銘《張文襄幕府紀聞·清流黨》，黃興濤等譯《辜鴻銘文集》上卷，頁418。

擔任一省學政，張氏便肩負儒師之責，於新政期間，身為朝廷大臣，他更兼政教於一身。因此，對動搖政體的思想或學說，他以護航者自任，皆視之為「邪說」。例如對維新派的民權說，他在《正學報·序例》作出系統而理論性的批駁，指責康有為、梁啟超是：

> 廢棄五經，主張民權，謂君臣父子為平等，謂人人有自主之權，謂孔子為教王，不用國家建元之號紀年，創為化貧富界之說以誨盜，創為化男女界之說以誨淫，創為化中外界之說以誨叛亂，創為弭兵之說以誨分裂。〔註14〕

張氏的尊君立場，受到維新派及激烈分子的批評，如何啟、胡禮垣便把他的《勸學篇》批駁得體無完膚，說他「其志則是，其說則非，不特無益於時，然且大累於世」〔註15〕。張氏對二氏的批評也逐一回應曰：

> 宗旨專助康梁，其尤力駁者《教忠》、《明綱》、《正權》、《宗經》數篇，謂鄙人《教忠》篇稱述本朝「十五仁政」條條皆非，痛詆國家，改為「十五不仁」，一也。謂「君臣父子三綱」之說為非古，二也。謂只當有民權，不當有君權，三也。謂中國經書不當信從，四也。此人此書，可謂喪心病狂無忌憚。〔註16〕

張氏以儒臣自居，恪守儒家教義是其本份〔註17〕，可惜處在新舊思潮彼此對壘的夾縫中，令他尊君愛國、心懷民族的儒家之愛無法得到宏揚，而且在追求自由、平等、民有其權的思潮下，儒家的綱常名教備受何啟等新派人士的圍攻，必棄之而後快，令他憂憤難抑，遂予以嚴厲反擊，顯示他面對新思潮有點進退失據，無法冷靜下來。歷史的巨流並非單靠一兩位政治人物的力量可挽狂瀾，而清廷的不知求進、凡事苟且偷安的政治文化，給了革命黨迅速壯大的機會。辛亥革命的成功，滿清政權終被迫退出歷史舞台，與政權相依共榮的儒學，亦

〔註14〕見《張之洞全集》第 12 冊，古文二，頁 10069。

〔註15〕語見《〈勸學篇〉書後》，何啟、胡禮垣著，鄭大華點校《新政真詮——何啟、胡禮垣集》（中國啟蒙思想文庫），頁 335～336。

〔註16〕見《致保定袁制台、江甯劉制台》（光緒二十八年二月二十日），《張之洞全集》第 11 冊，頁 8754。

〔註17〕對儒家教義，錢穆先生有這樣的釋說：「中國儒家教義，主張盡性成德，乃是每一人之最高最大的自由。⋯⋯由此來達成全人類最高最大的平等⋯⋯人皆可以為堯舜。儒家教義由此理想來教導人類，此為對人類最高最大之博愛，即孔子之所謂仁。」（參閱《中國歷史上的傳統教育》，《國史新論》，頁 195）

隨之淡退。新政權與新教育制度的誕生和新文化的興起，守舊的儒學自被新進之士視為迂腐，無法再以一種新生命乘時再起。綿延二千餘年的文化傳統於此斷裂。之後因戰爭連年，遂使百年來的社會一而再地遭受政治、文化學術兩大層面的洗劫，其遺害於今日隨處顯現：人心日劣，道德日壞，這恐怕是張氏難以想像和預計得到的情境。

　　清初學者如顧炎武、黃宗羲、王夫之（1619～1692）等認為，明末理學棄《五經》而學《語錄》，令明亡於異族，正是明末空談誤國之根本，有鑑於此，於是主張恢復經世致用之學。顧炎武所主「博學於文，行己有恥」的學風，對明人空談心性的理學有所修正，稱義理必須取諸經典，因此提出「經學即理學」。黃梨洲則倡以淵博的知識來支持道德性理，謂「讀書不多，無以證斯理之變化」，要人讀書不限於經學，想有用於世，必須讀歷史，與時代越接近之歷史尤其重要。王船山則視人的靈明，要靠見聞知識來培養和啟發，所以「尚格物窮理致知之學」。黃梨洲的《明夷待訪錄》、王船山的《噩夢》、《黃書》，便是為政治社會秩序指示出路；顧亭林的《日知錄》和文集，則在「留心歷代風俗以及封建制和郡縣制的利害得失」上把「儒家經世觀念」「發揮得最淋漓盡致」的，是「顏元、李塨」〔註18〕，這是現代學者余英時的觀點。因顏元曾指出，儒家修、齊、治、平之教，都與實在事物相聯繫：

> 必有事焉，學之要也。心有事則存，身有事則脩，家之齊國之治，
> 皆有事也。無事則道與治俱廢，故正德利用厚生曰事，不見諸事，
> 非德非用非生也。德行藝曰物，不徵諸物，非德非行非藝也。〔註19〕

儒家通經致用之學，理想高遠，每於誠意正心出發，致治然後平天下，其個人或已行之不易，況於普及教育之後，儒學遭到歷史的冷待，聖人之學已無法得到廣泛的宏揚，在這種情況下，要求一國之人去追求此理想，實在是脫離了現實。

　　書生執政，是中國行之有效的文官制度，《論語》曾云：「學而優則仕，仕而優則學。」〔註20〕這是歷代精英政治的本始，但「天下熙熙，皆為利來；天

〔註18〕參閱余英時《清代思想史的一個新解釋》，《中國哲學思想論集‧清代篇》，臺灣牧童出版社，1976年，頁28～34。

〔註19〕見戴望撰《顏氏學記卷一‧習齋一》（十卷），《清代傳記叢刊》，明文書局印行，光緒二十年刊本。

〔註20〕語見《論語‧子張第十九》，朱熹《四書集注》，陳戌國點校，岳麓書社，1987年，頁275。

下攘攘，皆為利往」〔註21〕，清末最後十年，正是秦將失其鹿，而天下伺機共逐之之勢，一個書生，雖手執一方大權，卻如何有力挽大廈之將倒？晚清衰弱之局，在曾國藩時代已危機四現，這從曾氏的書信中略見端倪。他在《覆陳俊臣》信中說：

> 天下滔滔，禍亂未已，吏治人心，毫無更改。軍政戰事，日崇虛偽。
>
> 非得二三君子，倡之以樸誠，導之以廉恥，則江河日下，不知所屆。
>
> 默察天意人事，大局殆無挽回之理。〔註22〕

此信寫於咸豐辛酉年（1861），從曾氏一句「大局殆無挽回之理」，顯示他對未來的悲觀。請再看曾氏對他身處時局的感慨之言：「今人心日非，吏治日壞，軍興十年，而內外臣工惕厲悔禍者，殆不多見。」〔註23〕反映了晚清吏治之壞，說明晚清政治的衰頹在曾國藩時期已呈敗象，到數十年後，其困窮更到了欲救不易的階段。縱使張之洞是繼曾國藩之後晚清政局另一位中流柱石人物，但清廷的不知振奮，不知修明政體，使內亂頻仍，外患日亟，對外的不斷屈辱求存，都是致命病源，即使過了數十年，仍無法振衰去弊，最後更以失敗終結，實在與人無尤。

　　張氏一生，作為一個儒生來說，是成功的，他畢生恪守孔孟之教，嚴守義利之辨，忠君愛國，無時或忘。但他所努力的教育事業，沒能為國家培養出真以天下為己任的志士人仁，反而造就了不少革命分子；所辦的各種實業雖有助於近代經濟的發展，卻無法助滿清政府真正強大起來，避過終結的厄運；他竭力提倡「通經致用」，要人讀儒家的聖經賢傳，但儒學始終遭到時人的鄙棄。一切皆與張氏的主觀願望相背離。張的摯交陳寶琛，在張氏的《墓志銘》上有這樣一席話：

> 公抱體國之忠，救時之略，膺疆寄垂三十年，英流碩彥群翼公持鈞
>
> 軸奠區夏者殆十年、二十年……公為政經畫恢宏，而綜理微密，千
>
> 條萬端，一心默識。〔註24〕

張氏晚年因「道孤志勵」而致「氣鬱慮煎」，生命將盡之際，仍繫念於教育事

〔註21〕參閱司馬遷《史記‧貨殖列傳第六十九》卷一二九，第10冊，香港中華書局，1969年，頁3253。

〔註22〕見曾國藩《覆陳俊臣》，書札十二，轉引自錢穆《中國近三百年學術史》下冊，北京商務印書館，1997年，頁646。

〔註23〕語見曾氏《覆吳竹如》（書札九），轉引同上，頁645。

〔註24〕見陳寶琛《墓志銘》，《張之洞全集》第12冊，附錄一，頁10659～10660。

業，尤其是「亟亟於普建存古學堂、圖書館」〔註25〕，於維護傳統文化上盡最後努力。恰如陳氏所言：

> 公之忠規密謨，關係斯文之興壞，非獨天下安危而已。〔註26〕

一身而兼政教之任，而以教為先，卻終至政教俱亡，可算是張氏一生的遺恨。但如果從錢穆先生對教育的看法：「教育制度建立在上，而社會風氣則鼓盪在下。」由此認為「由政府辦學，學校興衰，終視政治之隆污而判。」〔註27〕張氏既為「關係斯文之興壞」而竭力辦教育事業卻未竟成功，非他一個人或一兩位大吏所可達致，則張氏個人的遺恨，只能怪歷史的發展不以他個人意志向前推移，而是用曲折的形式向前進，使張氏的願望與結果無法合而為一。故錢穆先生又指出：

> 振衰起弊，承先啟後，能發揮絕大功能者，在師不在學校，又每在
> 野而不在朝。〔註28〕

這無疑點出了張氏願望無法達成之原因。而「師道所貴，在為師者之人格及學問」〔註29〕，張氏雖竭一生之力以聖人為訓辦新式教育，惟終無法培養出具聖人之資的儒師，起善俗士風之效，才是整個時代的不幸。

人的一生思想和行事，往往與本性密切相關。對自己的本質，張氏曾用牛來形容：

> 蓋余平生於禽畜中獨甚愛牛，無異支遁之於馬也。牛德有五：負重致
> 遠，一。天性仁厚，二。馴擾不驚戾，安靜不縱逸，無防檢之勞，三。
> 食宿不擇，銜轡不飾，四。日在草菜泥淖、群兒鞭棰之中而夷然不厭，
> 無所退避，五。此五德大有類乎君子之行者，余愛之。〔註30〕

在《過蕪湖贈袁兵備昶》詩中，他又有「老牛困鞭思脫紲，經義就子同尋溫」的語句〔註31〕。如今，哲人已遠，留給我們的，是學術文化如何重新整合再出發的課題。中華民族如何重建有民族特色，而於傳統與現代、守舊與創新之中

〔註25〕參閱同上，頁 10661。
〔註26〕見同上。
〔註27〕參閱錢穆著《中國歷史上的傳統教育》，《國史新論》，頁 218。
〔註28〕見同上，頁 216。
〔註29〕參閱同上。
〔註30〕見《傳魯堂詩集序》（光緒十八年五月），《張之洞全集》第 12 冊，古文二，頁 10058。
〔註31〕參閱《張之洞全集》第 12 冊，詩文，頁 10548。

得到更佳的融貫，使二千餘年來的優良文化經吸收、轉化，有再生和重獲宏揚的機會。恢復儒學傳統，讀聖人經傳，使之潛移默化，得聖人之善，養成聖人之心，然後行聖人之行，使風俗日善，民心日美。這正是張氏「通經致用」教育思想的核心要旨。社會要建立和諧共信的良好關係，重振儒學，應是一個值得思考的路向。

後　記

　　人生真是很奇妙。離開學校踏足社會工作已逾二十年，沒想過自己有一天重返校園再當學生。

　　雖然生長在讀書無用的大時代裏，但喜歡看書，似是我選擇打發無聊時光、寄託精神的一個方式。猶記那年代，任何破爛、殘缺的書籍（主要是文學類），只要一書在手，非看畢不能罷休。或許由那時起養成了愛閱讀的點點習慣。後來轉換新環境，有機會重返校園，卻因為要應付忙碌的工作和生活，無力專注問學，青春的歲月便這樣如此過去了。工餘之暇雖仍保持讀書興趣，惟因缺乏目標，那種「泛濫無歸」的方式，只拾得雜亂無章的粗淺認識，與張之洞所強調的讀書要有成，須懂得「門徑」和「讀有用書」，恰恰走反了方向。

　　再續讀書緣。

　　在因緣際會下，接識了新亞研究所李學銘教授，並在他的熱情鼓勵下，報讀了研究所歷史組碩士班，開啟了有系統的讀書生活。透過系統研習，方了解此是深入一門知識的唯一途徑，正如錢穆先生自言，他也是「學無師承，亦未受過大學教育，但自知鑽研」，於是「以曾、張二公為師」〔註1〕，結果成就了一生的大學問。

　　碩士畢業後，沒打算再讀博士，畢竟對一個年紀不輕的人而言，讀書絕不是件輕鬆事，尤其對自己有所要求時，那得需要掌握極通博的知識基礎方為有濟。然而生命中時有驚喜。碩士論文獲得當任所長廖伯源教授（中央研究院史

〔註1〕引自堅如《張文襄公治學方法述評》，《新東方》2卷1期，1940年11月。

語所退休研究員)的稱讚和肯定,頗令人意外;之後被研究所聘為助理研究員,更是意外中的意外。不久後又得評審委員之一、來自臺灣的近代史學者胡春惠老師的識拔,給我提供了追隨他左右攻讀博士的機會,這天賜良機,誰會輕易放棄?明知讀書是一件艱苦的事,但決定順應天命,接受「挑戰」,以不辜負恩師的栽培!在博士論文完成之日,胡老師雖已駕鶴西去多年,惟師生情不變——也謹將此書獻給恩師:胡春惠老師!

論文之出版。

今天,在《張之洞「通經致用」教育思想研究》一書即將出版時刻,要特別感謝李學銘老師,沒有他的引領、啟迪和悉心指導,我仍會是那個「泛濫無歸」的我。當然,更要感謝新亞研究所的一眾老師和學長,尤其是廖伯源所長(已故),他當年出掌所長,改變行政方式,規定學生在提交論文前要接受考核:學生須在師長面前宣講論文大要以證明是否已熟諳研究內容。如何順暢地講解論文大綱和要旨,對不擅表達的我言,真是一件極痛苦的事。雖然對此規定很生氣,但要畢業便無法回避它,只好硬著頭皮應付,終於在戰戰兢兢中完成了任務。事後回顧,確實要多謝廖伯源所長,讓我有機會克服自己的弱點。

難忘的「新亞」。

新亞研究所地方雖小,卻頗有一種讀書氛圍,同學間的熱情問學、師生間的溫情互動,令人點滴難忘。不管是李學銘老師、鄺健行老師、陳志誠老師或講授西方哲學的莫詒謀老師等多位師長,他們的授課內容、表述方式容或有不同,卻各具特色也各有精彩處,令人聽得津津入迷,且獲益不淺。新亞研究所仿如傳統書院,從老師的身上會領悟到如何問學、如何做人、如何處事、如何看待問題以及如何處理彼此間的差異,使學生在學習知識之餘得到了拓展視野和開擴胸襟的機會,這才是求學之根本。在新亞求學期間,得到眾多師友的愛護、支持和指導,尤令人銘感不已,除助我接受有系統的知識訓練、攻克階段性學業外,更為我的未來:進一步探索新知提供紮實的基礎訓練。

「讀書期於明理,明理歸於致用。」

這是張之洞的教育理想和價值核心,惟當再細閱全文一遍後,方深切明白張氏此句語所蘊含的道理和用心。可惜,張氏要養成有道德人格、胸懷家國並「以天下為己任」的讀書人的理想,隨著時代的轉換,在百年後的今天

似不復留存。此誠如錢穆先生在 1970 年代向新亞書院學生作學術演講時所言，他對「今日的大學生，只要拿一份薪水養家活口，國家天下大事，則全置腦後」的現象，也表達了相同憂慮。至於錢先生期待大學生中能養成范仲淹那種「先天下之憂而憂之」的胸襟，成就「士志於道」的理想學風〔註2〕，更是渺無踪迹。

江燕媚

2024 年 3 月於香港

〔註 1〕 參閱：錢穆《從中國歷史看中國民族性及中國文化》，九州出版社，2011 年，頁 135～136。

參考文獻與書目

壹、古籍文獻

一、張之洞生平資料及著述

1. 張之瀠編《張鎮行狀》，中國社會科學院近代史研究所圖書館藏本。

2. 許同莘《舊館綴遺》，《張之洞年譜史料》，中國社會科學院近代史研究所圖書館藏檔案，檔案甲 622～623。

3. 宋傑《南皮張公貴州興義府遺愛祠碑記》，《張之洞奏稿（散件）》，中國社會科學院近代史研究所圖書館藏檔案，檔案甲 182～475。

4. 許同莘編《張文襄公年譜》，上海商務印書館，1946 年。

5. 王樹枏編《張文襄公全集》，北平文華齋本，1928 年。臺灣文海出版社，1963 年影印本。

6. 胡鈞《重編張文襄公（之洞）年譜》，沈雲龍主編《近代中國史料叢刊》（53），臺灣文海出版社，1967 年。

7. 范希曾編《書目答問補正》，上海古籍出版社，1983 年。

8. 徐世昌《大清畿輔先哲傳·張文襄公傳》上冊，北京古籍出版社，1993 年。

9. 苑書義、孫華峰、李秉新主編《張之洞全集》（12 冊），河北人民出版社出版，1998 年。

二、文獻典籍

1. 沈桐生輯《光緒政要》，上海崇義堂石印本，清宣統元年。

2. 崑岡、李鴻章等奉敕撰修《欽定大清會典》（光緒會典）。

3. （清）文慶、賈楨、寶鋆等敕纂《籌辦夷務始末（同治朝）》。

4. 中國史學會編《戊戌變法》，「中國近代史資料叢刊」第 2 冊，神州國光社，1953 年。

5. 朱壽朋編《光緒朝東華錄》，北京中華書局，1958 年。

6. 國家檔案局明清檔案館編《義和團檔案史料》，北京中華書局，1959 年。

7. 司馬遷《史記》，香港中華書局，1969 年。

8. 班固《漢書》，北京中華書局，1962 年初版，1975 年重印。

9. 趙爾巽主編《清史稿》，北京中華書局，1976 年。

10. 中國社會科學院近代史研究所編《庚子記事》，北京中華書局，1978 年。

11. 故宮博物院明清檔案部編《清末籌備立憲檔案史料》（全 2 冊），北京中華書局，1979 年。

12. 中國社會科學院歷史研究所清史研究室編《清史資料》，北京中華書局，1980 年。

13. 中國史學會編《辛亥革命》，「中國近代史資料叢刊」第 4 冊，上海人民出版社，1981 年。

14. 《清實錄》，北京中華書局，1987 年。

15. 中國第一歷史檔案館編《光緒宣統兩朝上諭檔》（第 26 冊），廣西師範大學出版社，1996 年。

16. 中國史學會主編《中國近代史資料叢刊：戊戌變法》（1－4 冊），上海人民出版社，2000 年。

17. 全國圖書館文獻縮微複制中心《清內府檔案稿本癸卯學制》，新華書店北京發行所，2005 年。

三、名人文集・日記

1. 李慈銘《越縵堂日記》，上海商務印書館，1935 年；李慈銘《越縵堂國事日記》，吳語亭編注，沈雲龍主編《近代中國史料叢刊續編》第 60 輯〔597〕，臺灣文海出版社影印本，1987 年。

2. 甘雲鵬《潛廬續稿》，潛江甘氏崇雅堂印本，1940 年。

3. 蘇爾特《李提摩太傳》，中國近代史資料叢刊初刊《戊戌變法》第 2 冊，上海神州國光社，1953 年。

4. 劉禺生《世載堂雜憶》，山西古籍出版社，1960 年。

5. 端方《端忠敏公奏稿》，臺灣文海出版社影印，1967 年。

6. 王闓運《湘綺樓日記》，臺灣商務印書館，1973 年。

7. 龔自珍《龔自珍全集》，上海古籍出版社，1975 年。

8. 陳寅恪《寒柳堂集》，上海古籍出版社，1980 年。

9. 鄭觀應《盛世危言》、《鄭觀應集》，上海人民出版社，1982 年。

10. 王栻主編《嚴復集》，北京中華書局，1986 年。

11. 梁啟超《飲冰室合集》，北京中華書局，1989 年；《梁啟超全集》，北京出版社，1999 年。

12. 馮桂芬《校邠廬抗議》，鄭大華點校，遼寧人民出版社，1994 年。

13. 蔣夢麟《西潮》，嶽麓書社，2000 年。

14. 鄒容《革命軍》，馮小琴評注，華夏出版社，2002 年。

15. 魏源著《魏源全集》，岳麓書社，2005 年。

四、教育史及教育思想資料

（一）教育史

1. 周予同《中國學校制度》，商務印書館 1933 年。

2. 舒新城《中國近代教育史資料》，北京人民教育出版社，1961 年初版，1985 年重印本。

3. 姜書閣《中國近代教育制度》，北京商務印書館，1963 年。

4. 北京師範大學中國教育制度發展史編寫組《中國教育制度發展史（初稿）》，北京師範大學，1969 年。

5. 中央研究院近代史研究所編《中國近代史資彙編：教務教案檔》第六輯（二），臺灣中研院近史所出版，1974 年。

6. 朱有瓛主編《中國近代學制史料》第 1～4 輯，上海東華師範大學出版社，1983～1993 年。

7. 陳愚川《中國教育史比較研究（近代部分）》，山東人民出版社，1985 年。

8. 陳元暉主編《中國近代教育史資料彙編（鴉片戰爭時期教育）》，上海教育出版社，1990 年。

9. 陳學恂、田正平編《中國近代教育史資料彙編（留學教育）》，上海教育出版社，1991 年。

10. 郭秉文《中國教育制度沿革史》，上海書店，1991 年。

11. 陳學恂主編《中國教育史研究》，上海東華師範大學出版社，1991 年。

12. 陳元暉主編《中國近代教育史資料彙編（學制演變）》，上海教育出版社，1991 年。

13. 陳元暉主編《中國近代教育史資料彙編（洋務運動時期教育）》，上海教育出版社，1992 年。

14. 朱有瓛主編《中國近代教育史資料彙編（教育行政機構及教育團體）》，上海教育出版社，1993 年。

15. 璩鑫圭、童富勇、張守智《中國近代教育史資料彙編（實業教育，師範教育）》，上海教育出版社，1994 年。

16. 劉秀生、楊雨青編《中國清代教育史》，北京人民出版社，1994 年。

17. 周洪宇主編《中國教育的傳統與變革叢書》，湖北教育出版社，1996 年。

18. 劉海峰《科舉考試的教育視角》，湖北教育出版社，1996 年。

19. 高明士《中國教育制度史論》，臺灣聯經出版社，1999 年。

20. 李國鈞、王炳照主編《中國教育制度通史》，山東教育出版社，2000 年。

21. 關曉紅《晚清學部研究》，廣東教育出版社，2000 年。

22. 王雷《中國近代社會教育史》，人民教育出版社，2003 年。

（二）教育思想

1. 瞿立鶴《清末西藝教育思潮》，中國學術著作委員會，1971 年。

2. 汪榮祖《晚清變法思想論叢》，臺灣聯經出版社，1984 年。

3. 任時先《中國教育思想史》，臺灣商務印書館，1987 年。

4. 郭家齊《中國教育思想史》，臺灣五南圖書公司，1990 年。

5. 江萬秀、李春秋《中國德育思想史》，湖南教育出版社，1992 年。

6. 商奇《中國高等教育思想史》，北京人民教育出版社，1992 年。

7. 孫培青、李國鈞《中國教育思想史》，上海華東師範大學出版社，1995 年。

貳、張之洞研究專著

1. 張繼煦輯《張文襄公治鄂記》，湖北通志館編印，1947 年。

2. 王聿琦《張之洞與晚清政局》，臺灣中國文化學院，1965 年。

3. 張秉鐸《張之洞評傳》，臺灣中華書局，1972 年。

4. 何少康《張之洞先生教育思想之研究》，台中縣霧峰鄉，省府教育廳出版，1972 年。

5. 蘇雲峰《張之洞與湖北教育改革》，臺灣中研院近史所出版，1976 年。

6. 范希曾《書目答問補正》,北京中華書局,1981 年。

7. 辜鴻銘《張文襄幕府紀聞》,嶽麓書社,1985 年。

8. 馬東玉《張之洞大傳》,遼寧人民出版社,1989 年。

9. 陳山榜《張之洞勸學篇評注》,遼寧大連出版社,1990 年。

10. 陳鈞《儒家心態與近代追求——張之洞經濟思想論析》,湖北人民出版社,1990 年。

11. 陳鈞《世紀末的興衰——張之洞與晚清湖北教育》,中國文史出版社,1991 年。

12. 黃新憲《張之洞與中國近代化教育》,福建教育出版社,1991 年。

13. 馮天瑜、何曉明著《張之洞評傳》(中國思想家評傳叢書),南京大學出版社,1991 年。

14. 張家珍《巧宦愚忠:張之洞》,臺灣久大出版,1992 年。

15. 彭友元《末代名臣:張之洞》,臺灣漢欣文化,1994 年。

16. 何啟、胡禮垣《勸學篇書後》,《新政真詮》五編,上海廣益書局,光緒二十七年 (1899)。鄭大華點校《新政真詮——何啟、胡禮垣集》(中國啟蒙思想文庫),遼寧人民出版社,1994 年。

17. 蔡振生《張之洞教育思想研究》,遼寧教育出版社,1994 年。

18. 辜鴻銘《辜鴻銘文集》,黃興濤編譯,廣東海南出版社,1996 年。

19. 謝放《中體西用之夢——張之洞傳》,四川人民出版社,1995 年。

20. 黎仁凱、鍾康模著《張之洞與近代中國》,河北大學出版社,1999 年。

21. 苑書義等主編《張之洞與中國近代化》,北京中華書局,1999 年。

22. 李細珠《張之洞與清末新政研究》,上海書店出版社,2003 年。

23. 董方奎《張之洞與武漢早期現代化》,北京中國社會科學出版社,2003 年。

24. 張家珍《舊朝新聲張之洞》,臺灣理得出版,2004 年。

25. 謝放《張之洞傳》,廣東高等教育出版社,2004 年。

26. Samuel I. Woodbridge translated, *China's Only Hope : An Appeal by Her Greatest Viceroy, Chang-Chih-tung, with the Sanction of the Present Emperor, Kwang Su.* Fleming H. Revell Company (New York, Chicago, Toronto and London),1900.

27. L.Odontins, *"Chang-Chih-tung and the Reform Movement in China"*, (Translated from the German by E. Zillig), Shanghai"North-China Herald"

Office, *The East of Asia Magazine*, Vol.1.,1902.

28. Daniel. H. Bays, *China Enters the Twentieth Century: Chang Chih-tung and the Isues of a New Age*, 1895-1909. University of Michigan Press, 1978.

參、學術專著

1. 徐世昌《清儒學案》，臺灣世界出版社，1962 年。

2. 亓冰峰《清末革命與君憲的論爭》，臺灣中央研究院近代史研究所，1966 年。

3. 支偉成《清代樸學大師列傳》，臺灣藝文印書館，1970 年。

4. 余英時等《中國哲學思想論集‧清代篇》，臺灣牧童出版社，1976 年。

5. 陳寅恪《馮友蘭中國哲學史上冊審查報告》，《金明館叢稿二篇》，上海古籍出版社，1980 年。

6. 中國人民大學清史研究所編《清史研究集》，北京中國人民大學出版社，1982 年。

7. 張朋園《中國現代化的區域研究：湖南省（1860～1916）》，臺灣中央研究院近代史研究所出版，1982。

8. 汪榮祖《晚清變法思想論叢》，臺灣聯經出版社，1984 年。

9. 周佳榮《近代日本文化與思想》，香港商務印書館，1985 年。

10. 錢基博《近百年湖南學風》，岳麓書社，1985 年。

11. 費正清編，中國社會科學院歷史研究所編譯室譯《劍橋中國晚清史》，中國社會科學出版社，1985 年。

12. 王爾敏《清季知識分子的中體西用觀》，《中國近代現代史論集》第 18 編，臺灣商務印書館，1986 年。

13. 郭廷以《近代中國史綱》，香港中文大學，1979 年初版，1980 年二次印刷。

14. 朱熹《四書集注》，陳戌國點校，岳麓書社，1987 年。

15. 王紹坊《中國外交史：鴉片戰爭至辛亥革命時期（1840～1911）》，河南人民出版社，1988 年。

16. 呂万和《明治維新と中國》，東京六興出版，1988 年。

17. S.N.艾森斯塔德（Shmuel N. Eisenstadt）：《現代化：抗拒與變遷》

（*Modernization: Protest and Change*），張旅平等譯，中國人民大學出版社，1988 年。

18. 錢穆《國史新論》，臺灣東大圖書公司出版，1989 年。

19. （美）吉爾伯特‧羅茲曼主編《中國的現代化》，上海人民出版社，1989年。

20. 孔祥吉《清代人物傳稿》（下編第六卷），遼寧人民出版社，1990 年。

21. 錢穆《國史大綱》下冊，香港商務印書館，1994 年修訂二版。

22. 薛化元《晚清中體西用思想論(1861～1900)：官定意識型態的西化理論》，臺灣稻鄉出版社，1991 年。

23. 蘇雲峰《中國現代化的區域研究：湖北省（1860～1916）》，臺北中研院近代史研究所出版，1981 年。

24. 陳寅恪《陳寅恪史學論文選集》，上海古籍出版社，1992 年。

25. 中央研究院近代史研究所編《近代中國歷史人物論文集》，臺灣中研院近史所出版，1993 年。

26. 熊月之《西學東漸與晚清社會》，上海人民出版社，1994 年。

27. 張連起《清末新政史》，黑龍江人民出版社，1994 年。

28. 王爾敏《晚清政治思想史論》，臺灣商務印書館，1995 年。

29. 李澤厚《中國近代思想史論》，臺灣三民書局，1996 年。

30. 龔書鐸《中國近代文化探索》，北京師範大學出版社，1997 年。

31. 錢穆《中國近三百年學術史》下冊，北京商務印書館，1997 年。

32. 錢穆《中國思想史》，臺灣聯經出版社，1998 年。

33. 吳春梅《一次失控的近代化改革——關於清末新政的理性思考》，安徽大學出版社，1998 年。

34. 羅志田《權勢轉移：近代中國的思想、社會與學術》，湖北人民出版社，1999 年。

35. 蔣廷黻《中國近代史》，香港三聯書店，2001 年。

36. 彭明輝《晚清的經世史學》，臺灣麥田出版社，2002 年。

37. （日）阿部洋《中国の近代教育と明治日本》，東京龍溪書舍，2002 年。

38. 郭漢民《晚清社會思潮研究》，北京中國社會科學出版社，2003 年。

39. （日）吉澤誠一郎，《愛国主義の創成：ナショナリズムから近代中国をみる》，東京岩波書店，2003 年。

40. （日）依田憙家著《近代日本的歷史問題》，雷慧英等譯，上海遠東出版社，2004 年。

41. 李仁淵《晚清的新式傳播媒體與知識份子：以報刊出版為中心的討論》，臺灣稻鄉出版社，2005 年。

42. （美）史景遷（Jonathan D. Spence）《追尋現代中國：1600～1912 年的中國歷史》，上海遠東出版社，2005 年。

43. 林明德《日本近代史》，臺北三民書局，2006 年。

44. 余英時《中國文化史通釋》，香港牛津出版社，2009 年。

肆、其他

1. 報刊：《申報》、《東方雜誌》、《大公報》。

2. 孔廣德輯《普天忠憤集》，1895 年石印，沈雲龍主編《近代中國史料叢刊》續編第 36 輯，1966 年重印本。

3. 裘毓麐《清代逸聞》，中華書局，1932 年。

4. 錢穆《學籥》，1966 年自印本。

5. 馮自由《革命逸史》（二），北京中華書局，1981 年。

6. 何德剛《春明夢錄》，上海古籍出版社，1983 年。

7. 徐一士《一士談薈》，書目文獻出版社，1983 年。

8. 胡敬思《國聞備乘》卷四，榮孟源、章伯峰主編《近代稗海》第一輯，四川人民出版社，1985 年。

9. 樓宇烈整理《康南海自編年譜》（外二種），北京中華書局，1992 年。

10. 四川大學圖書館編《中國野史集成》（46 冊），巴蜀書社，1993 年。

11. 王人博《憲政文化與近代中國》，法律出版社，1997 年。

12. 法國《人權和公民權宣言》。

伍、學術期刊

1. 《張文襄公與教育之關係》，《教育雜誌》第一年第十期，宣統元年九月。

2. （日）中西牛郎《論說：張之洞氏の新著を讀》，《太陽》4：20，東京，1898 年 10 月 5 日，頁 23～29。

3. 陳恭祿《甲午戰後庚子亂前中國變法運動之研究，1895－1898》，《國立武漢大學文哲季刊》（3：1），武漢，1933 年，頁 57～127。

4. 全漢昇《清末的「西學源出中國」說》,《嶺南學報》(4：2),廣州,1935 年 6 月,頁 705－727。

5. 王爾敏著《張之洞與晚清中西調和思想》,《中國哲學思想論集·清代篇》, 臺灣牧童出版社,1976 年。

6. 張灝〈晚清思想發展試論——幾個基本論點的提出與檢討〉,臺灣「中央 研究院近代史研究所集刊」第 7 期,1978 年 6 月。

7. (日)目黑克彥《湖南変法運動におけろ保衛局の歴史的位置》,《東北大 學東洋史論集》,第二輯,仙台,1986 年。

8. 黃新憲《論張之洞于中國近代學制的建立》,《松遼學刊》(人文社會科學 版),1988 年第 3 期。

9. 趙秉忠《〈江楚會奏〉試析》,《歷史教學》,1989 年第 3 期。

10. 蘇雲峰《張之洞的中國官僚系統民主化構思——對張之洞的再認識》,臺 北《近代中國史研究通訊》第 8 期,1989 年 9 月。

11. 吳自強《張之洞在湖北的新政》,《人物春秋》1996 年第 8 期(總第 75 期),頁 27～30。

12. 羅肇前《由官辦向商辦的轉變——張之洞經濟思想研究之一》,《中國經 濟史研究》,1997 年第 3 期。

13. 周振鶴《官紳新一輪默契的成立——論清末的廢科舉與學堂的社會文化 背景》,《復旦學報》,1998 年第 4 期。

14. 趙德馨、周秀鸞《張之洞與湖北經濟的崛起》,《江漢論壇》1998 年第 1 期。

15. 楊念群《儒學地域化與近代知識分子》,《中國人文社會科學博士碩士文 庫·歷史學卷》,浙江教育出版社,1998 年。

16. 吳忠民《關於中國 19 世紀 70 至 80 年社會改革思潮的考察》,《中國人文 社會科學博士碩士文庫·歷史學卷》,浙江教育出版社,1998 年。

17. 湯奇學《論「中學為體,西學為用」思想：從萌芽到形成體系的歷史過 程》《中國人文社會科學博士碩士文庫·歷史學卷》,浙江教育出版社, 1998 年。

18. 龔書鐸、黃興濤《「儒臣」的應變與儒學的困境：張之洞與晚清儒學》, 《清史研究》1999 年第 3 期。

19. 黎仁凱《論張之洞對清末預備立憲的態度》,《保定師範學報》,1999 年第 1 期。

20. 喻大華《張之洞在晚清儒學沒落過程中的衛道活動》,《南開學報》,2000年第1期。

21. 關曉紅《張之洞與晚清學部》,《歷史研究》2000年第3期。

22. 李細珠《張之洞與晚清軍事教育近代化》,《安徽史學》2001年第4期。

23. 李細珠《張之洞與江楚會奏變法三摺》,《歷史研究》2002年第2期。

24. 李細珠《張之洞與清末新學制的制定》,《河北學刊》第22卷第6期,2002年11月。

25. 汪巧紅《簡論癸卯學制》,《保山師專學報》第21卷第6期,2002年11月。

26. 彭平一《張百熙與晚清教育改革》,《船山學刊》,2002年第1期。

27. 王汎森《中國近代思想文化史研究的若干思考》,臺灣《新史學》(14:4),2003年12月。

28. 劉虹《癸卯學制百年簡論》,《河北師範大學學報(教育科學版)》,第6卷第1期,2004年1月。

29. 關曉紅《科舉停廢與清末政情》,《中國社會科學》,2004年第4期。

30. 楊寧《尊經書院培養的理論家和實踐家》,《文史雜誌·人物春秋》2008年第2期(總第134期)。

31. 羅艷紅《辜鴻銘與張之洞》,《貴陽文史》,2008年第6期。

32. 王維江《「清流」張之洞》,《社會科學》第2008年第1期。

33. 武教辦《湖北存古學堂的興衰》,《武漢文史資料》,2009年第10期。

34. 喻中《張之洞的當代意義》,《文化思考》,2009年第12期。

35. 任曉蘭《張之洞對傳統義利之辨的繼承與突破》,天津財經大學,《北方論叢》2009年第6期(總第218期)。

36. 程立中《〈書目答問〉歷史文獻學價值初探》,《文化研究》(科教文匯)2009年第4期。

37. 張艷國《簡析張之洞中國文化自信論》,《江漢論壇》2010年。

38. 楊光《張之洞與自強學堂》,《中國檔案報》,2010年(總第2000期)。

陸、學位論文

一、博士論文

1. 周漢光《張之洞與廣雅書院》,香港珠海書院中國文學歷史研究所博士論文,臺灣中國文化大學出版部,1981年。

2. 黃士嘉《晚清教育政策之研究（1862～1911）》，臺灣國立高雄師範大學，2003 年。

3. 任曉蘭《張之洞與晚清文化保守主義思潮》，中國南開大學，2009 年。

二、碩士論文

1. 周孟雷《張之洞與近代反洋教運動》，河南大學，2003 年。

2. 朱海龍《張之洞與癸卯學制》，華南師範大學，2004 年。

3. 秦博《戊戌變法中的張之洞》，吉林大學，2004 年。

4. 段紅智《張之洞中西文化觀研究》，河北大學，2005 年。

5. 寧寧《論張之洞外交思想》，安徽大學，2005 年。

6. 王志龍《一位儒臣的政治訴求——張之洞政治改革思想的嬗變》，安徽大學，2005 年。

7. 童綏寶《張之洞與武漢教育近代化》，華中師範大學，2006 年。

8. 夏秀華《張之洞其人其詩》，蘇州大學，2007 年。

9. 喻艷《張之洞的實業教育思想研究》，西南大學，2007 年。

10. 徐韶君《張之洞與癸卯學制》，臺灣淡江大學漢語文化暨文獻資源研究所，2008 年。

11. 楊宏偉《張之洞的西學態度及其演變研究》，河北師範大學，2008 年。

附錄：張之洞生平年表

西元	清年號	年齡	生平大事	歷史事件
1837	道光十七年	1	生於貴州。	
1840	道光二十年	4	生母朱氏卒，由側房鄭氏教養	第一次鴉片戰爭
1841	道光二十一	5	入塾讀書，從何養源先生受讀，問字義必索解為止。	
1845	道光二十五	9	誦四書五經，畢。	
1846	道光二十六	10	讀九經畢，學作古詩文詞。	
1847	道光二十七	11	作詩文，勤力用功，獲塾師嘉許。	
1849	道光二十九	13	從韓超等受業。	
1850	道光三十年	14	與長兄四人同應試，通過，入縣學。獲學政程廷桂侍郎器重。	洪秀全於廣西桂平縣起事。
1852	咸豐二年	16	應順天府鄉試，中舉人第一名解元。	
1854	咸豐四年	18	是年秋，與都勻知府石煦女兒成婚。	
1855	咸豐五年	19	是年與夫人離家北上京師，準備應考。	
1856	咸豐六年	20	三月赴禮部試，獲愛新覺羅教習職，六月，因父歿回籍守禮，至咸豐八年（1858）十月除服。	
1859	咸豐九年	23	二月，參加會試，因族兄張之萬為考官要迴避。	
1860	咸豐十年	24	三月恩科會試，因張之萬仍為考官，須迴避，遂出京赴濟南，入中丞文煜府為幕僚。	八月，英法聯軍進攻京師。為二次鴉片戰爭。清與英法簽訂《北京條約》。

1861	咸豐十一年	25	三月，歸南皮數日，旋赴任邱，為劉仙石先生侄兒教課。同邑季崇太史薦於欽差大臣勝保，張不受。閉門讀書，研究古今王伯得失之要，及講求兵事書。	咸豐帝駕崩熱河行宮。載淳被立為幼帝，初號祺祥。
1862	同治元年	26	正月入都，三月應會試，獲授謄錄，不受。入河南毛昶熙幕府幫辦團練。 十一月，張之萬署河南巡撫，邀之洞入幕，期間代草奏稿和處理文案等職。所擬《請釐定折漕疏》，獲兩宮嘉許。	改元同治年。
1863	同治二年	27	三月參加會試，得列第一百四十一名貢士。 四月廷試，置二甲第一。試卷進呈兩宮，得兩宮賞識，給拔置一甲第三（探花），賜進士及第。二十八日朝考，列一等第二名。 五月初八日，進宮，授翰林院編修。	
1865	同治四年	29	四月十八日散館考試，列一等第一名。 五月，元配夫人石氏卒於京師。	
1867	同治六年	31	四月十五日，於保和殿考試差。 七月充浙江鄉試副考官，隨正考官張光祿出都。 八月，簡放湖北學政，任期三年（1867～1870）。	是年捻匪張總愚率眾自山西東竄破南皮縣城。
1868	同治七年	32	於學政任內奏請改經文為經解，由考生報名認所習之經，分別考察，並按試鄖陽府時照新章試辦，復按試荊州、宜昌、德安等府。	
1869	同治八年	33	於武昌建文昌書院（後改為經心書院）。	
1870	同治九年	34	正月，與湖北布政使遵義唐樹義女成婚。編《江漢炳靈集》。十月，學政任滿返京。	
1871	同治十年	35	五月初一，授翰林院教習庶吉士。	
1872	同治十一年	36	九月，皇帝大婚，撰樂章四章進呈，賞加侍讀銜。十月，代方略館撰《恭進表》進呈。 是年作詩最多。	同治帝大婚。

1873	同治十二年	37	六月，任四川鄉試副考官。 九月，簡放四川學政，任期三年（1873〜1876）。	正月，同治帝親政。
1874	同治十三年	38	四川學政任內籌建「尊經書院」	年末，同治帝崩。
1875	光緒元年	39	春，尊經書院成，選郡中高材優秀者肄業其中，捐書數千卷，餘暇親往講學。並開書局刊經史小學諸書。 任內拔蜀中高材生楊銳、范溶、毛席豐等，召之隨行讀書，親與講授，以砥礪一眾之學問。 是年撰《輶軒語》，繼纂《書目答問》，收錄書目二千餘種。	
1876	光緒二年	40	整頓四川科場積弊，制定八條治理辦法，冀「立法必要其久，除惡務絕其根」。〔註1〕 十一月任滿前撰《創建尊經書院記》，任滿離川返京。 十二月抵京，旋充文淵閣校理。與王懿榮妹成婚。	
1877	光緒三年	41	五月，充翰林院教習庶吉士。	
1878	光緒四年	42	代黃體芳上疏，陳時政得失，有旨分別施行。	崇厚赴俄談判，索還伊犂。
1879	光緒五年	43	二月，王夫人卒，補授國子監司業。 八月，補授左春坊左中允。 九月，轉授司經局洗馬。 十二月，上《熟權俄約利害摺》，力陳「俄約貽害，請修武備，緩立約，治崇厚應得之罪」。十六日，奏陳練兵籌餉之策，奉旨召見，飭隨時赴總理衙門，以備諮詢，加四品銜。	崇厚擅自與俄國簽訂《里瓦幾亞條約》，伊犂大部分土地歸俄，令朝野譁然。
1880	光緒六年	44	五月，轉授翰林院侍讀。 六月，晉右春坊右庶子。 七月，充日講起居注官。 八月，轉左春坊左庶子。 十二月，上《裁抑閹宦摺》，力諫「庚辰午門案」。	正月，廷臣上會議摺，明旨宣布崇厚罪狀，派曾紀澤赴俄另議。

〔註1〕上奏《整頓試場積弊摺》（光緒二年），見《張之洞全集》第1冊，頁3〜8。

1881	光緒七年	45	二月，補翰林院侍講學士。 五月，充咸安宮總裁。 六月，擢內閣學士兼禮部侍郎銜。 十二月，補授山西巡撫。	中俄簽訂《中俄伊犁條約》，中國得回大部分權益。 三月，慈安太后崩。
1882	光緒八年	46	六月，上《整飭治理摺》，提出治晉方略。 設清源局清查庫款，以杜姦蠹。設教案局，辦理民教交涉事件。 是年，欲聘英國傳教士李提摩太為顧問，不果。李氏則向他親授最新的「別西墨煉鋼法」等西學、西藝。	
1883	光緒九年	47	四月，設洋務局，延訪洋務人材。 是年設令德堂書院，選通省高材生入堂肄業，治經史古學。籌推廣興學辦法凡十條。	秋，法兵入越南連陷北寧、北圻諸鎮。
1884	光緒十年	48	飭翼寧道詳議令德堂書院章程，以期經久。 四月初，上京陛見，二十八日奉諭接兩廣總督署任，閏五月十六日抵粵。七月即獲實任。	七月，法攻福建馬尾港，初六日明旨對法宣戰。
1885	光緒十一年	49	正月，諒山軍敗，起用舊將軍馮子材幫辦軍務。 二月，馮子材軍於鎮南關擊敗法軍，不久更克諒山。惜有旨：「不得恃勝輕進」。十二月以病體難支奏請開缺回籍調理。	三月，中法雙方停戰，與法議和，後簽訂《天津條約》。
1886	光緒十二年	50	三月，設廣雅書局，搜尋經學通人著述，陸續刊行，以續《皇清經解》，凡史、子部諸書，可考鑑古今、裨益經濟、維持人心、風俗者一律收入。	
1887	光緒十三年	51	三月，延梁鼎芬為肇慶端溪書院主講。閏四月，籌建廣雅書院，設辦理洋務局，飭各部門衙門講求洋務，操練人材。 七月，增修學海堂齋舍，廣名額，改季課為月課。 設電報學堂，課英、法各文，兼讀經書。 創辦水陸師學堂，水師分管輪、駕駛兩班，以英文為主，陸師分馬步、槍炮、營壘三項，聘德人為教習。	正月，光緒帝親政禮成。

1888	光緒十四年	52	二月，設採訪局採訪忠義孝弟之士，節孝貞烈婦女及品節清純潛修績學，足以矜式士林者。六月，行廣雅書院開館禮。公餘之暇，間往書院考業稽疑。	
1889	光緒十五年	53	七月，張氏調補湖廣總督任。 十月交御篆務離粵，十一月抵鄂接總督任。	正月，光緒帝大婚。二月，光緒帝親裁大政。
1890	光緒十六年	54	四月，創建兩湖書院。十月，修襄陽門書院。	
1891	光緒十七年	55	五月，設方言商務學堂、湖北輿圖總局。 九月，飭各屬設育嬰堂，收養嬰童五千六百四十餘名。 十月，刻湖北歷代名賢著述。 十二月，選譯洋務書籍，分疆域、官制、學校、工廠、商務、賦稅、國用、軍實、刑律、邦交、教派、禮俗等十二門，囑駐俄公使許景澄〔註2〕僱人擇精要者分門輯譯寄鄂。	
1892	光緒十八年	56	正月，派工匠十名赴比利時學習煉鋼。 二月，查處湖南周漢詆毀洋教一案。 五月，編《夷務類要》一書。	
1893	光緒十九年	57	十月，設自強學堂，分方言、格致、算學、商務四門。	
1894	光緒二十年	58	十月，奉諭署理兩江總督。	朝鮮東學黨亂，中日將失和，清廷於七月初一明旨向日宣戰，啟中日戰端。

〔註2〕 光緒十六年（1890年），許出使俄、德、奧、荷四國大臣。十八年（1892年），任光祿寺卿，十九年調內閣學士兼禮部侍郎銜，俄國出兵佔據帕米爾地區薩雷闊勒嶺以西二萬平方公里中國領土，許被清政府派為談判代表，駁斥俄國侵略行徑，不得要領。1900年，許冒死上書慈禧說：「攻毀使臣，中外皆無成案。」慈禧大怒，許景澄被定「任意妄奏」、「語多離間」罪名；7月28日，與袁昶被斬首於北京菜市口。宣統元年，追諡文肅。

1895	光緒二十一年	59	五月，籌練自強軍。奏請修備人才九事摺。飭江浙招商設廠，廣為製造，並購小輪行內河，以維本國經濟利權。 十一月，康有為來見，並於上海設強學會分會，請張列名，不允，張卻允助會款五百兩，撥公款一千兩。 十二月，創設儲才學堂、陸軍學堂、鐵路學堂。	三月，中日和約定議，終與日本簽訂《馬關條約》
1896	光緒二十二年	60	正月，選派學生四十人分赴英法德三國留學。十七日交卸兩江篆務，啟程回武昌。 二月，設護軍營，練習洋兵操。六月，改訂自強學堂章程。七月，創設武備學堂。十一月，仿學堂辦法改兩湖書院月課為日課。	
1897	光緒二十三年	61	九月，籌設農務學堂。 十二月，請設粵漢鐵路總公司，議借美款修築。親臨武備學堂考試，後為常例。	十月，山東曹州有民戕德國教士二人，德國借此佔膠州灣。
1898	光緒二十四年	62	二月，創建農務學堂、工藝學堂。 三月，撰《勸學篇》。 閏三月初四日，奉旨陛見，啟程抵上海，適沙市發生教案，奉旨折回本任。以《湘學報》議論悖謬，暫停向各屬發送一期。 五月，奏《妥議科舉新章》及《變通武科新章摺》。 六月，翰林院侍講黃紹箕向光緒帝進呈《勸學篇》，後上諭「廣為刊布，實力勸導，以重名教而杜厄言」。 九月，派學生二十人遊學日本習武備。 十月，奉懿旨籌辦保甲團練。 十二月，奏設夏口廳治。 是年，延通經之士纂《經學明例》。	四月二十三日，光緒帝宣布維新變法，「百日維新」不久即告失敗，八月初四日，西太后幽禁光緒帝，再次臨政。 發生長樂縣殺教士、焚毀教堂案。各地教案時有發生。
1899	光緒二十五年	63	正月，改訂兩湖、經心、江漢三書院課程，分經、史、天文、輿地、兵法、算學六門，別立行檢一門。 三月，創辦《商務報》。添練新軍。 七月，工藝局開工。 十一月，設農務局辦農務報。	

1900	光緒二十六年	64	四月，義和拳起於北方。張氏請中樞調兵速剿，並飭各屬緝匪保教、保洋人。五月，張會合兩江總督劉坤一等與駐滬各領事議訂保護長江及蘇杭內地辦法，在八國聯軍進攻京師時，與各國簽訂的東南互保協議，使中國東南的半壁江山得以保存，不受戰火禍延。	五月，義和拳進入京城破壞使館、殺駐外人員和教士，焚毀商舖、洋房，引發八國聯軍以保護國民和使館為名，七月攻佔京城，兩宮西走。
1901	光緒二十七年	65	四月，議改科舉，講求實學。五月、六月，與劉坤一等聯銜上《江楚會奏三摺》，上諭：准劉、張會奏整頓中法以仿西法各條，其中可行者著即按所陳，設法擇要舉辦。六月，督署內設學務使。八月，派道員朱滋澤等十一人赴日本觀操並考察學校、工廠。十一月，獲賞加太子少保銜。派劉洪烈、羅振玉等赴日考察學校，購買教科書。漢口設電話，創辦湖北官報。	三月，以光緒名義正式下變法詔。九月，全權大臣奕劻、李鴻章奉旨與各國簽訂《辛丑和約》。十一月四日，兩宮離西安還京。
1902	光緒二十八年	66	正月，與兩江會設江楚編譯局於江寧。二月，飭各屬遵旨興辦農務和工藝。三月，聘日本鑄方德藏為幕僚，備顧問，美人丁韙良為仕學院講友兼濟美學堂總教習。四月，改兩湖書院為兩湖大學堂，自強學堂為文普通中學堂，合武備學堂、將弁學堂為武高等學堂，設武普通中學堂，創建湖北師範學堂，高等小學堂，復設方言學堂，改經心書院為勤成學堂，設全省學務處。五月，派師範學生三十、警察弁目二十人赴日學習。十月，赴兩江署任。奏《籌辦學堂規模次第興辦摺》十一月，設兩江學務處。	頒布中國第一個新學制《欽定學堂章程》(即《壬寅學制》)。唯未予推行。九月，兩江總督劉坤一卒。

1903	光緒二十九年	67	正月，奏設三江師範學堂於江寧，延日本教習。 二月，派水陸師學生各八名赴英、德肄業。奏請移江南製造局於安徽宣城，分設新廠。是月，與袁世凱會奏《請變通科舉分科遞減摺》。 三月，離任赴京陛見。 閏五月，奉旨會同管學大臣張百熙、榮慶商訂京師大學堂章程、及釐定各省學堂章程，擬訂《癸卯學制》，充經濟科閱卷大臣及復試大臣。 八月，奏定約束留學生章程、獎勵留學生章程。 十一月，會管學大臣奏呈重訂學堂章程，凡二十種。同日上《奏請遞減科額摺》，並請專設學務大臣。 十二月二十二日出京，返直隸南皮祭祖，宴族人，並捐資五千金建小學堂，名慈恩學堂。	十一月，清廷頒布新學制《奏定學堂章程》（又稱「癸卯學制」）。
1904	光緒三十年	68	二月回原任。六月，改兩湖高等學堂為師範學堂，分低級初級兩等；設敬節學堂、育嬰學堂、蒙養院。議設存古學堂。選畿輔學生二百名就學湖北各學堂。 七月，創設學校圖書館。併將弁學堂入武高等學堂。 十二月，作學堂歌、軍歌。籌辦川漢鐵路。於賢良祠內設仕學院。	
1905	光緒三十一年	69	二月，改湖北武高等學堂為武師範學堂。 五月，設路礦學堂，選留日湖北學生入學，並於洋務局附設路礦學堂。 八月，與袁世凱會奏請立停科舉推廣學校，奉旨允行。設支郡師範學堂，先設六堂，為各府縣學堂培養師資。	六月，清廷下諭著即自丙午科為始鄉會試一律停止，各省歲科試亦即停止。
1906	光緒三十二年	70	五月，開辦印刷局。 十一月，復上諭變更官制，謂立憲本意在救專制之偏，果能好惡同民，雖係舊無害，又言司法獨立不合中國情形。 十二月，御史趙炳麟奏定教育宗旨摺，上諭著張氏一同辨明辦理。	二月，南昌發生教士迫死知縣案，激起民憤焚毀教堂、打死教士數人的教案。七月，清廷宣布預備立憲，於十二年後施行。

1907	光緒三十三年	71	五月，授協辦大學士。奏設存古學堂，就經心書院舊址改建，以經、史、詞、章為主課，子部學算學、輿地學、外國史、政治、法律、理財、農工商、實業、博物、理化諸學為通習課，人人須習體操，七年畢業。 六月，授體仁閣大學士。張上奏請明旨「化除滿漢畛域」。 七月，奉旨陛見，補授軍機大臣。 八月，手書傳示各學堂各營停造石像銅像，謂「治楚有年，無功德及民，且同心難得，事機多阻，往往志有餘而力不逮，所能辦到者，不過意中十之二三」。初七入值軍機處，並奉旨管理學部事務。 十二月，為翰林院筵經講官。	
1908	光緒三十四年	72	二月，學部議購書設備圖書館。 六月，學部奏准於京師設女子師範學堂。 十一月，賞加太子太保銜。	十月二十一、二十二日，光緒、慈禧太后先後駕崩。
1909	宣統元年	73	二月，奉旨派為纂修德宗實錄總裁官。 閏二月，學部奏分年籌備教育事宜。 三月，學部奏定變通初等小學堂章程，又奏定變通中學堂課程。 七月，選刻師友遺詩，名為《思舊集》。手定《廣雅堂詩》稿。 八月十四日，口授遺摺。二十一日，監國攝政王載灃親往視疾。是晚卒。二十三日上諭諡文襄，賞銀三千兩治喪。後歸葬直隸南皮。	幼帝溥儀登基，是為宣統元年。